江苏省教育科学“十四五”规划课题“从事实到结构：
初中生数学学习力培养的实践研究(E-c/2021/22)”研究成果之一

模式识别

一种有意义的初中几何教学策略

刘志昂　童玉峰　著

苏州大学出版社

图书在版编目(CIP)数据

模式识别：一种有意义的初中几何教学策略 / 刘志昂，童玉峰著. —苏州 ：苏州大学出版社，2022.3
ISBN 978-7-5672-3910-4

Ⅰ. ①模… Ⅱ. ①刘… ②童… Ⅲ. ①几何课—教学研究—初中 Ⅳ. ①G633.632

中国版本图书馆 CIP 数据核字(2022)第 048185 号

模式识别
一种有意义的初中几何教学策略
Moshi Shibie
Yizhong You Yiyi De Chuzhong Jihe Jiaoxue Celue
刘志昂　童玉峰　著
责任编辑　李　娟

苏州大学出版社出版发行
（地址：苏州市十梓街 1 号　邮编：215006）
苏州市古得堡数码印刷有限公司印装

开本 700 mm×1 000 mm　1/16　印张 14　字数 209 千
2022 年 3 月第 1 版　2022 年 3 月第 1 次印刷
ISBN 978-7-5672-3910-4　定价：48.00 元

图书若有印装错误，本社负责调换
苏州大学出版社营销部　电话：0512-67481020
苏州大学出版社网址　http://www.sudapress.com
苏州大学出版社邮箱　sdcbs@suda.edu.cn

前言 PREFACE

数学家阿尔贝特认为，数学是结构的科学.数学家斯蒂恩认为，数学是模式的科学.

我与模式识别结缘有一个稍显漫长的过程.

我是20世纪80年代的师范生，中师毕业后被分配到老家的一所农村小学工作.三年的时间里，我教了小学所有的学科.工作的第四年，我被调到中学工作，教了一年的初中语文和历史，第二年开始教初中数学.

在我教初中数学最初的几年，我的教学成绩还不错，自我感觉良好.2004年前后，县教育局组织我们到徐州听课学习.其间，我听了首都师范大学附属中学特级教师张文娣老师的课及讲座，心中震撼不已.当时郭茂华老师感慨地说："张老师的许多见解我们在日常教学中都遇到过、用到过，但我们没有及时地反思和总结.张老师不仅反思了、总结了，而且还潜心研究，出版了专著.所以，我们依然是普通的老师，而张老师是专家！"

从那以后，我在郭老师的带领下，认真地研究起变式训练，并小有所成.之后，随着时间的推移、研究的深入，我将数学思想方法和模式论与变式训练相结合，开始了模式识别的研究.

2017年，我和童玉峰老师申报了苏州高新区教育科学"十三五"规划课题"基于'模式识别'的初中几何解题的研究"，该课题于2019年顺利结题；2018年，我和童玉峰老师申报了江苏省教育科学"十三五"规划课题"初中生认知能力发展的学科统整研究"，在江苏省教育科学研究院王彦明博士的指导下开展研究，该课题于2020年顺利结题；2021年，我和童玉峰老师又申报了江苏省教育科学"十四五"规划课题"从事实到结构：初中生数学学习力培养的实践研究”.在以上课题研究期间，我和童玉峰老师撰写的多篇论文发表在相关杂志上.结合课题的研究成果、经验和思考，我们撰写了本书.本书共有6章内容：

第1章，对国内外数学模式和数学结构的研究进行整理和阐述.

第2章，尝试着对模式识别以及模式的构建与理解、识别与应用、反思与完善进行阐述，并从教育心理学的视角进行解释.

第3章，从模式识别有助于完善学生的认知结构、学生形成学习结构、发展学生的数学学习力、实现数学的美育价值和提高教师的教学能力等5个方面说明模式识别教学是有意义的教学.

第4章，从深度教学的视角剖析模式识别数学课堂教学，赋予模式识别新的意义.

第5章，列举了一些模式识别的课例，希望对一线教师有所帮助.

第6章，罗列我们近几年发表的与模式识别相关的5篇文章，展示我们的研究理念、研究过程与研究成果.

因为我们的水平有限，对一些概念的理解可能不是很到位，对一些案例的阐述可能不够详尽，在一些文字的表述上或许不够确切，甚至有谬误之处，恳请各位读者批评指正.

刘志昂

2022年2月

目录

CONTENTS

第 1 章

数学结构与数学模式

1.1 关于数学结构的论述

一、布尔巴基学派关于数学结构的观点

布尔巴基学派是 20 世纪 30 年代以后开始形成的一个数学学派.布尔巴基并非一个人,而是这一学派学者著书立说时共同采用的笔名.布尔巴基学派的代表人物包括迪厄多内、魏伊、谢瓦莱、嘉当等.他们应用公理化方法,试图把一些数学分支中论证的最基本、最重要的出发点分离出来,并加以比较,于是便形成了结构的概念.他们认为,数学各分支应按结构性质来划分,应用公理化方法按结构观点来重新整理各数学分支.

布尔巴基学派认为,数学研究的基本结构(母结构)有以下三种:

第一种叫作代数结构.集合上有了运算,能够从两个元素生出第三个元素来,就叫作有了代数结构.

第二种叫作序结构.集合中某些元素之间有先后顺序关系,就叫作有了序结构.序结构也是应用极广泛的一种结构.

第三种叫作拓扑结构.它用来描述连续性、分离性、附近、边界等空间性质.

这几种结构恰好都是现实世界的关系与形式在我们头脑中的反映.

代数结构——运算,来自数量关系.

序结构——先后,来自时间观念.

拓扑结构——连续性,来自空间经验.

基本结构可以加上一些公理派生出子结构,两种以上的结构可以加上联结条件产生复合结构.结构的变化、复合、交叉形成形形色色的数学分支,表现为气象万千的数学世界.

二、数学认知结构

李士锜认为,认知结构是个人将自己所认识的信息组织起来的心理系统.认知结构与知识结构是两个不同的概念.一般地说,知识结构是数学内容及其组织形态,学生通过学习将知识结构转化为自己掌握的东西,知识结构就变为内在的认知结构了.

认知结构在形式上可以看作由节点和连线组成的复杂的网络.节点就是结构中的元素或对象,连线是元素间存在的稳定联系.认知结构最基本的形式有三种:线性结构、树形结构和网络结构(图 1.1-1).

图 1.1-1

按知识之间特定的关系分类,这三种认知结构又可以分为纵向的层次关系和横向的平面关系两类.当节点之间的联系具有包含和被包含关系时,如概括、抽象的不同水平,局部与整体的关系,就形成了纵向层次.若是同一水平的横向关系,则是平面关系.

在一些数学知识之间,还可能出现三种形式相互结合、纵向与横向结构相互交叉或重叠的情况,甚至可能在两个独立的结构之间突生枝节.

结构常常是由更基本的结构组成的,此时,每一个节点作为一个组块,它本身又可含有若干个节点,这样就又形成了一个结构.这个结构可以是线性结构、树形结构或者网络结构,也可以含有纵向层次结构或横向平面结构.

曹才翰认为,数学认知结构就是学生将头脑里的数学知识按照自己理解的深度、广度,结合自己的感觉、知觉、记忆、思维、联想等认知特点,组成的一个具有内部规律的整体结构.他将数学认知结构归纳为以下八点:

（1）数学认知结构是数学知识结构和学生的心理结构相互作用的产物；

（2）数学认知结构是学生头脑中已有数学知识、经验的组织；

（3）数学认知结构可以在各种抽象水平上来表征数学知识；

（4）每一个学生的认知结构都各有特点；

（5）数学认知结构不是一种消极的组织，而是一种积极的组织，它在数学活动中发挥着作用；

（6）数学认知结构是一个不断变化的动态组织；

（7）数学认知结构是在数学认知活动中形成的；

（8）从功能上来说，学生既能借助已有认知结构去掌握现在的知识，又能借助已有的知识结构创造性地去解决问题.

喻平认为，认知结构就是学习者经过对外显知识的感知、理解、内化，进而储存在自己长时记忆中的、相互联系的陈述性知识、程序性知识和过程性知识. 从某种意义上说，认知结构就是个体对知识的表征. 从三类知识的表征看，陈述性知识的表征是图式，包括命题网络、表象表征和线性序列；程序性知识的表征是产生式；过程性知识的表征是关系表征和概念表征.显然，从知识的贮存、表示、知识之间的关系和相互作用等方面看，个体对知识的表征与个体建立认知结构的意义是完全一致的.从这个意义上说，数学知识结构的表征与数学认知结构的理论是相辅相成的.

三、数学学习的 CPFS 结构

概念域、概念系、命题域、命题系形成的结构称为 CPFS 结构.

CPFS 结构的含义是：

（1）已在个体头脑中内化的数学知识网络中，各知识点（概念、命题）处于一定位置，知识点之间具有等值抽象关系、强抽象关系、弱抽象关系或广义抽象关系.

（2）正是由于数学知识网络中各知识点之间具有某种抽象关系，而这些抽象关系本身就蕴含着思维方法，所以数学知识网络中各知识点之间的联结包含着数学方法，即“连线集”为一个“方法系统”.

在概念学习中，学生如果不能从多角度、多背景去深入理解概念，没有在头脑中形成概念体系，那么一旦换一个侧面去阐述同一个概念，他们就会不知所云.对于命题学习也是同样情形：如果学生没有形成完善的命题域和命题系，那么在解决问题时，他们就不能及时地、有效地在命题域或命题系中调用适当的模式，从而问题解决的难度就会加大或者无法解决.事实上，在一组等价命题中选出某些命题去解决不同的问题，理论上说是等价的，但解题的难度却大相径庭.

1.2 关于数学模式的论述

一、波利亚的几个典型模式

1. 双轨迹模式

波利亚从几何中的作图问题抽象出解决问题的双轨迹模式.我们知道，给定三边(a，b 和 c)求作一个△ABC(点 A，B，C 的对边分别为 a，b，c)，在画出线段 a 以后，我们就已经定下了所求三角形的两个顶点 B 和 C，剩下只需要再确定一个顶点就行了.实际上，在作出线段 a 以后，我们就把所提的问题转化成了另一个问题，它跟原问题不同，但却是等价的.在这个新问题里，未知量是一个点(所求三角形的第三个顶点)，已知量是两个点(B 与 C)与两个长度(b 与 c)，条件是所求的点到定点 C 的距离是 b，而到定点 B 的距离是 c.

这些条件包含着两个部分：一部分是关于 b 与 C 的，另一部分则是关于 c 与 B 的.如果我们先只看条件的一部分，而把另一部分放在一边，那么未知量在多大程度上是确定的？它会怎么变呢？在平面上，到一个定点 C 的距离是定值 b 的点，既不能被完全确定也不是完全自由的，它必定限制在一条“轨迹”上，即必在以 C 为圆心、b 为半径的圆周上.

波利亚对这种模式做了推广，得到在若干场合下成功解决几何作图问题的模式：先把问题归结为要确定一个点，再把条件分成两部分，使得对每一部分，未知点都形成一个轨迹，并且每一个轨迹必须是一条直线或是一个圆.

2. 笛卡尔模式

笛卡尔在其著作《思维的法则》里，设计了一种能解各种问题的万能方法.这种方法的大概模式如下：

第一，把任何问题化为数学问题.

第二，把任何数学问题化为一个代数问题.

第三，把任何代数问题归结为解一个方程式.

波利亚认为，笛卡尔的模式不能应用于所有的情况，但是仍能适用于非常多的情况，包括一些非常重要的情况，是一种重要的思维模式.

3. 递归模式

递归模式源于数列中存在的一些特殊关系，通过这些关系可以解决由已知量确定未知量的问题.波利亚指出：对于一个依次排列起来的序列，我们可以去算它当中的任一项的值，每次算一个.为此，我们需要两个先决条件：第一，应当知道序列的第一项；第二，应该有某个关系式将序列的一般项与它前面的那些项联系起来.这样我们便可以借助前面的项，依次、递推地把所有的项找出来，这就是递归模式.

4. 叠加模式

波利亚认为，在解决许多数学问题时，首先，找到一个易于处理的特殊情形，并且给出一个完全适合于这个特殊情形的解.其次，把可以求解的若干个特殊情形组合起来，便得到完整的、没有任何限制的、通用于一般情形的解.例如，证明圆周角定理"在同圆中，同弧所对的圆周角等于它所对的圆心角的度数的一半"，先证明角的一边过圆心的情形(容易处理的特殊情形)，而对于两边都不经过圆心的圆周角，则过圆周角的顶点作直径，将所证圆周角表示成前面特殊情形的两个圆周角的和或差.

由上述思想，波利亚引申出解决问题的叠加模式.所谓叠加模式，是指从一个特殊情形出发，利用特殊情形的叠加去得出一般问题的解.

二、郑毓信的数学模式论

郑毓信认为，正因为数学的研究对象，即概念和命题，都具有超越特殊对象的普遍意义，它们都是一种“模式”，所以从这一角度去分析，数学可被说成“模式的科学”.

数学的概念、命题(理论)、问题或方法等，事实上都是一种模式.由于数学可以被看成由这些成分组成的复合体，所以这也更清楚地表明了数学是“模式的科学”.

现代的数学研究对象已超出各个具体的数学结构，涉及数学结构的相互关系，如结构的包含和扩展等.正如美国著名数学家麦克莱恩所指出的，数学利用经验和直觉的洞察力去发现合适的形式结构，对这些结构进行演绎分析，并建立这些结构之间的形式联系.换句话说，就是数学研究相互关联的结构.事实上，按照现代数学的观点，具有相同数学结构(“同构”)的数学对象是等价的，这就从更高层次表明了模式的意义.由此可见，数学抽象在方法上的特殊性在于它的形式建构性质.这也就是指，与可能的现实原型相对照，数学抽象是一种重新建构的活动，我们也就以这种建构活动的产物作为数学研究的直接对象.因此，我们对“数学是模式的科学”这一论断做出如下的补充：数学是(量化)模式的建构与研究.

三、徐利治的数学模式观

徐利治、王光明在《数学方法论选读》中指出，数学模式是按照某种理想化的要求(或实际可应用的标准)来反映(或概括地表现)一类或一种事物关系结构的数学形式.

数学模式按使用范围的大小可以分为三个层次(或种类)：

第一层次是指一个数学系统的模式，如欧氏几何、群论等，仍称为数学模式，它的应用范围(普适性)是最大的.

第二层次是指解决一类实际问题的数学关系结构，称为数学模型.常说的数学建模，建的就是这种模式，它的普适性适中.

第三层次是指用于解题的模式，称为数学模块，也叫数学思维模式或思维反映块，它相当于从日常解题中通过反思、概括等方式筛选出来的解题范例、联想到的典型思路等.

四、喻平的数学模式观

喻平认为，数学模式是形式化地采用数学语言，概括地或近似地表述某种事物系统的特征或数量关系的一种数学结构．数学中的各种基本概念、数学理论体系、定理、法则、公式、算法、命题的方法等，都是数学模式．

在数学问题的解决中，具有共同结构或相同解法的一类问题也被称为一种模式．

五、罗增儒的数学模式观

罗增儒在《数学解题学引论》中指出，学习数学的过程中所积累的知识和经验经过加工，会得出有长久保存价值或基本重要性的典型结构与重要类型——模式，将其有意识地记忆下来，并做有目的的简单的编码．

典型模式是思维的基本模块，就像建筑上的预制构件，其本质上是一种标准化设计，即将陌生的问题转化为标准的问题，然后用标准的程序去解决问题．

第 2 章

模式识别概述

2.1 关于模式识别的表述

一、喻平对模式识别的表述

所谓模式识别，是指当主体接触到数学问题之后，能将问题归类，使其与自己认知结构中的某种数学模式相匹配的过程.认识心理学认为，模式识别过程是先将感觉信息与长时记忆中的有关信息进行比较，再决定它与哪个信息匹配最佳的过程.

喻平还比较了知觉中的模式识别与解题中的模式识别概念之间的差异：一方面，解题过程中有知觉成分，因而解题中的模式识别包含知觉中的模式识别的因素；另一方面，解题过程比知觉过程更复杂，解题中的模式识别是在知觉和思维的交互作用中完成的，因此，解题中的模式识别的认知加工过程更加复杂.

二、罗增儒对模式识别的表述

当我们在解题过程中遇到一个新问题时，我们先辨认它属于哪一类基本模式，再联想一个已经解决的问题，并以此为索引，在储存记忆中提取相应的方法加以解决，这就是模式识别的解题策略.

从思维的角度看，模式识别的解题策略体现了思维定式正迁移的积极作用."遇新思陈，推陈出新"无非是为了在当前问题与头脑中已有的知识、经验之间建立联系，以启发积极有用的思维定式.

为了掌握好模式识别解题策略，罗增儒建议积极积累模式、自觉使用模式、努力突破模式.

三、林中虎对模式识别的表述

林中虎从解题策略的视角阐述模式识别.当主体接触到数学问题之后，首先要辨别题目的类型，以便与已有的知识经验发生联系，然后再确定解决问题的思路.这种首先进行归类辨别的策略便是模式识别策略.

他认为,模式识别是一种普适性的解题策略,在具体解题过程中可以通过以下途径来实现模式识别策略:题目信息与已有定理、定义、法则等发生联系,从而诱导模式识别成功;题目信息与已知公式的结构特征产生链接,从而引导模式识别成功;题目信息与已有经验中的典型图形结构发生关联,从而引发模式识别成功;题目信息与已有经验中的有关知识、方法相互类比,从而促使模式识别成功;题目信息与常见的数学模型发生转译,从而指引模式识别步入正轨.

四、王玉行对模式识别的表述

所谓模式识别,就是当我们接触到数学问题时,通过辨别,检索到原有知识和经验中有与问题相联系的东西,用熟悉的思路探索出解决问题的方法.模式识别的过程就是新旧知识不断同化的过程.

王玉行认为,模式识别是数学分析解题中经常广泛采用的策略,不同的习题与不同的模式相联系,同一个习题往往要与几个模式相联系,通过几个模式的复合,找到解题路径.

五、于文华对问题解决中模式识别的认知过程分析与模型建立的表述

于文华认为,问题分为同型问题(与原问题属于同一模板)、变式问题(与原问题同属于一个问题类或问题族)、叉联问题(两个问题类或者问题族中两个或多个问题的复合).

于文华通过研究发现同型问题模式识别是自上而下的加工与自下而上的加工双向结合的过程,二者共同构成同型问题模式识别,其理论模型假设如图 2.1-1 所示.

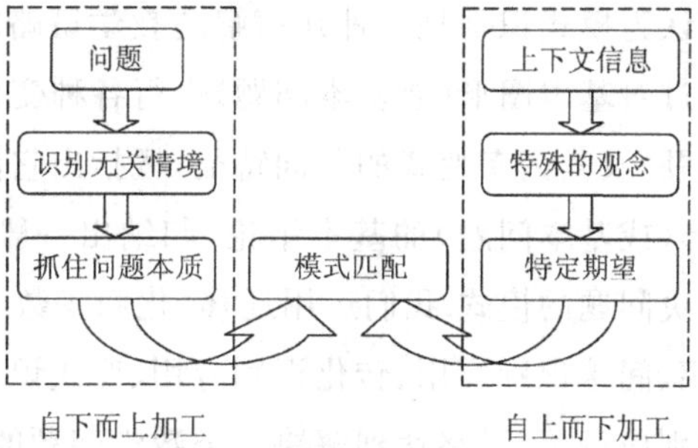

图 2.1-1

变式问题模式识别是自上而下的加工与自下而上的加工双向结合的过程，其理论模型假设如图 2.1-2 所示.

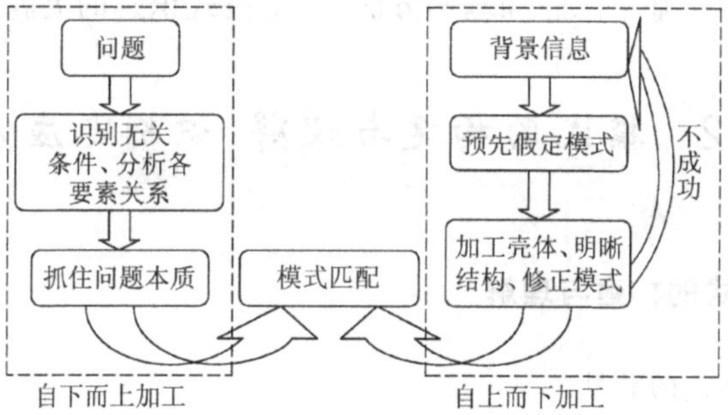

图 2.1-2

叉联问题模式识别的大体过程与脉络、理论模型假设如图 2.1-3 所示.

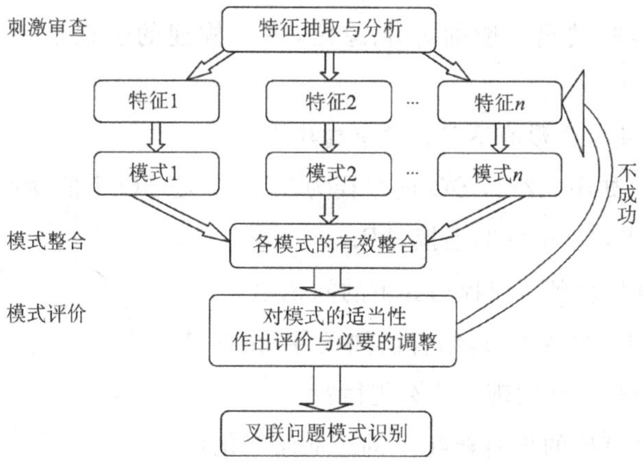

图 2.1-3

综上,我们认为模式识别是一种几何解题教学策略.在解决问题的过程中,我们通过对基本图形(或基本问题)进行各种变化,探寻出基本图形(或基本问题)及其诸多变式的共同特征,概括出它们的一般规律,总结出基本图形(或基本问题)的基本结论,归纳出一般的数学思想和方法,构建出解决问题的模式.我们运用迁移、化归等数学思想方法,进行直接识别应用、间接识别应用、转化识别应用、变式识别应用、迁移识别应用、拓展识别应用等,最终达到解决一类数学问题的目的.

如果要解决的问题用Ⓐ表示,我们构造的模式(基本图形的基本结论)用Ⓑ来表示,在模式识别和应用的过程中,形成了如图 2.1-4 所示的结构,其中的Ⓒ是基本思想和基本方法,也是模式识别的灵魂所在.

图 2.1-4

2.2 模式的构建与理解、识别与应用

一、模式的构建与理解

(一) 模式的构建

几何解题教学中的模式构建,往往立足基本图形,或者通过探究、归纳基本图形不同分类的共同特征和本质属性,或者通过探寻、归纳基本图形的诸多变式的共同特征和本质属性,或者对基本图形的属性进行探究,归纳出一般的规律.总之,模式构建的过程是一个概括的过程.

1. 在基本图形的不同分类中构建模式

例 1 如图 2.2-1,⊙O 的半径为 2,点 A 是⊙O 上的动点,点 P 是⊙O 外一点,且$OP=3$,连接 AP.

教学时,教师可以提出如下的问题串:

问题 1: 观察图形,结合已知条件,在点 A 的运动过程中,你发现了什么规律?

(线段 AP 的长随着点 A 的运动而变化)

问题 2: AP 的长度是如何变化的?

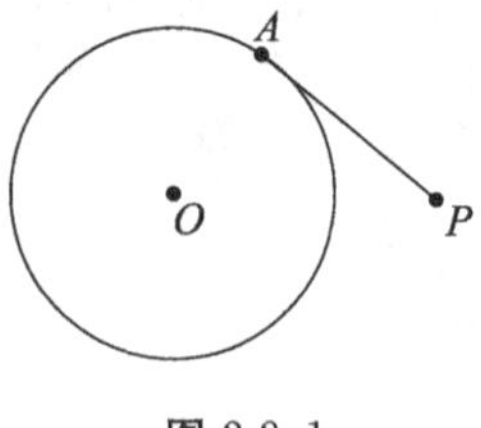

图 2.2-1

（点 A 离点 P 越近，AP 的长度越小；点 A 离点 P 越远，AP 的长度越大）

问题3：你能通过计算来说明 AP 的最小值吗？

（如图2.2-2，连接 OP，在点 A 运动的过程中，当点 A 为⊙O 与 OP 的交点时，AP 的值最小，此时 $AP=3-2=1$. 在⊙O 上任意取一个异于点 A 的点，记为点 A'，连接 OA'，$A'P$，则 $OA'+A'P>OP$，即 $OA'+A'P>OA+AP$. 又由 $OA'=OA$，得到 $A'P>AP$. 这样我们就得到当点 A 为⊙O 与 OP 的交点时，AP 的值最小）

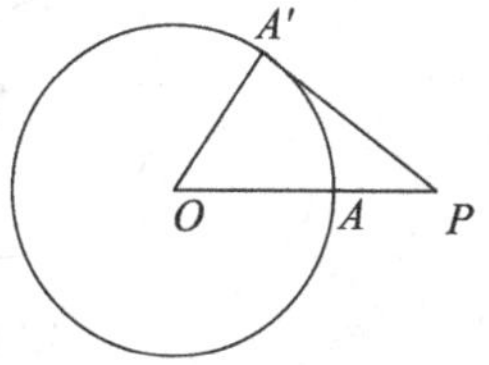

图 2.2-2

问题4：你能通过计算来说明 AP 的最大值吗？

（如图2.2-3，连接 OP，反向延长 OP. 在点 A 运动的过程中，当点 A 为⊙O 与 OP 反向延长线的交点时，AP 的值最大，此时 $AP=3+2=5$. 在⊙O 上任意取一个异于点 A 的点，记为点 A'，连接 OA'，$A'P$，即 $OA'+OP>A'P$. 又由 $OA'=OA$，得到 $AP>A'P$. 这样我们就得到当点 A 为⊙O 与 OP 反向延长线的交点时，AP 的值最大）

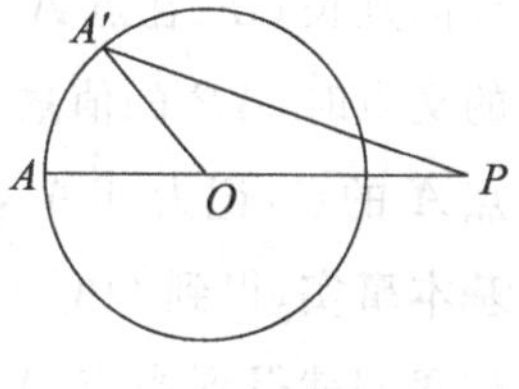

图 2.2-3

问题5：通过例1，你可以得到什么样的结论？

（连接圆外一点与圆心并延长，与圆有两个交点，该点与远交点的距离就是该点与圆上点的距离的最大值，与近交点的距离就是该点与圆上点的距离的最小值）

问题6：在问题解决的过程中，我们所用到的重要的依据是什么？

（基本事实：两点之间线段最短）

例1从具体的问题出发，在点 A 运动的过程中，我们通过观察点 A 的位置与 AP 的长度之间的关系，猜想并证明 AP 的最大值与最小值，提高了学生发现问题、合情推理的能力；通过对"两点之间线段最短"这一基本事实进行证明，进一步发展了学生的推理能力，学生能体会到合情推理和演绎推理之间是相辅相成的.

接着展示下面的问题：

例 2 如图 2.2-4，$\odot O$ 的半径为 2，点 A 为 $\odot O$ 上的动点，点 P 是 $\odot O$ 上一点，连接 AP.

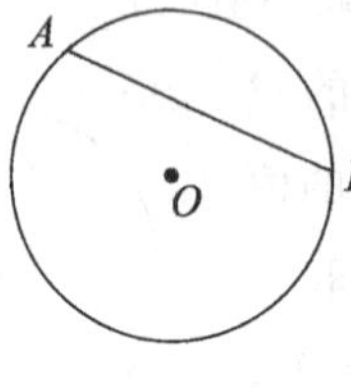

图 2.2-4

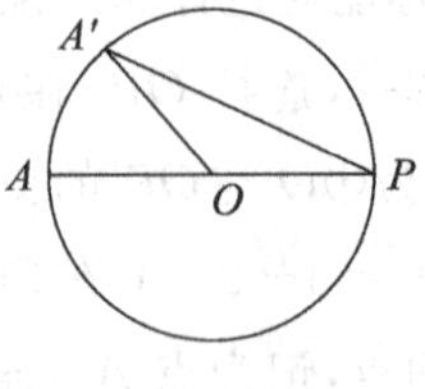

图 2.2-5

教师继续提出问题：

问题 7：你能得到类似例 1 的问题吗？

（AP 的最小值为 0，此时点 A 与点 P 重合.如图 2.2-5，连接 OP，反向延长 OP.在点 A 运动的过程中，当点 A 为 $\odot O$ 与 OP 反向延长线的交点时，AP 的值最大，此时 $AP=2r=4$.在 $\odot O$ 上任意取一个异于点 A 的点，记为点 A'，连接 OA'，$A'P$，根据“两点之间线段最短”这一基本事实，得到 $OA'+OP>A'P$.又由 $OA'=OA$，得到 $AP>A'P$.这样我们就得到当点 A 为 $\odot O$ 与 OP 反向延长线的交点时，AP 的值最大）

问题 8：你还想探究什么问题？可以得到什么结论？你会证明它们吗？

（上面我们研究了点 P 在 $\odot O$ 外和点 P 在 $\odot O$ 上两种情况，我想改变点 P 的位置，使得点 P 在 $\odot O$ 内，$\odot O$ 的半径为 2，点 A 是 $\odot O$ 上的动点，点 P 是 $\odot O$ 内一点，且 $OP=1$，连接 AP.可以用类似的方法求 AP 的最大值与最小值.连接 OP，在点 A 运动的过程中，当点 A 为 $\odot O$ 与 OP 延长线的交点时，AP 的值最小，此时 $AP=2-1=1$.在 $\odot O$ 上任意取一个异于点 A 的点，记为点 A'，根据“两点之间线段最短”这一基本事实，得到 $A'P>AP$.这样我们就得到当点 A 为 $\odot O$ 与 OP 延长线的交点时，AP 的值最小.连接 OP，反向延长 OP，在点 A 运动的过程中，当点 A 为 $\odot O$ 与 OP 反向延长线的交点时，AP 的值最大，此时 $AP=1+2=3$.在 $\odot O$ 上任意取一个异于点 A 的点，记为点 A'，连接 OA'，$A'P$，根据“两点之间线段最短”这一基本事实，可得到 $AP>$

$A'P$.这样我们就得到当点 A 为⊙O 与 OP 反向延长线的交点时,AP 的值最大)

问题 9：通过对前面三种不同位置关系的研究,同学们可以得到怎样的一般结论？

(可以利用点与圆上点的最值距离来研究动点问题,这个点可以在圆外、圆上、圆内,不管点在哪里,只要连接该点与圆心并延长,与圆有两个交点,该点与远交点的距离就是所求距离的最大值,与近交点的距离就是所求距离的最小值)

问题 10：你会用图形语言和符号语言来表示上面的结论吗？(表 2.2-1)

表 2.2-1

点的位置	教学模型	点与圆上的点的距离的最大值	点与圆上的点的距离的最小值
点 P 在圆外	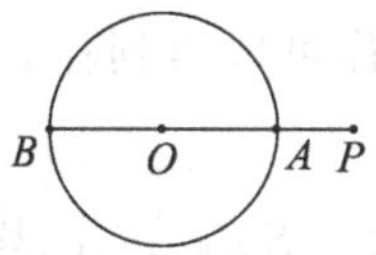	BP	AP
点 P 在圆上	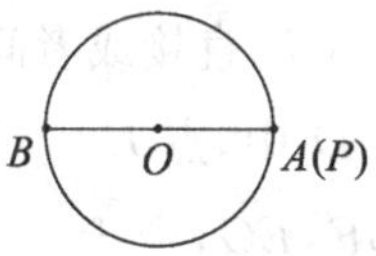	BP(⊙O 的直径的长度)	$AP=0$
点 P 在圆内 (P 在 OA 上)	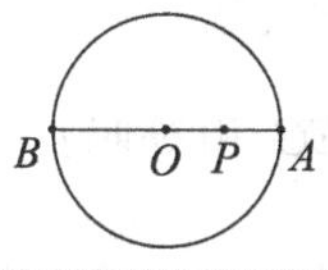	BP	AP

在上面解决问题的过程中,我们构建出一个模式：基本图形的基本结论、基本思想和基本方法.其中基本图形——连接点与圆上的一点；基本结论——连接点和圆心并延长,与圆有两个交点,该点与远交点的距离就是所求最大值,与近交点的距离就是所求最小值；基本思想——构造三角形；证明这一结论的基本方法——利用基本事实“两点之间线段最短”.

上面研究的是平面内定点到圆上动点的距离的最值问题.我们通过对点与圆的三种不同位置关系进行分类讨论,研究了特殊位置关系与特殊数量关系的相互转化,并找到了不同位置关系中数量关系的共性,归纳出不同图形的共同特征与本质属性,进而构建出模式.

2. 在基本图形的诸多变式中构建模式

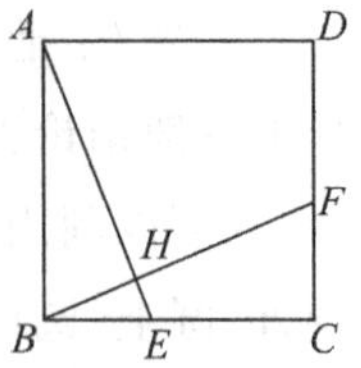

图 2.2-6

例 3 如图 2.2-6,在正方形 $ABCD$ 中,点 E,F 分别在 BC,CD 上,且 $BE=CF$,连接 AE,BF,交于点 H.

你可以得到哪些结论?你是怎样得到的?

($\triangle ABE\cong\triangle BCF$,$AE=BF$,$AE\perp BF$,$S_{\triangle ABH}=S_{四边形CEHF}$等,通过"SAS"证明$\triangle ABE\cong\triangle BCF$ 即可以直接或者间接得到如上结论)

这是一个结论开放的问题,鼓励学生猜想并验证自己得到的结论,最后引导学生分析得到所有结论的共性——都是通过$\triangle ABE\cong\triangle BCF$ 得到的,因而证明三角形全等是根本性的方法.

变式 1 将部分结论与题设交换,你可以得到什么命题?是真命题吗?如何证明?

(若 $AE=BF$ 或 $AE\perp BF$ 或 $S_{\triangle ABH}=S_{四边形CEHF}$,均可得到如上的其他结论,且都是通过证明$\triangle ABE\cong\triangle BCF$ 直接或者间接得到的)

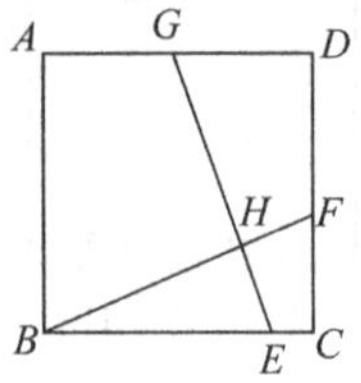

图 2.2-7

变式 2 如图 2.2-7,在正方形 $ABCD$ 中,点 E,F,G 分别在边 BC,CD,AD 上,连接 BF,EG,交于点 H.

(1) 若 BF 与 EG 垂直,则 BF 与 EG 相等吗?你是怎样得到的?

(若 BF 与 EG 垂直,则 $BF=EG$.将 GE 向左平移,使 G 与 A 重合,证明所得三角形与$\triangle BCF$ 全等即可)

(2) 若 BF 与 EG 相等,则 BF 与 EG 垂直吗?你是怎样得到的?

(在如图 2.2-7 所示的情况下,同上平移构造全等是可以的,但是存在着其他情况:如果点 G 的位置不变,E 点靠近 B 点,也会有 BF 与 EG 相等的时候,此时 BF 与 EG 不垂直)

变式 3 如图 2.2-8,在正方形 $ABCD$ 中,点 E,F,G,M 分别在边 BC,CD,AD 和 AB 上,连接 MF,EG,交于点 H.

你能提出什么问题吗?如何解决?

（若 MF 与 EG 垂直，则 MF 与 EG 相等.将 GE 向左平移，使 G 与 A 重合；将 MF 向下平移，使 M 与 B 重合.结论同变式 2）

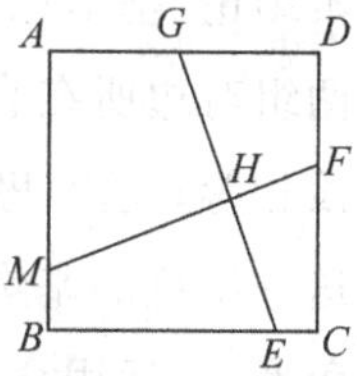

图 2.2-8

【设计说明】 变式 1 是命题的互逆变式，变式 2 和变式 3 则是正方形的形内变式.通过变式，学生逐渐得到这样的结论：在这个特定的结构中，MF 与 EG 若垂直，则相等.结论都是通过平行化归构造全等三角形来得到的.

变式 4 如图 2.2-9，如果点 G，E 分别在 AD，BC 的延长线上，点 F 在 CD 上，BF 的延长线交 GE 于点 M.上述结论是否存在？如何说明？

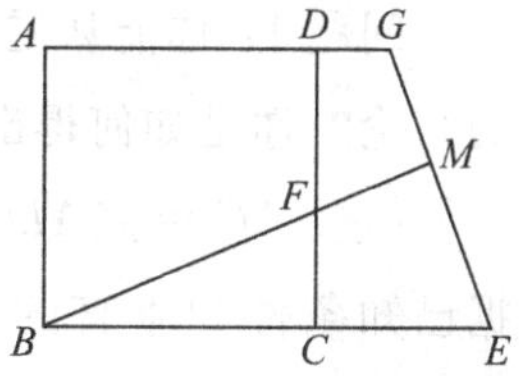

图 2.2-9

（若 BF 与 EG 垂直，则 BF 与 EG 相等是成立的，依然是通过平行化归证三角形全等得到的）

变式 5 如图 2.2-10，如果直线 $a \perp b$，垂足为 M，直线 a 分别与 AB，DC 的延长线交于点 H，F，直线 b 分别与 AD，BC 的延长线相交于点 G，E.上述结论是否存在？如何说明？

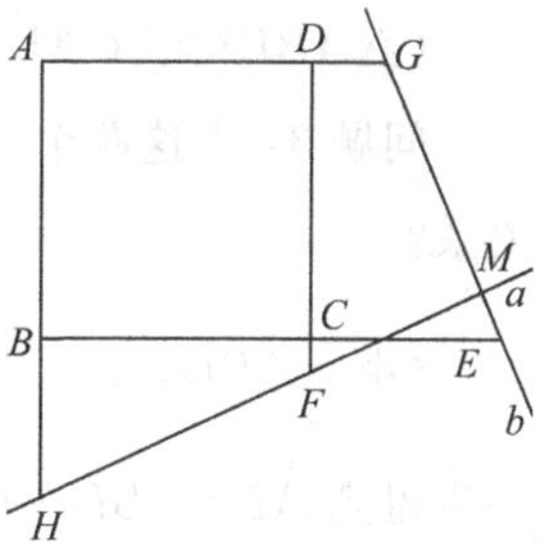

图 2.2-10

（若 HF 与 GE 垂直，则 HF 与 GE 相等是成立的，依然是通过平行化归证三角形全等得到的）

【设计说明】 变式 4 与变式 5 是在正方形的形外变式，得到的结论与前面的变式一样.在这个特定的结构中，端点分别在正方形两组对边所在直线上的两条线段若垂直，则相等.这也是一个“变化中的不变性”：线段的位置在变，但是特殊的位置关系（互相垂直）没有变，特殊的数量关系（相等）没有变，证明的方法没有变（都是通过平行化归构造全等三角形得到的）.

在上面解决问题的过程中，我们构建出一个模式：基本图形的基本结论、基本思想和基本方法.其中：基本图形——端点分别在正方形两组对边所在直线上且互相垂直的两条线段；基本结论——这两条线段相等；基本思想——通过平行化归得到图 2.2-6 的基本图形；证明这一结论的基本方法——借助正方形的边和直角构造出全等的直角三角形，再运用全等三角形的性质来证明.

3. 在基本图形的属性探究中构建模式

例 4 如图 2.2-11，在 $\triangle ABC$ 中，$\angle BAC=90°$，$AD\perp BC$.

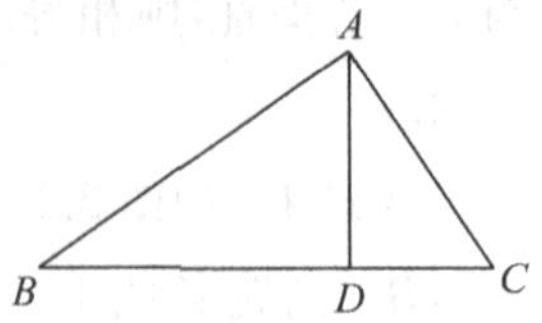

图 2.2-11

问题 1：你能从题中得出哪些与角有关的结论？你是如何得出的？

（$\angle BAC=\angle ADB=\angle ADC=90°$，根据已知条件和垂直的定义得到；$\angle BAD=\angle C$，$\angle CAD=\angle B$，根据“同角的余角相等”得到）

问题 2：$\triangle ABC$ 被 AD 所截得到的两个三角形之间有什么关系？你是如何得到的？

（$\triangle ABD\backsim\triangle CAD$，根据“两角对应相等，两三角形相似”得到）

问题 3：由这两个三角形相似，可以得到哪些线段之间特殊的数量关系？

（由 $\triangle ABD\backsim\triangle CAD$ 可以得到 $\dfrac{AD}{CD}=\dfrac{BD}{AD}$，根据比例的基本性质进一步得到 $AD^2=BD\cdot CD$.显然，AD 是 BD 和 CD 的比例中项）

问题 4：根据上面的探究，你还能得出什么类似的结论？你是如何得到的？

（$AB^2=BD\cdot BC$，根据两角相等的两三角形相似证明 $\triangle ABD\backsim\triangle CBA$，得到 $\dfrac{AB}{BC}=\dfrac{BD}{AB}$，根据比例的基本性质进一步得到 $AB^2=BD\cdot BC$，所以 AB 是 BD 和 BC 的比例中项.同理，还可以得到 $AC^2=CD\cdot BC$，即 AC 是 CD 和 BC 的比例中项）

问题 5：你能对上述的探究和结论做一个小结吗？

（在直角三角形中，斜边上的高把其分成两个小的直角三角形，它

们与原三角形相似，并且存在着三组有比例中项的比例式）

【设计说明】 这个模式就是射影定理.模式的构建过程就是定理的探究过程，在这一过程中，学生经历角相等到三角形相似，再到比例式的存在，最后得到等积式.这是一个在探究过程中逐步得到结论并形成结构的过程.学生经历这一过程，有利于快速解决同类几何问题.

在上面几个例题的研究中，我们都是立足基本图形，通过对基本图形及其分类的属性进行探究，或者对基本图形的诸多变式（如互逆变式、正方形形内变式和正方形形外变式等）进行探究，在图形的变化中概括出结论的不变性，进而发现探寻方法的不变性、思想的迁移性，最终构建出模式.

（二）对模式的理解

在上述的模式构建中，学生从教师提供的基本图形中获取基本的信息，在头脑中寻找已有的适当的知识材料（点与圆的位置关系、正方形的性质等），尝试着建立一个初步的结构（例 1 中构造的三角形、例 3 中构造的全等三角形、例 4 中的相似三角形等）.然后学生在教师的引导下，在练习、复习旧知、发现问题、分析问题、解决问题的过程中，将建立的初步的结构加以调整、更新，并寻找其与其他知识之间的联系，将其融入更大、更有效的结构.因此，理解的过程不仅仅是一个获取知识的过程，更是一个动态的、发展的过程.

1. 对模式知识的理解

对模式的理解过程也是一个对知识的理解过程.喻平认为，对数学的本质认识可以概括为三部分：① 对数学概念、规则或方法的理解，指个体建立了关于这些观念的内部网络.② 数学理解的水平具有层次性，个体的差异往往表现为理解水平的差异.③ 数学理解是一个动态过程，是认知结构和知识意义的构建过程.他还指出，根据数学知识的分类，数学理解应该涵盖对陈述性知识、程序性知识和过程性知识的理解.

在上面例题的模式构建中，涉及许多数学知识，如圆的概念及相关性质、正方形的性质、全等三角形的判定和性质、相似三角形的判定和性质等，其本身就是陈述性知识.当我们运用这些知识去解决问题时，是一个应用知识的过程，需要将陈述性知识理解和内化，所以这个过程是动态的.而模式构建的过程又是一个对知识的体验过程,包括学生对知识产生的体验、对知识发展的体验、对知识结果的体验、对知识应用的体验.另外,模式的构建过程本身也是一个解决数学问题的过程,需要理解和掌握知识之间的关联,形成一定的知识结构,如图 1.1-1 所示的线性结构、树形结构和网络结构.

在上面几个例题的模式的构建过程中,教师均采取了探究式教学,通过问题的开放性来形成思维的开放性.教师通过问题串引领学生经历模式的构建过程,在模式的构建过程中理解相近、相关知识,理解不同知识之间的内在关联,理解方法的不变性,理解图形结构的完整性,理解基本图形指向的基本结论,理解从基本图形得到基本结论的思想和方法,最终理解模式的构建.对学生来说,这是一个有意义的学习过程;对于教师来说,这也是一个有意义的教学过程.

2. 对模式结构的理解

模式中的基本图形的基本结论,其本质就是一个用图形语言和数学符号语言来表达的数学命题,而基本思想和基本方法则是对这一命题的发现和证明,这是模式自身的结构.

模式中自然会包含诸多的数学知识,在运用这些数学知识解决问题的过程中,必然会产生陈述性知识、程序性知识和过程性知识,当然会形成一定的知识结构,如前所述的线性结构、树形结构和网络结构.在这个过程中,教师应当引导学生自主地将自己所掌握的知识有序地组织起来,并加以整理,在记忆、运用中进行内化,形成认知结构.认知结构有助于知识的储存、记忆和操作处理.正如美国教育心理学家布鲁纳所说:获得的知识如果没有完美的结构把它们联系在一起,那么这些知识多半会被遗忘.

3. 对模式构建方法的理解

构建模式的方法,通常是对数学命题用图形语言和符号语言进行归纳和阐述,或者是对基本图形的属性进行探究而得出一般结论,再或是对基本图形进行变化,在诸多变式中归纳出结论、方法的不变性,进而概括出一般的结论、方法.正如前面所说的基本图形的基本结论、基本思想和基本方法.我们既要理解基本图形中的基本结论,还要理解由基本图形得到基本结论的方法，更重要的是要理解其中蕴含的数学思想方法.

在教学中，模式的构建与形成往往采用探究式教学，尽可能地开放，如条件开放、结论开放，让学生在探究过程中开放思维.这种教学方式帮助学生形成的思维是一种高阶思维.学生理解模式构建的方法后，形成自主构建模式的意识和习惯，最终形成自主学习的方法.这也是学生创造性学习的一种体现.

二、模式的识别与应用

构建出模式后，就形成了一种有效的解题策略.在解决具体的数学问题和数学学习的过程中，教师引导学生逐渐自主地将新问题与已有模式进行比较，进而运用基本图形的基本结论，借助基本思想和基本方法来解决问题.

1. 直接识别应用

例 5 如图 2.2-12，在 Rt$\triangle ABC$ 中，$\angle ACB=90^\circ$，$AC=BC=2$，以 BC 为直径的半圆交 AB 于 D，P 是$\overset{\frown}{CD}$上的一个动点，连接 AP，则 AP 的最小值是________.

解析：此题是求圆外定点到圆上动点的最短距离，识别出是例 1 中构建的模式，直接应用模式中的方法解决.如图 2.2-13，取 BC 的中点 E，即已知圆的圆心，连接 EA，交半圆于 P'，则 AP'最短.根据勾股定理求得 $AE=\sqrt{5}$，$P'E=1$，所以 $AP'=\sqrt{5}-1$，即 AP 的最小值是$\sqrt{5}-1$.

对模式的直接识别应用是一种直觉思维.庞加莱指出：逻辑可以告诉我们走这条路或那条路保证不遇到任何障碍，但是它不能告诉我们哪一条路能引导我们到达目的地，我们必须从远处瞭望目标，而教导我们瞭望本领的是直觉.

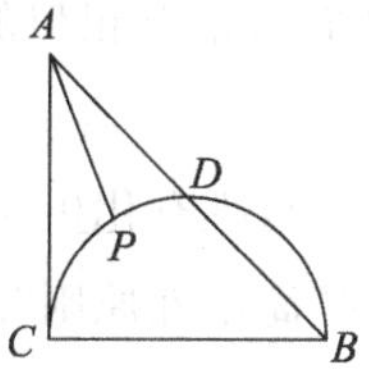

图 2.2-12

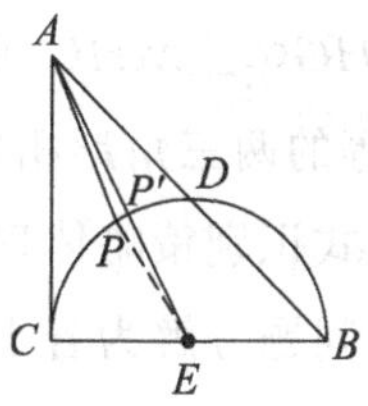

图 2.2-13

2. 间接识别使用

例 6 如图 2.2-14，将正方形纸片 $ABCD$ 沿 MN 折叠，使点 D 落在边 AB 上，对应点为 D'，点 C 落在 C' 处. 若 $AB=6$，$AD'=2$，则折痕 MN 的长为________.

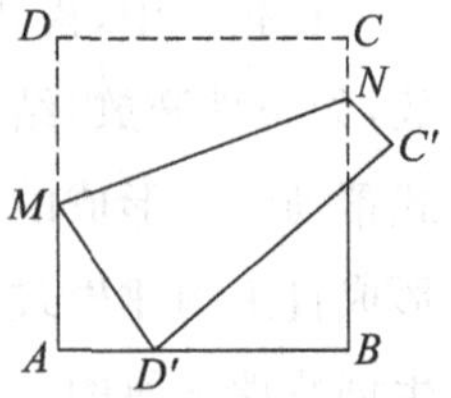

图 2.2-14

解析：这是一个正方形中的线段求值问题，一般考虑直接求或者间接求. 显然直接求不好解决，故考虑用间接求法. 由轴对称的性质，连接 DD' 便可以得到 $DD'\perp MN$，间接地识别出是例 3 构建的正方形中的互垂模式. 过点 N 作 AD 的垂线段 NM'，通过证明三角形全等得到 $DD'=MN$，再运用勾股定理求出 DD' 的值即可解决问题.

此题的基本图形不完整，要通过作辅助线构造出基本图形而获知基本结论，再运用基本方法去解决问题. 在解决问题的过程中，需要教师引导学生理解基本思想.

3. 转化识别应用

例 7 如图 2.2-15，在 $\triangle ABC$ 中，BD，CE 是高，$EH\perp BC$，垂足为 H，交 BD 于 G，交 CA 的延长线于 M. 求证：$HE^2=HG\cdot HM$.

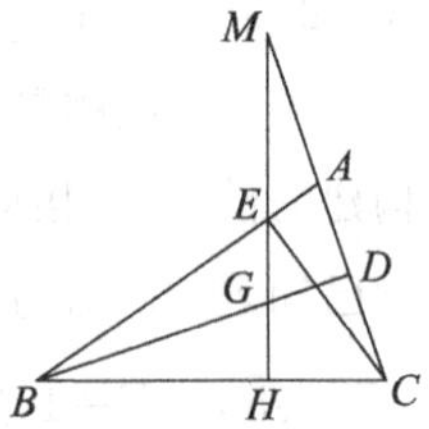

图 2.2-15

解析：根据已知条件可以得到 $\angle BEC=\angle BHE=\angle CHE=90^\circ$，识别出它是例 4 中的模式. 由模式可以得到基本结论 $HE^2=HB\cdot HC$，得到此结论的方法是通过两角对应相等来证明 $\triangle BHE\backsim\triangle EHC$. 这样就将原来的问题转化为证明 $HG\cdot HM=HB\cdot HC$，进一步转化为证明比例式 $\frac{HB}{HM}=\frac{HG}{HC}$. 要得到这个比例式，需要证明 $\triangle BHG\backsim\triangle MHC$，而证明这两个三角形相似的方法依然是“两角对应相等的两三角形相似”.

这里的模式识别策略体现了化归的思想，既有化生为熟的“熟悉化原则”，也有将问题分解为若干基本问题的“简单性原则”.

4. 变式识别的应用

(1) 变式识别的直接应用.

例8 如图 2.2-16, $\odot O$ 的半径为 4, 弦 $AB=4$, 点 C 为优弧 AB 上一动点, $AM\perp AC$, 交直线 CB 于点 M, 则 $\triangle ABM$ 的面积的最大值是________.

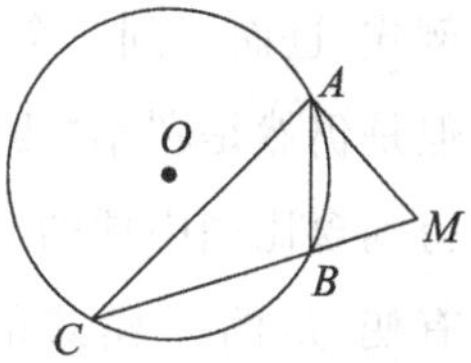

图 2.2-16

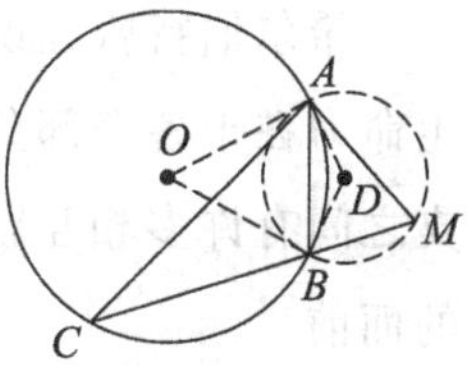

图 2.2-17

解析: 由已知条件中的弦 $AB=4$ 可知连接 OA 和 OB 得到的 $\triangle OAB$ 为等边三角形, 由此得到弦 AB 所对的圆周角等于 $60°$, 所以 $\angle C=30°$. 根据 $AM\perp AC$ 可得 $\angle M=60°$, 则 $\angle M$ 为定线段 AB 所对的顶角, 所以点 M 在以 AB 为弦的圆心角等于 $120°$ 的圆上, 即图 2.2-17 中的 $\odot D$. 因为 $AB=4$, 所以要使 $S_{\triangle ABM}$ 最大, 则点 M 到 AB 的距离应最大. 这样就识别出例 1 中的模式. 所以当 $AM=BM$ 时, 点 M 到 AB 的距离最大, 此时 $\triangle ABM$ 是等边三角形, 所以 $S_{\triangle ABM}=\frac{1}{2}AB\times\frac{\sqrt{3}}{2}AB=\frac{1}{2}\times4\times\frac{\sqrt{3}}{2}\times4=4\sqrt{3}$. 这里的圆是一个隐形圆, 是一个模式的变式, 作出隐形圆后, 便可以直接利用基本方法来解决问题.

(2) 变式识别的间接应用.

例9 如图 2.2-18, $\triangle ADE$ 为等边三角形, 点 B, C 在直线 DE 上, 且 $\angle BAC=120°$. 图中一定相似的三角形有几组? 哪条线段是另外两条线段的比例中项?

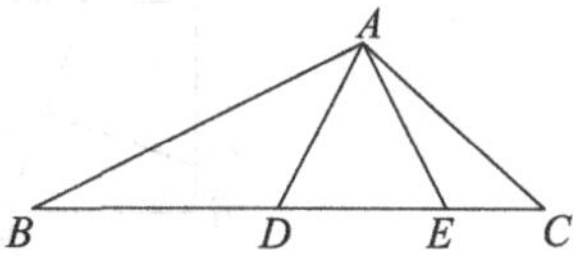

图 2.2-18

解析: 由 $\angle BAC=120°$ 和 $\triangle ADE$ 为等边三角形可得 $\angle BAD+\angle CAE=60°$, 而 $\angle ADE=\angle BAD+\angle B=60°$, 所以 $\angle CAE=\angle B$, 结合 $\angle C=\angle C$, 可以证明出 $\triangle CAE\backsim\triangle CBA$, 得到 $\frac{CA}{CB}=\frac{CE}{CA}$, 所以 $CA^2=CE\cdot CB$. 同理可以得到 $BA^2=BD\cdot BC$.

例 4 的模式是直角三角形斜边上的高将原直角三角形分成的两个直角三角形与原直角三角形相似,根据相似三角形的性质可以得到比例式,进而得到三个含比例中项的比例式.这里虽然没有直角三角形,但是仍然是利用"两角对应相等的两个三角形相似"得到比例式,进而得到含比例中项的比例式.这里虽然图形变了,但是所含的思想方法没有变,是例 4 模式的一种间接变式.而且我们不难证明出$\triangle CAE\backsim\triangle ABD$,得到$\frac{CE}{AD}=\frac{AE}{BD}$,而$AE=DE=AD$,所以$DE^2=BD\cdot CE$.

希尔伯特曾经说过:数学学科是一个不可分割的有机整体,它的生命力在于各个部分之间的联系.的确,数学最为迷人之处是其不同分支之间有许多相互影响、预想不到的联系,它有时会奇迹般地展现在你的面前.

5. 迁移识别应用

例 10 (1) 如图 2.2-19,已知点 G,F,H,E 分别在矩形 $ABCD$ 的四条边上,且 $EF\perp GH$.若 $AB=m$,$BC=n$,求$\frac{GH}{EF}$的值.

(2) 如图 2.2-20,在四边形 $ABCD$ 中,点 E,F 分别在 BC,CD 上,且 $AE\perp BF$.若$\angle BCD=90°$,$AB=BC=10$,$AD=CD=5$,求$\frac{AE}{BF}$的值.

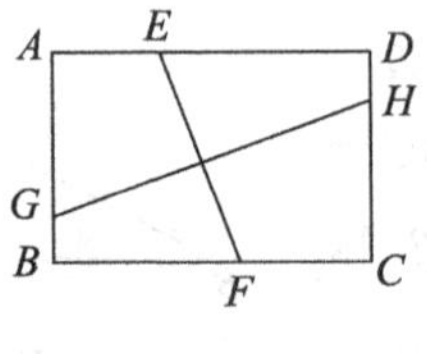

图 2.2-19

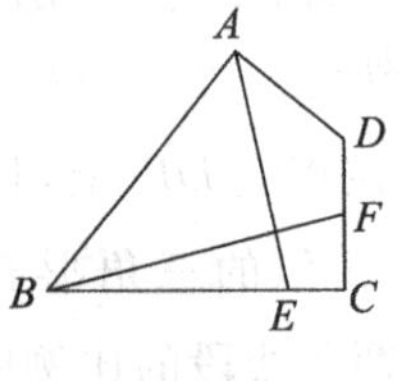

图 2.2-20

解析:这是一个矩形背景下的互垂线段问题,解题时可以回想正方形中的互垂线段模式,虽然图形不一样,但是解题所用的数学思想方法是一样的.

(1) 如图 2.2-21,运用例 3 变式 3 的方法,将图 2.2-19 中的线段 EF 向左平移至 AM 的位置,将线段 GH 向下平移至 BN 的位置,这样便构造出$\triangle ABM \backsim \triangle BCN$.根据相似三角形的性质可以得到$\frac{AM}{BN}=\frac{AB}{BC}=\frac{m}{n}=\frac{EF}{GH}$.

(2) 如图 2.2-22,过点 A 作 $PQ /\!/ BC$,过点 B 作 $BP \perp PQ$,垂足为点 P,延长 CD 交 PQ 于点 Q,构造出矩形 $BCQP$,运用(1)的结论,结合几何图形的其他性质即可解决问题.

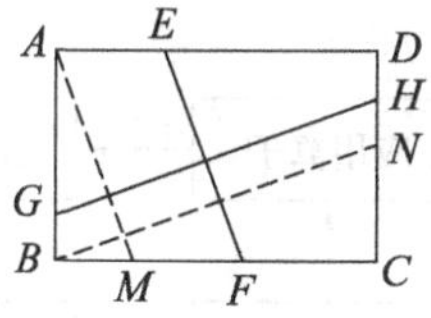

图 2.2-21

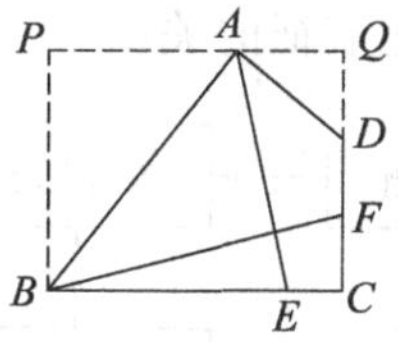

图 2.2-22

这里和例 3 相比较,图形由正方形变为矩形,三角形全等也变成了三角形相似,相等的线段随之变为成比例线段,依然可以利用例 3 的模式解决问题,这是模式的一种正迁移.我们用到的不再是模式中的结论,而是解题的思想和方法,是将多个问题的共性抽取出来,形成"一解",探究出解决此类问题的"通法",并运用"通法"来解决类似的问题.

2.3　模式识别的教育心理学解释

一、一般问题解决的理论

波利亚围绕着"怎样解题"这一中心问题开展了启发式教学研究.他把解题过程归纳为以下五个阶段:① 熟悉题目;② 深入理解题目;③ 寻求有用的思路;④ 执行方案;⑤ 回顾.

海斯于 1981 年对波利亚的解题过程进行了修改,并将其分为六个阶段:① 发现问题;② 表征问题;③ 制订解决计划;④ 实施计划;⑤ 评定解决结果;⑥ 巩固收获.

数学教育家舍恩菲尔德将解决数学问题的全过程分为四个阶段:① 对问题的分析和理解;② 对解法的设计;③ 对困难问题解法的探

索；④ 对解进行检验.

他们只对解决数学问题的外显步骤进行描述，而没有深入解题者内心的思考过程，缺乏必要的学习心理学阐述.

二、数学问题解决的认知模式

喻平建立了数学问题解决的认知模式，反映了模式识别与其他因素的内在关系，如图 2.3-1 所示，并进一步剖析了模式识别与自我监控、迁移、问题表征的关系.

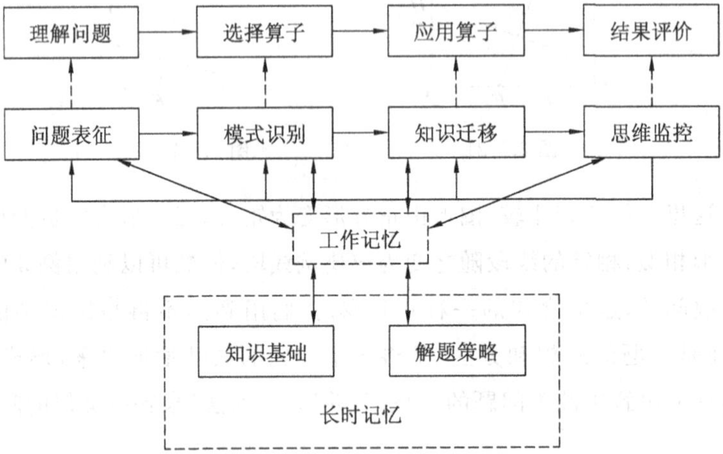

图 2.3-1

喻平认为，解决数学问题的过程分为理解问题、选择算子、应用算子、结果评价四个阶段.与此对应，其认知过程分别为问题表征、模式识别、知识迁移、思维监控.他对这一认知模式作了如下的解释：

(1) 对解决问题的四个阶段可以宏观地进行理解，也可以微观地进行理解.宏观理解是把解题过程看成从问题的初始状态到目标状态的四个阶段；微观理解是把这四个阶段看成问题空间任意两个中间状态的转化过程，如图 2.3-2 所示.相对应的四个认知阶段也可以在宏观和微观两个层面进行理解.

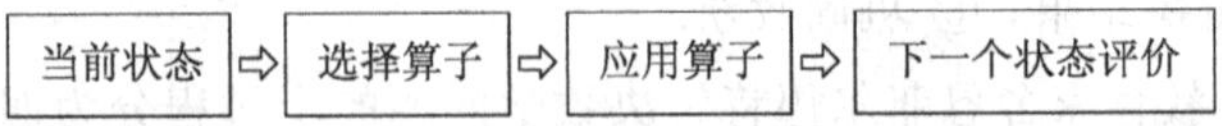

图 2.3-2

(2) 模式识别是迁移的前提,迁移是模式识别的结果,两者相互交织、不可分割.

(3) 思维监控不是一个独立的认知成分,它贯穿整个认知过程的始终.

喻平又对这一解题认知模式作了进一步的分析:

(1) 解题认知模式是一个系统.解答一个数学问题的基本要素包括数学理论、数学方法、数学语言和数学观念,它们静态地组成解题系统的外部资源要素.将这些资源用于解决特定的数学问题,就产生了解题系统中的内部行为要素,即问题表征、模式识别、知识迁移和思维监控等认知成分.外部要素与内部要素组成解题系统的基本要素,它是构成解题系统的基本前提.

(2) 解题认知系统是一个循环系统.在解决一个数学问题时,个体认知加工的各阶段必须与外部资源进行信息沟通.在表征问题时,要在长时记忆中提取适宜的知识和策略与当前问题匹配.如果提取的信息不能表征问题或不能合理地表征问题,这条信息就会重新回到长时记忆中,然后再提取另外的信息,直到找到能正确表征问题的信息.显然,这是一个信息循环的过程.同样,在模式识别、知识迁移和思维监控等阶段,都是长时记忆中信息的循环流动过程.例如,在模式识别阶段,如果不能找到合适的模式与当前问题匹配,或找到的模式不能与当前问题匹配,就需要重新选择模式.又如,当知识迁移不能产生或不能完全实现时,也要重新表征问题或重新选择模式.因而,内部要素也组成了一个循环系统,如图 2.3-3 所示.这样,外部与内部、内部与内部的两种循环构成了解题的循环系统.

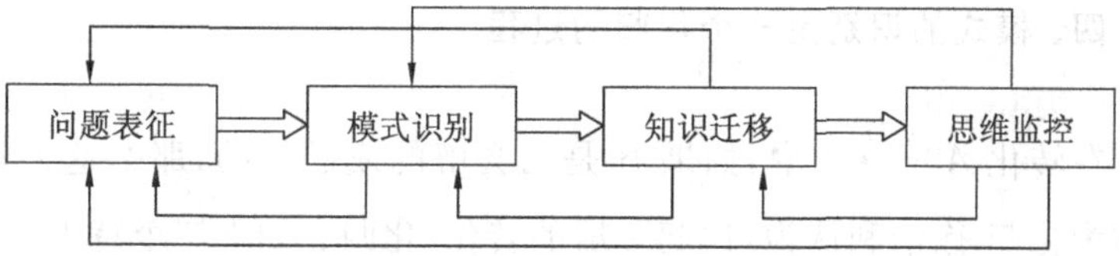

图 2.3-3

解题认知系统是一个控制系统.如图 2.3-3 所示,思维监控始终贯穿整个解题认知过程,对各阶段进行监视、控制和调节.调节主要表现在控制外部与内部、内部与内部循环流的流速和循环出现的频数方面.

三、模式的构建是一个抽象的过程

数学研究的对象虽然是抽象的,但是数学对这些抽象的对象的研究是具体的.数学中的许多概念、命题等用符号、语言可以讲述得很严格、很具体.

数学对象是抽象思维的产物.对于真实事物或现象的直接研究而言,以抽象思维的产物作为直接研究对象就更具有普遍的意义:它们所反映的已不是某一特定事物或现象的量性特征,而是一类事物或现象在量的方面的共同特征.正是因为数学的研究对象,即概念和命题,都具有超越特殊对象的普遍意义,所以它们都是一种模式.

在上面例题的模式构建过程中,基本图形的基本结论都具有一般性.由基本图形出发,通过一系列的变式,在诸多图形中抽象出它们的共同特征,概括出它们的共同属性,得到一般的规律.而由基本图形到诸多变式也是一个从特殊到一般的过程,是一个逐步抽象的过程.

我们构建的模式多数是一个数学命题,是不太好用文字语言表述或者用文字语言表述比较烦琐的,又或者命题本身就是一个定理,而目前我们没有学习到.用图形语言和符号语言来表示数学命题,这本身也是数学抽象.

模式具有多样性.模式可以被用于概念、问题、方法等不同的对象,并且从同一原型出发可以抽象出不同的模式,模式的应用也有不同程度的抽象.

四、模式的识别是一个化归的过程

在转化 $A \xrightarrow{(C)} B$ 中,如果 B 是已会解的或已知的,那么这种转化就称为化归.徐治利认为,比起一般的转化,化归有如下三个特点:

第一,化归的目标更明确,直接向着"{已解决的问题}$=y$"前进.

第二,因目标 $B \in y$ 很明确,我们可以把 A 同 B 相比较,看差异何在,有针对性地采取措施 C.

第三，因为 $A \xrightarrow{(C)} B$，$B \in y$，所以一旦化归成功，就意味着问题解决.

显然，我们构建出的模式即为 y，在模式识别的过程中，A 为要解决的问题中的图形，我们将其与模式中的基本图形进行比对，找到 A 与 B 的直接或间接的关系，通过基本思想和基本方法完成化归，从而达到解决问题的目的.

在上述的化归中，B 与 A 有所不同，但是 B 比 A 更适合我们的需要.B 与 A 有共同的特征与属性，就是说，A 转化到 B，A 的某些特性保留了下来，而且更明显、更易获取.显然这样的化归缩短了思维路径，更加有利于问题的解决.这个就是变（图形在变）中有不变（解决问题的思想方法不变），变是为了使不变的东西更好地保留和外露.这就是章建跃博士常说的：研究对象在变，研究的方法和套路不变.

五、模式的应用是一个迁移的过程

奥苏伯尔在其论著《教育心理学：认知观点》的扉页上写了这样一句话：

假如让我把全部教育心理学仅仅归结为一条原理的话，那么，我将一言以蔽之：影响学习的唯一重要的因素就是学习者知道了什么.要探明这一点，并应据此进行教学.

显然，奥苏伯尔强调的是先前学习过的知识、掌握的方法、习得的技巧、积累的经验是后续学习的基础，这就是学习的迁移.在模式识别学习过程中，模式的应用就是一个主动的正迁移.

奥苏伯尔认为，迁移指先前的经验对当前学习的影响，但是这种先前的经验是通过累积获得、依照一定的层次组织，而且在组织上是同新的学习任务有机地联系着的原有知识体系.在模式识别中，模式的构建是对先前知识的统整，也是学习经验的积累，还是新的、有意义的认知结构的构建.

奥苏伯尔认为，过去经验的特征不是指前后两个学习课题在刺激和反应方面的相似程度，而是指学生在一定知识领域内的认知结构的组织特征，诸如清晰性、稳定性、概括性、包容性等.我们在学习课题 A

时所得到的最新信息，并不直接同课题 B 发生相互作用，而只是通过影响原有的认知结构的有关特征，来间接影响新的学习或迁移.模式的识别恰恰符合这一特征.模式的应用就是先前积累的知识、方法、经验、结构等对后续解题的有意义的影响，是一种正迁移.

在教学中，我们不仅要帮助学生主动构建模式、积累模式，还应该帮助学生理解模式、识别模式、应用模式，更应该帮助学生反思模式、完善模式.

第3章

模式识别教学的意义

3.1 模式识别教学有助于完善学生的认知结构

喻平指出,教师应帮助学生建立完善的数学认知结构,具体的策略分以下三个方面.

1. 在模式识别教学中促进学生对陈述性知识的组织和精深加工

认知心理学家通过大量的实验研究证明,精深加工对记忆陈述性知识有促进作用.支持精深加工的教学策略有:

(1) 注重数形结合和直观教学.这样可以使学生建立命题网络和表征系统,有利于知识的贮存和检索.在模式识别的教学中,基本图形的基本结论就是对数形结合的精深加工,是直观教学.

(2) 类比可以揭示知识之间的潜在关系,增大信息量.在模式识别的教学中,从模式的构建到模式的识别与应用,时刻存在着类比与化归.

(3) 教给学生一些对知识精深加工的策略.例如,对于基本图形的理解和记忆,教师要引导学生借助于表象,尝试着将诸多相关图形的共同特征与属性加以概括,用精练的词或句子来描述其中的规律,用文字语言概括命题.

在模式识别的教学中,我们在构建模式时要注重对一些具体的知识赋予更多的信息,使之与其他知识有一些外显或内隐的联系,形成一个适合识别的线索.

2. 在模式识别教学中促进学生图式的形成

图式的一个功能是使人能够很快地识别各种新的例证,能依据这种最初的识别对新的情境做出推论,并且还可以将以图式贮存的知识用于问题解决之中.一个好的模式具备这样的特征和作用.

对此,在模式识别的教学中,教师可采用以下策略:

(1) 以"构建模式—理解模式—识别模式—应用模式—反思模式—完善模式"为教学与学习过程.在这一过程中引入知识,关注知识之间的联系，在知识体系中学习知识，产生方法、经验，扩充原有的认知结构.

(2) 以结构形成方式进行教学，以若干例证为观察对象，概括出这些例证共同的、本质的特征与属性，构建模式，形成图式.这样形成的图式有助于学生识别新的例证，更有助于学生识别模式和应用模式.

(3) 让学生在学习的过程中提出样例.模式识别的课堂教学要更加开放，鼓励学生提出新图式的样例，并将其与基本图形的基本结论进行比照，加深对模式的理解.这样的认识和练习有助于学生养成发现问题、提出问题、分析问题和解决问题的习惯.

(4) 对知识进行综合应用.在模式的构建过程中，会用到许多知识，在模式的识别与应用的过程中，还要关注知识之间的内在关联，形成特定的知识结构.在将陈述性知识转换为程序性知识的同时，形成过程性知识.这样的教学，会使得学生的认知结构更加优化、更加完善.

3. 在模式识别教学中促进学生产生式系统的建立

产生式系统是认知心理学程序表征系统的一种，是为解决某一问题或完成某一作业而按一定层次联结组成的认知规则系统.程序性知识的学习本质上是掌握一个程序，即在长时记忆中形成一个解决问题的产生式系统.这样在遇到同类型的问题时，就可按照这个系统一步步做下去，直到解决问题.模式识别就是一种促进学生建立产生式系统的教学策略.

在模式识别的教学中，不论是模式的构建还是模式的识别，所选的习题都是精心挑选的，学生在练习中找到解决这类问题的一般方法，触类旁通，举一反三.在模式的构建和识别应用时，学生通过有效的练习和反馈，纠正错误的产生式，将小的产生式组合成大的产生式.在成功构建模式和应用模式识别来解决问题的过程中，形成有意识地思考或者搜索的技能.在模式识别的整个过程中，我们都要注重揭示隐含在数学知识中的数学思想方法.

3.2　模式识别教学有助于学生形成学习结构

模式识别教学是教师通过抽象出不同例证的共同特征与共同属性来构造模式——基本图形的基本结论、基本思想与基本方法，在学生理解模式的基础上构建了一个全新的解决这类问题的例证.在后续出现要解决的问题时，学生将其与构建的模式进行比照，发现它们图形和解决方法的共性(识别出模式)，然后运用模式中蕴含的基本思想和基本方法得到基本结论(应用模式).在模式的构建、识别和应用过程中，对模式进行反思、矫正、完善，也有可能形成新的模式.这样便构成了一个教学结构，如图 3.2-1 所示.

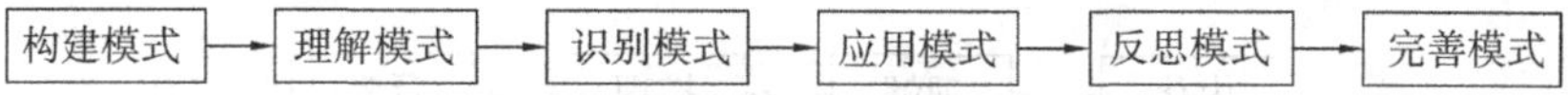

图 3.2-1

在这样的教学过程中，学生在快速、高效解决问题时获取了成功的体验，便会产生一种积极的心态.在这种积极心态的影响下，学生也会自主地、主动地尝试着去发现和构建新的模式，并尝试着运用模式识别去解决问题.当他们再次有了成功的体验后，这种尝试便得到了强化.因此，这样的教学过程也是一个学生学习的过程，这样的教学结构也滋生出一个高效的学习结构.

3.3　模式识别教学有助于发展学生的数学学习力

数学学习力指学生在学习数学的过程中，通过全面获取数学信息、恰当运用数学方法激发学习动力，进而发展自己的数学思维力和创造力.数学学习力主要包括学习态度和接受能力、知识获取能力、方法选择能力、问题解决能力等.发展学生的数学学习力是落实数学核心素养的必要途径，也是数学学习的意义与价值所在.模式识别教学就是发展学生数学学习力的一种重要方法和策略.下面对发展学生的阅读力、思维力、概括力等数学学习力进行表述.

1. 发展学生的数学阅读力

《中国大百科全书(教育卷)》对阅读所作的定义是：阅读是一种从印的或写的语言符号中取得意义的心理过程.阅读包含七个步骤：① 辨识：读者对字母、符号、知识点的掌握；② 吸收：眼睛吸收阅读材料,再由视神经传输到大脑的过程；③ 内部综合：将正在阅读的信息和其他相关部分连接起来；④ 外部综合：将以前学习的知识和现在阅读的新知识整合起来；⑤ 贮存：把信息贮存在大脑中；⑥ 回忆：在将来需要的时候,从记忆库中提取所需要的信息；⑦ 交流与表达：信息的使用.

喻平认为,数学阅读是以数学材料为对象的阅读活动.他把数学阅读的心理过程描述为内化、理解、推理、反省四个阶段,如图 3.3-1 所示.

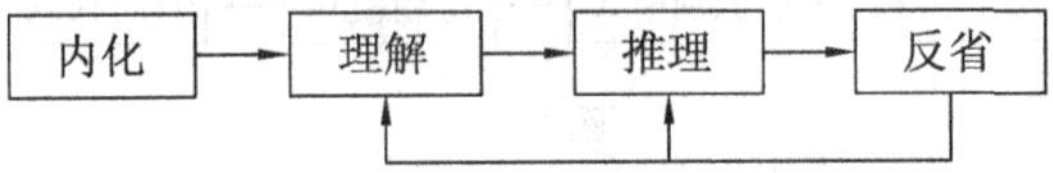

图 3.3-1

第一阶段是内化.内化是个体把外部信息转化为内部信息的过程.在模式识别教学的阅读过程中,我们要获取有用的信息,排除无关的或者干扰信息.数学阅读的内容包含文字语言、符号语言和图形及图表语言,在阅读时要注意这些内容的相互转化.

现将 2.2 中例 3 用不同的数学语言进行描述.

文字语言：端点分别在正方形两组对边所在直线上且互相垂直的两条线段相等.

图形语言：如图 3.3-2,图 3.3-3 和图 3.3-4 所示.

符号语言：如图 3.3-2,在正方形 $ABCD$ 中,点 E,F 分别在 BC,CD 上,且 $AE\perp BF$,则 $AE=BF$.

如图 3.3-3,在正方形 $ABCD$ 中,点 E,F,G,M 分别在 BC,CD,AD,AB 上,且 $GE\perp MF$,则 $GE=MF$.

如图 3.3-4,在正方形 $ABCD$ 中,点 E,F,G,H 分别在 BC,CD,AD,AB 所在直线上,且 $GE\perp HF$,则 $GE=HF$.

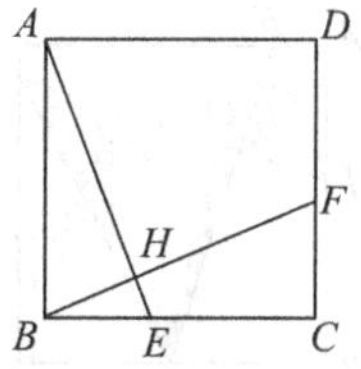

图 3.3-2

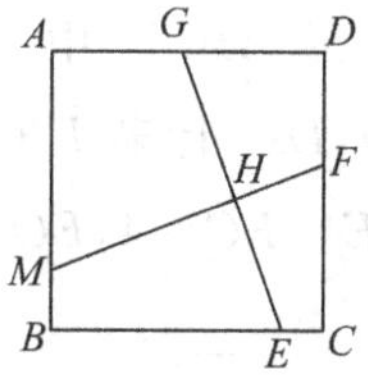

图 3.3-3

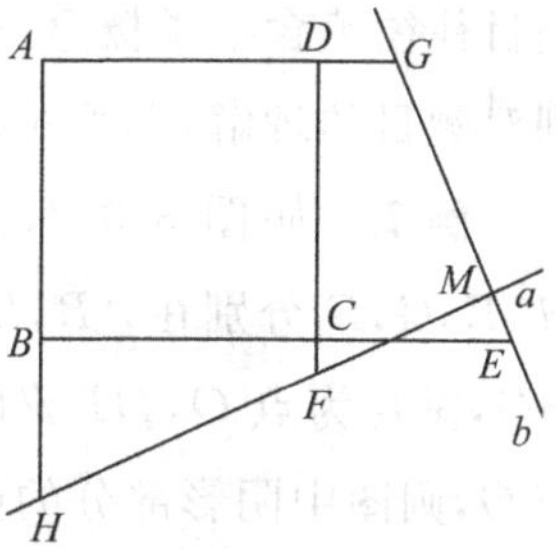

图 3.3-4

第二阶段是理解.在模式的构建过程中,我们要理解模式本身及模式蕴含的几何图形、数学知识、思想方法.在模式的识别过程中,我们要对局部的信息进行加工,找到各信息之间的关联,建立新旧知识之间的联系,加深对阅读材料的理解.

例 1　如图 3.3-5,点 F,R 分别在正方形 $ABCD$ 的边 AB,CD 上,把正方形沿直线 FR 翻折,使得 BC 的对应边 $B'C'$ 恰好经过点 A,过点 A 作 $AO\perp FR$,垂足为点 O.若 $AB'=1$,正方形的边长为 3,求线段 FR 的长.

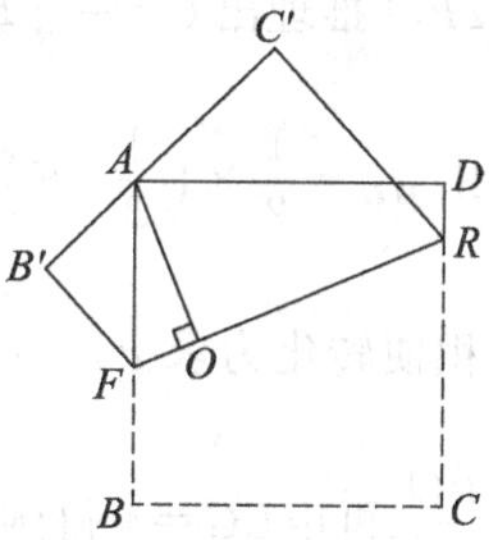

图 3.3-5

解析:已知条件中有图形的翻折,应该联想到图形的对称以及轴对称的性质.此题的背景是正方形,应该联想到正方形的性质及以往解决正方形背景问题时所用的探究方法、积累的经验和构建的模式.由已知条件 $AO\perp FR$ 联想到正方形中的互垂线段模式,此时应该想到延长 AO 交 BC 于点 S(图 3.3-6),于是便可识别出模式,进而运用模式将求 FR 转化为求 AS 来解决问题.

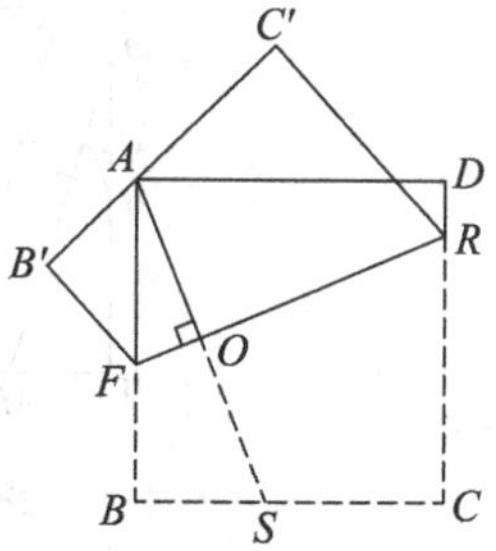

图 3.3-6

上例中既有从局部知识到整体知识的加工过程,又有新旧知识之间的联系和新旧信息之间的转化,还有已有认知结构和基本方法、经验对解题的正迁移.

第三阶段是推理.数学解题的阅读过程就是一个推理的过程.数学

题目往往蕴含数学概念、命题、模型等，这些内容无不与推理相关.要达到对题目的理解，必须对推理的依据、方法、过程有清楚的认识.

例 2 如图 3.3-7，在正方形 $ABCD$ 中，点 H,E,G,F 分别在 AB,BC,CD,DA 上.若 $EF\perp HG$，垂足为点 O，$HF\parallel GE$，$BE=EC=4$，$EO=2FO$，则图中阴影部分的面积为________.

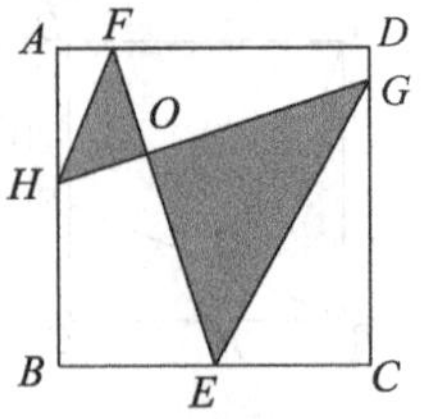

图 3.3-7

解析：由已知条件中有正方形背景和 $EF\perp HG$，可以识别出此题是正方形中互垂线段模式.如图 3.3-8，可推理出 $EF=GH$.由 $HF\parallel GE$，根据平行线分线段成比例定理，可推理出$\dfrac{FO}{OE}=\dfrac{HO}{OG}$，进而得到 $FO=HO$，$EO=GO$.再由 $EO=2FO$ 推理出 $OF=\dfrac{1}{3}EF$，$OE=\dfrac{2}{3}EF$.如图 3.3-9，于是 $S_{阴影部分}=S_{\triangle FOH}+S_{\triangle EOG}=\dfrac{1}{2}\times\left(\dfrac{1}{3}EF\right)^2+\dfrac{1}{2}\times\left(\dfrac{2}{3}EF\right)^2=\dfrac{5}{18}EF^2$.这样求阴影部分的面积便转化为求 EF 的长. 通过证明$\triangle AHF\backsim\triangle CGE$ 得到$\dfrac{AF}{CE}=\dfrac{FH}{EG}=\dfrac{FO}{OE}$.再由$EC=4$ 得到 $AF=2$.过点 F 作 BC 的垂线段 FK，根据勾股定理求出 EF 的长即可解决问题.

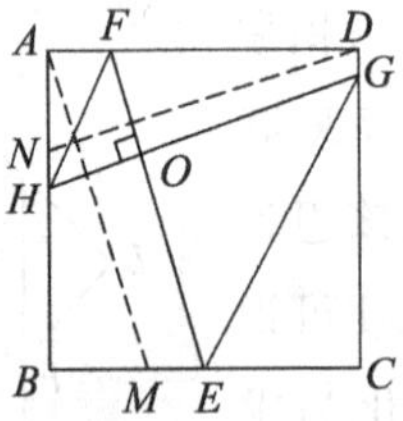

图 3.3-8

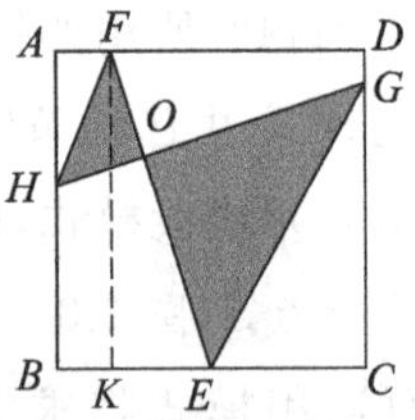

图 3.3-9

如上的分析、思考、识别模式、应用模式，以及运用相似三角形的性质和勾股定理来求值等，无不蕴含着推理.所以说，模式的构建与理解、识别与应用的过程均与推理相关.

第四阶段是反省.反省贯穿着模式识别的整个教学过程，主要表现为学生的自我提问，如：命题的条件是什么？结论是什么？相近图形的结论是什么？它们之间有什么关系？要解决的问题适合哪个模式？如何应用模式？还有没有其他的方法？反省与理解紧密相连.通过不断地反省来完善模式，加深理解.

2. 发展学生的数学思维力

解题能力表现为发现问题、分析问题、解决问题的敏锐洞察力与对问题的整体把握能力，其主要成分是三种基本的数学能力（运算能力、逻辑思维能力、空间想象能力），核心是能否掌握正确的思维方法，包括逻辑思维方法与非逻辑思维方法.学生的解题能力主要包括：

(1) 掌握解题的科学程序.

(2) 掌握数学中各种常用的思维方法，如观察、试验、归纳、演绎、类比、分析、综合、抽象、概括等.

(3) 掌握解题的基本策略，能“因题制宜”地选择对口的解题思路，使用有效的解题方法，应用恰当的解题技巧.

(4) 具有敏锐的直觉.

在模式的识别教学中，教师首先要精选基本图形，在基本图形的诸多表现形式和变式中，引导学生观察、思考、比较、归纳、概括出它们的共同特征和共同属性，得到一般的结论与规律，即由基本图形指向基本结论.同时，教师应引导学生理解由基本图形得到基本结论的基本思想和基本方法，构建出模式.

在模式的构建教学中，教师应该增强课堂的开放性，设置开放性的、有思维深度的问题串，引导学生深度思考，抓住图形及其结论的本质属性，归纳出一般的规律与结论.

在模式的应用过程中，教师要引导学生分析要解决问题的图形的特征，寻找和比较它们与已构建的模式中的图形之间的关联，选择有效的解题方法，同时对模式进行反思和优化，形成新的认知结构.

3. 发展学生的数学概括力

数学概括是指在数学学习过程中把具有共同特征的数学对象联系起来进行考查，抽象出这些数学对象的本质属性，并将其推广到包含这一对象的更大范围的同类数学对象的本质属性，或是把具有共同特征的数学对象结合起来进行考查，寻找规律的不断发展的思维动作.

蔡金法教授从数学的特点、学生学习数学的特点、思维等方面论述了数学概括能力是数学能力的核心.蔡金法教授认为，在教学中教师先出示较明显的例证，然后提供变式，有利于学生对事物本质的认识.

在数学学习中，我们必须通过解决问题去理解和巩固所学的知识，模式识别就是一种有效的解决问题的方法，也是训练学生概括能力的一种有效途径.数学的概括力主要体现在以下两个方面：

(1) 对知识的概括.面对一个问题，我们首先要确定问题的属性，然后选用解决这个问题的工具，即选择某个样例或某个原理来解决问题.当前问题与样例或原理之间无论是强抽象、弱抽象关系，还是广义抽象关系，都需要解题者概括出问题与样例或问题与原理的共同要素，才能达到有效的迁移.

在模式的识别中，概括的是当前的问题与样例(模式)和原理(数学概念、命题、基本图形的基本结论等)的抽象关系.在运用模式解决问题时，不论是直接识别应用，还是间接识别应用，或者是变式识别应用与拓展识别应用，都是对知识的概括过程.

(2) 对方法的概括.在模式识别的教学中，不论是对基本图形的不同分类和诸多变式的探究，还是对基本图形的属性的探究，都是通过归纳、概括出基本图形的共同特征和共同属性得到基本结论，再结合其中蕴含的基本思想与基本方法构建出模式.模式中蕴含的是可以解决这类问题的一般方法，在模式蕴含的思想方法的统领之下，形成一个体系，如图 3.3-10 所示.这样形成的是对模式和方法的概括能力.

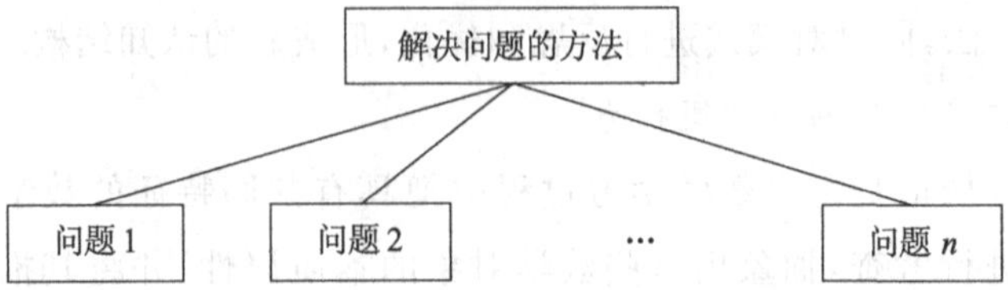

图 3.3-10

3.4　模式识别教学有助于实现数学的美育价值

人们对于美的追求就是对于生命本真的追求.数学的美是数学生命力的重要支柱.数学的美育是数学教育的目标之一,是数学教师对数学教学的理性追求.学校的数学教学承载着学生美育的任务.

一、数学之美

美是自然的,是一切事物生存和发展的本质特征.法国数学家笛卡尔也说过,美是客观适应满足于主观感受与体验的一种特征.张文俊认为,数学的美就是数学问题的结论或解决问题的过程适应人类的心理需要而产生的一种满足感,简洁的表现形式,精细的思考方法,处处充满着理性、高雅、和谐之美.

徐利治也指出,对于数学美的追求,归根结底还是对于数学真理的追求.数学乃是真与美的完整统一,尽管真与美的表现形式不尽相同,但在本质上却是一致的.

数学之美有很多,如数学的统一之美、简洁之美、对称之美、奇异之美、结论之美、方法之美、结构之美等.它们激发着人们心灵上的美感和灵感,使之迸发出创造性的思想火花.在我们日常的数学教学中,需要培养学生发现数学之美和欣赏数学之美的能力,而模式识别教学就是一种非常好的教学策略.

二、模式识别的数学之美

好而有用的模式总是具有模式美.所谓模式美就是模式本身表现出来的结构形式的和谐性和应用上的普适性.同时,模式本身结论的简洁性、构思的精巧性,在构建模式的过程中所蕴含的思维的和谐、方法的美妙也是数学之美.从模式的构建到模式的识别与应用,再到最终解决数学问题,也形成了一个独特的数学学习结构.模式识别具有简洁之美、结论之美、方法之美、结构之美.

1. 简洁之美

数学的简洁美是数学之美的重要标志，指数学的证明方法、表达形式和理论体系结构的简单性，以及逻辑表述上的简洁性，主要包括符号美、抽象美、统一美、常数美等.

在构建模式时，我们往往是在基本图形(或基本问题)的诸多变式中建立它们之间的联系，找到它们的共同点，概括出它们共同的规律和根本属性，寻求变化中的永恒、动态中的静止，用不变规律来描述数学本质.模式的识别和应用是一个从一般到特殊的过程，我们把一个个特例与构建的模式进行比较，把复杂的问题化归为已经解决的问题，将待解决的数学问题归结到自己熟悉的领域中.这就是模式识别的抽象美、统一美和常数美.

在2.2例3的模式构建中，我们在解决正方形中互垂线段(基本图形)的各种变式时，都是通过平行移动化归到证三角形全等，进而概括出一般的结论：端点分别在正方形两组对边所在直线上且互相垂直的两条线段相等.这个从特殊到一般的过程是一个数学抽象的过程.在模式的识别与应用中，我们从图形中识别出正方形内的互垂线段(基本图形)，得到基本结论：若垂直，则相等.其中蕴含的基本思想和基本方法(平行化归证全等)是不变的，这既是抽象美、统一美，也是常数美.而“若垂直，则相等”作为记忆和理解此模式的文字符号，则为符号美.

2. 结论之美

数学的结论之美主要表现在两个方面：形式美与内涵美.从形式上看，数学结论具有简洁、有序、对称、和谐等特点；从内涵上看，主要是数学结论自身的深刻性，如揭示本质、建立联系、统一对象等，具有完备性和统一性.

在2.2例3的模式构建过程中，对基本图形进行一系列变式(互逆变式、形内变式和形外变式)的过程是一个将特殊图形逐渐一般化的过程，其中的构思是精巧而有序的；各种变式图形均可以通过平行移动而化归为基本图形，它又是对称的、和谐的.例题中构造的模式“端点分别在正方形两组对边所在直线上且互相垂直的两条线段相等”，其本质上是一个数学命题，是一个正方形中特殊位置的两条线段之间的特殊的数量关系，是一个由两条线段的特殊位置关系向两条线段的特殊数量关系转化的结论.这里建立了线段位置关系与数量关系的联系，研究的对象和目的是统一的，所以具有完备性和统一性，因而具有数学的结论之美.

3. 方法之美

在 2.2 例 3 的模式构建过程中，在解答各种变式中的问题时，均是联想到基本图形中知识之间的关联、解决问题的方法(通过全等三角形来解决问题)，每种变式与基本图形之间也是有内在关联的，所以可以通过平行移动化归成构造三角形全等，将要解决的问题化归为已经解决的基本问题.这本身就是一个“变更问题”的方法，使问题的初始状态与目标状态越来越近.模式的识别与应用，如例题中的直接识别应用、间接识别应用、转化识别应用、变式识别应用等，就是一种产生解题思路的方法，是一种获得数学思维方式的方法，也是一种用数学的方法，最终是一种解决数学问题的方法.

4. 结构之美

模式是以抽象形式反映关系结构的.模式的识别与应用是对这种关系结构的识别与应用，因而模式识别既是一个数学抽象的过程，也是一个数学建模的过程.例如，我们解决 2.2 例 3 时，就是从基本图形的基本结论出发，通过一系列的变式，引导学生归纳出诸多例证的共同特征，抽象出一般的规律，得到一般的结论.这是一个从特殊到一般的过程.而诸多变式的识别与应用，则是一个从一般到特殊的过程.

在上述的模式的构建、识别与应用中，学生体会到不同的数学知识之间的内在关联，如正方形的性质、全等三角形的判定与性质、相似三角形的判定与性质、线段的特殊位置关系与数量关系、平行四边形的判定与性质等，形成了一个特定的知识结构.

学生通过对模式的构建与理解、识别与应用，进一步理解上述知识，内化后将它们转化为自己的东西，变为自己内在的认知结构.这里“基本图形——端点分别在正方形两组对边所在直线上且互相垂直的两条线段，基本结论——这两条线段相等，基本思想——通过平行移动得到例题中的基本图形，证明这一结论的基本方法——借助正方形的边和直角构造出全等的直角三角形,再运用全等三角形的性质来证明”就是一个特定的认知结构.

这一结构有助于学生快速解决与模式中问题具有相关特征的数学问题,因而形成了一个有效的学习结构.学生一旦形成这样的学习结构,他们就能在快速、准确解决问题的同时,获得成功的体验.这种体验可以激发学生学习数学的兴趣,提高学生学好数学的信心.

3.5 模式识别教学有助于提高教师的教学能力

江苏省特级教师、苏州市教育科学研究院的吴锷老师大力提倡数学教师应该努力构建“基于情境,问题导向,深度理解,高度参与,开放多元”的课堂教学新样态.这一数学课堂教学“20 字”对一线教师的教学能力提出了新的要求.

郑毓信在分析概括一线教师如何提高自己的教学能力时指出,数学教师应当牢固掌握三项“基本功”:善于举例、善于提问、善于比较与优化.

1. 善于举例

举例对于数学教学有特殊的重要性,这是由数学的高度抽象性与学生思维的基本特征所直接决定的.

数学研究的对象是抽象思维的产物,学生通常缺乏抽象的能力,往往不具有作为抽象基础的具体实例,所以教师在教学中应该通过适当举例来帮助学生更好地理解数学.

在模式识别的教学中,构建模式时所选取的基本图形就是一个重要的“举例”,它往往来自教材中发现的真命题或者是其他的已知定理,比如 2.2 例 3 便来自教材.原题如下:

在正方形 $ABCD$ 中,

(1) 如图 3.5-1,点 E,F 分别在 BC,CD 上,且 $AE\perp BF$,垂足为 M,那么 AE 与 BF 相等吗?证明你的结论.

(2) 如图 3.5-2,如果点 E,F,G 分别在 BC,CD,DA 上,且 $GE\perp BF$,垂足为 M,那么 GE 与 BF 相等吗?证明你的结论.

(3) 如图3.5-3,如果点 E,F,G,H 分别在 BC,CD,DA,AB 上,且 $GE \perp HF$,垂足为 M,那么 GE 与 HF 相等吗?证明你的结论.

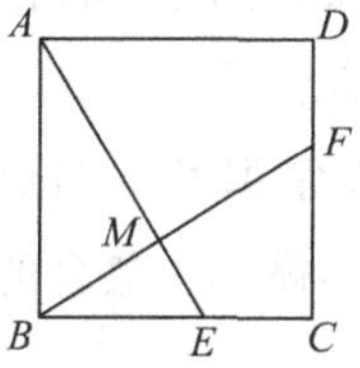

图3.5-1

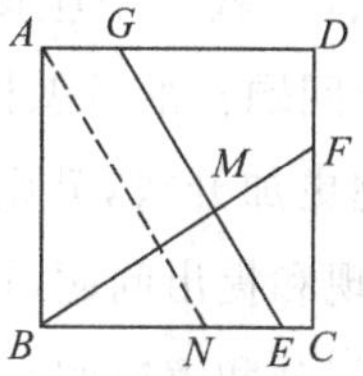

图3.5-2

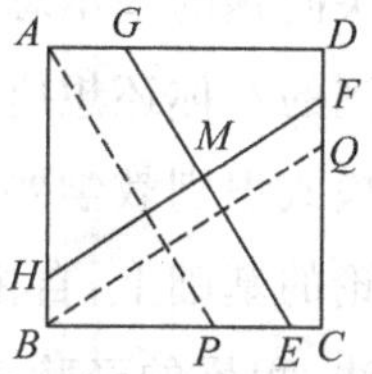

图3.5-3

在本题的模式构建中,我们从图3.5-1的基本图形出发,通过一系列的变式,引导学生发现诸多图形的共同特征和共同属性,构建基本图形的基本结论、基本思想和基本方法,得到解决这类问题的一般方法.学生经历这样的一个探究过程,通过不断地观察、发现、概括、归纳、反思、矫正,形成自己的经验和方法.在识别和应用模式的过程中,学生能够针对不同的对象与情境对相关经验和方法进行调整,进而解决问题.

关于如何更好地举例和设置变式,顾泠沅、黄荣金、费兰伦斯·马顿指出,构建特定经验系统的变式(过程能力)来自解决问题的三个维度:① 改变某一问题.改变初始问题成为一个铺垫,或者通过改变条件、改变结论和推广来拓展初始问题.② 同一个问题的不同解决过程形成问题的多种解决方法.③ 用同一种方法解决多种问题.将某种特定方法用于解决一类相似的问题.

2. 善于提问

在数学教学活动中,"问题"是非常重要的.正如吴锷老师倡导的数学课堂教学"20字"中的"问题导向",用问题引导教学.问题很大程度上是数学研究活动的起点,也是实现学生主体地位和教师主导地位的具体体现.有意义的、具有挑战性的、适合学生认知水平的问题,可以启发和促进学生积极地思考.因而,在模式识别教学中应格外重视课堂提问的质量.

在模式识别教学中,设置问题应强调问题的启发性,所提的问题应该能真正地引导学生思考,提问时要多给学生思考的时间.例如,观察图形,你发现了什么?由此你可以得到哪些结论?你是如何得到的?

在问题的设置中，还要注意凸显“重要问题”和“基本问题”.“重要问题”是从知识角度进行分析，涉及知识的核心内容；“基本问题”往往是解决问题的基本思想方法，是教学中应该反复强调的.例如，你是如何得到的？你还想研究什么问题？准备怎样去研究？

模式识别教学要求问题更加开放，鼓励学生在掌握基本图形的基本结论的基础上，自主地发现和提出问题，运用所学模式中蕴含的知识和方法、积累的经验去分析问题和解决问题.

3. 善于比较和优化

在模式构建的过程中，教师要让学生逐步发现模式蕴含的一般规律，理解和应用模式中的基本思想和基本方法.这个过程本身就是一个比较和优化的过程.例如，在2.2例3的模式构建中，从变式1到变式5(互逆变式、形内变式和形外变式)就是一个不断地比较、优化的过程.因而在模式识别教学中，教师应引导学生对相近图形进行比较，对所得结论进行比较，对解决问题的方法进行比较，找到它们的优缺点，并逐步优化，最终形成我们需要的模式.

模式的构建过程从某种程度上来说也是一个总结的过程.在对模式的识别与应用过程中，需要不断地反思、矫正与完善，这样才能使模式更加优化.教师应该有比较和优化的意识，并在教学中不断地尝试和提高，让自己善于比较和优化.同时，也应该引导学生去比较和优化.

第4章

模式识别的数学课堂教学

4.1　深度学习与深度教学

2005 年,我国学者黎加厚教授在《促进学生深度学习》一文中介绍了关于深度学习的研究成果.他认为,深度学习是指在理解学习的基础上,学习者能够批判性地学习新的思想和事实,并将它们融入原有的认知结构,能够在众多思想间进行联系,并能够将已有的知识迁移到新的情境中,作出决策和解决问题.

他认为,深度学习有三个特点：理解与批判、练习与构建、迁移与应用.通过前面对模式识别的研究与阐述,显然,学生若能主动地尝试构建和理解模式、识别并应用模式,那么这样的学习就是深度学习.

郭元祥教授在对深度学习研究的基础上认为,从深度学习走向深度教学有着必然性.深度教学是基于变革教学价值观、知识观、学习观、过程观、资源观和评价观的一整套教学理念和策略,是促进学生学科知识、学科思想、学科能力和学科经验发展的教学模型.

4.2　模式识别的数学课堂教学是深度教学

郭元祥认为,深度教学之“深度”的本质是指知识的“深度”、学习的“深度”和教学价值的“深度”.教学价值与目标达成的深度、知识处理与知识理解的深度、学习过程与学习方式的深度,是深度教学的要义.

根据如上的解释,模式识别的数学课堂教学是深度教学.具体阐述如下：

1. 模式识别的数学课堂教学是意义性教学

荷兰数学教育家弗赖登塔尔指出：将数学作为一种活动来进行解释和分析,建立在这一基础上的教学方法,我称之为再创造方法.模式识别的数学课堂教学从对几何基本图形的研究开始,对基本图形的分类与变式进行研究,发现诸多图形的共同特征和属性,用文字语言、图形语言或数学符号语言进行概括，构建出模式.在解决相关的、相近的、相似的数学问题时，尝试识别出基本图形，再运用模式蕴含的数学思想和方法来解决这一数学问题.这一过程是一种学的数学活动.在这个活动中，学生经历了数学知识、方法等发生、发展的全过程，这就是“再创造”.

所以模式识别的数学课堂教学不是把数学知识仅仅作为教学对象和结果来学习，而是追求数学知识对学生发展的意义和价值，把学生的发展作为根本任务.模式识别的数学课堂教学意在帮助学生构建新的认知结构，探寻解决数学问题的方法.它的起点不是教什么和怎么教的问题，而是为什么教的问题.所以它的教学价值是丰富教学的涵养、达成学生的发展、提高数学课堂教学的发展性.

模式识别的数学课堂教学追求数学知识及课堂教学活动与学生发展相适应，构筑数学知识的学习与学生的发展之间的联系.模式识别的数学课堂教学通过探寻知识间的联系，促进解题方法、经验的积累，促进学生认知、情感、意志、个性的发展，所以模式识别的数学课堂教学是意义性教学.

2. 模式识别的数学课堂教学是理解性教学

理解是教学的根本基础，转化是教学的核心过程.在模式识别的数学课堂教学中，教师要注重让学生理解模式的构建、识别与应用过程中涉及的数学知识，以及形成的知识结构、认知结构，掌握解决问题用到的方法等.

模式识别的数学课堂教学不是对知识进行平面处理和孤立的符号解释，而是揭示知识的多维属性，是为理解而教.模式识别的数学课堂教学注重引导学生完整理解数学知识，注重探究性学习的实现，以问题为导向，激发学生的高阶思维，注重使学生理解和把握知识的本质及其思想内核，注重引导学生把握数学知识的广度、深度和关联度，促进数学知识的理性价值和审美价值的实现.

3. 模式识别的数学课堂教学是生成性教学

模式识别的数学课堂教学拒绝表层学习、表面学习和表演学习，注重引导学生深度参与、学习和反思.在教学过程中，教师通过设置开放性的问题串，引领学生深度思考，在思考中总结和概括、矫正和完善，构建出模式.教师应尝试着设置层次性的问题，引发学生有层次地思考，发展学生的反思性思维、批判性思维和创造性思维.

模式识别的数学课堂教学过程是一个学生理解、转化、拓展、反思、迁移的自我构建的过程，这个过程应该是开放的、情境化的、反思性的.在这个过程中，教师启发学生主动思考，完成自我构建，彰显教学的过程属性和价值.

4.3　深度教学视角下的模式识别数学课堂教学探索

郭元祥认为，深度教学不仅追求教学价值和目标达成的深度，而且注重学习过程和学习方式的深度.教学的价值在于过程，过程是教学价值实现的载体.他提出了"三段五环"的深度教学模型，如图 4.3-1 所示.

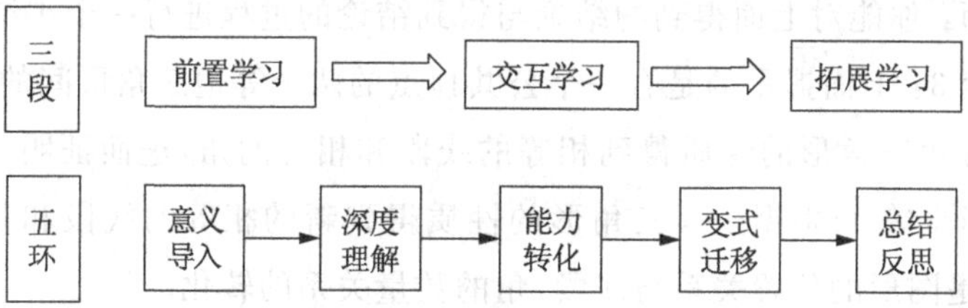

图 4.3-1

前置学习阶段就是自我准备阶段，为下一阶段提供目标导向、认知准备等，为深度学习提供必要的基础.交互学习是在课堂学习的过程中，在开放性问题串的引导下，基于师生互动、生生互动的观察、猜想、思考、概括、理解、转化、迁移.拓展学习是深度学习的学习成果的提升阶段，拓展学习的目的概括为：为反思而学、为迁移而学、为感悟而学.深度教学具体的落实是在"五环"学习过程.

1. 模式识别数学课堂教学之意义导入

模式识别数学课堂教学的意义导入是在学生前置学习的基础上，设置数学问题情境，用开放性的问题串引发学生的深度思考.意义导入的根本目的是激发学生对知识的深度理解.例如，下面的意义导入：

问题1：如图4.3-2，$\triangle ABC$ 和 $\triangle ADE$ 均为等边三角形.

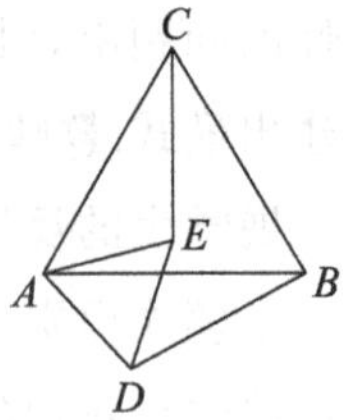

图 4.3-2

师：由上面的图形和已知条件，你能得出哪些结论？

生1：由等边三角形 ABC 可得 $AB=BC=CA$，$\angle ABC=\angle BCA=\angle CAB=60°$；由等边三角形 ADE 可得 $AD=DE=EA$，$\angle ADE=\angle DEA=\angle EAD=60°$.

师：刚才得出的是每个等边三角形内部的结论，是根据等边三角形的性质可以得到的.两个等边三角形之间有没有什么关联？你能得到什么结论？你是如何得到的？

生2：$\triangle ACE$ 与 $\triangle ABD$ 有一个公共的顶点，它们全等.根据 $\angle DAE=\angle BAC=60°$ 可以得到 $\angle CAE=\angle BAD$，结合 $AC=AB$，$AE=AD$，即可证明两个三角形全等.继而根据全等三角形的性质可以得到 $CE=BD$，$\angle ACE=\angle ABD$，$\angle AEC=\angle ADB$.

师：你能对上面得到的结论与得到结论的过程进行一个小结吗？

生3：上面揭示的是有一个公共顶点的两个等边三角形间的关系，通过等边三角形的性质得到相等的线段和相等的角，进而证明出两个三角形全等.再根据全等三角形的性质得到新的相等的线段和相等的角.这是图形的位置关系与线段、角的数量关系的转化.

问题2：如图4.3-3，四边形 $ABCD$ 和 $AEFG$ 均为正方形.

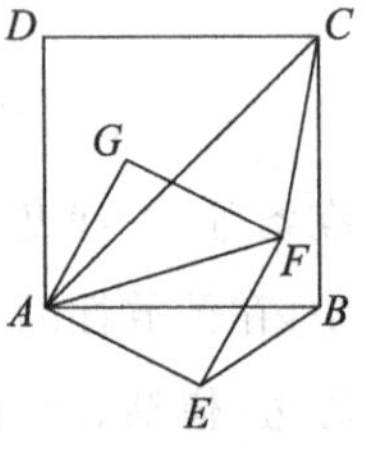

图 4.3-3

师：比较图4.3-2与图4.3-3，你有什么发现？

生4：图形的背景由有一个公共顶点的等边三角形换成了有一个公共顶点的正方形.若连接 DG，则 $\triangle ADG$ 与 $\triangle ABE$ 依然全等，证明的方法与问题1类似.

师：很好！如果不添加线段，就是这个图形，这两个正方形构成的三角形之间有什么关系？

生5：$\triangle ACF$ 与 $\triangle ABE$ 相似.由正方形 $ABCD$ 和正方形 $AEFG$ 可

以得到$\angle CAB=\angle FAE=45^\circ$，则$\angle CAF=\angle BAE$. 由$\dfrac{AC}{AF}=\dfrac{AB}{AE}$得到$\dfrac{AC}{AB}=\dfrac{AF}{AE}=\sqrt{2}$，所以$\triangle ACF\backsim\triangle ABE$.由此可以得到$\dfrac{CF}{BE}=\sqrt{2}$.

师：你能针对这两个问题做一个小结吗？

生6：两个问题中的全等三角形和相似三角形的共同特征是这两个三角形有一个公共顶点，证明的方法都是利用两边及其夹角之间的关系.由此可以得到两个三角形第三边之间的数量关系.

2. 模式识别数学课堂教学之深度理解

理解是教学的基础.在模式识别数学课堂教学中，教师要引导学生理解知识背景、数学现象、数学本质、数学关系、教学意义，进一步理解数学思想、数学方法、数学结构、数学文化、数学价值等，达到知识与思想的统一.

此外，教师还应引导学生理解新旧知识的关系、结构，理解知识与已有经验之间的关系，理解要解决的问题与已有知识、经验、方法、思想之间的关系，从而把握知识的本质及意义，形成新的认知结构和学习结构.

3. 模式识别数学课堂教学之能力转化

模式的构建与理解、识别与应用建立在问题的探究、教学的开放、经验的积累、思想的升华的基础之上，是一个应用知识解决问题的过程，是一个从知识积累到能力转化的过程.

经过前面问题1与问题2的研究与总结，教师还可以提出如下的问题：

师：我们研究了有一个公共顶点的两个等边三角形、正方形构成的基本图形，通过三角形的全等或者相似得到了对应三角形第三条对应边之间的关系.从这里出发，你还想研究哪种有类似关系的图形？

生7：我想研究有一个公共顶点的两个矩形构建的图形，是不是也具有这样的结论，还想探究得到这样的结论的方法.

师：如图4.3-4，四边形$ABCD$和$AEFG$均为矩形，$AB=kBC$，$AE=kEF$，求$\dfrac{FC}{EB}$的值.(用k的代数式表示)

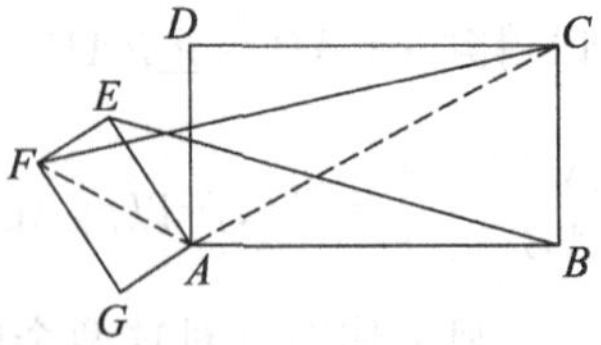

图 4.3-4

生 8：由解决前面两个问题积累的经验，我想连接 AF 和 AC. ∵ 四边形 ABCD 和四边形 AEFG 都是矩形，∴ $\angle FEA=\angle CBA=90^\circ$. 又 $AB=kBC$，$AE=kEF$，∴ $\frac{AE}{EF}=\frac{AB}{BC}=k$，∴ $\triangle FEA\backsim\triangle CBA$，∴ $\frac{AF}{AC}=\frac{AE}{AB}$，$\angle FAE=\angle CAB$. ∴ $\angle FAC=\angle EAB$. ∴ $\triangle FAC\backsim\triangle EAB$. ∴ $\frac{FC}{EB}=\frac{AC}{AB}$. ∵ $AC=\sqrt{AB^2+BC^2}=\sqrt{k^2BC^2+BC^2}=\sqrt{k^2+1}\,BC$，∴ $\frac{FC}{EB}=\frac{\sqrt{k^2+1}\,BC}{kBC}=\frac{\sqrt{k^2+1}}{k}$. ∴ $\frac{FC}{EB}$ 的值为 $\frac{\sqrt{k^2+1}}{k}$.

这里，依然是运用“两边对应成比例且夹角相等”来证明两个三角形相似，所求线段的比就是矩形较长边与对角线的比，再运用勾股定理求解即可.

解决这个问题的过程就是一个知识向能力的转化过程.学生在解决问题 1 和问题 2 的过程中逐步将知识结构化，形成空间想象、几何直观、图形构建、数学建模等能力，最终实现解决问题的目标.

4. 模式识别数学课堂教学之变式迁移

迁移学习是将一种情境中学到的知识、方法、经验等应用于另一种情境，是运用所学知识、方法、经验来解决其他问题和完成其他学习任务的学习.迁移学习的基础是变式理解，即对知识内在条件的变化性和问题情境的适应性的理解.从思维方式上看，变式迁移的过程是演绎、发散、类比、比较的思维过程，也是创造性思维的过程.

在模式识别的数学课堂教学中，从模式的构建与理解到模式的识别与应用，再到模式的反思与完善，教师不仅要引导学生获得知识，还要引导学生逐层推进，灵活把握抽象性知识对于复杂情境的适应性.

例如：前面从问题 1 到问题 2，再到问题 3，就是一个变式迁移的过程.再如：

如图4.3-5，点O为坐标原点，$\odot O$的半径为1，点$A(2,0)$.动点B在$\odot O$上，连接AB，作等边三角形ABC(A,B,C为顺时针顺序)，求OC的最大值.

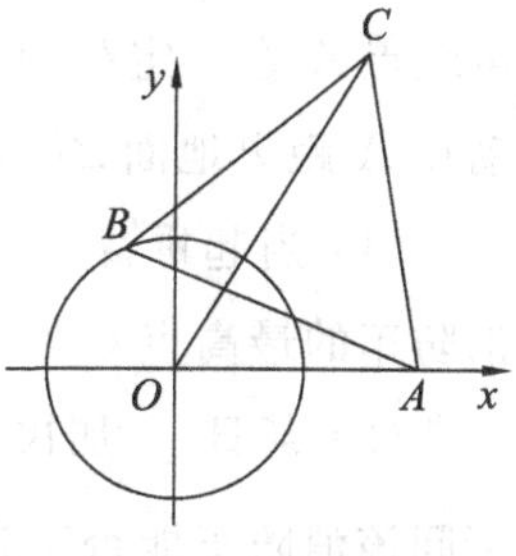

图4.3-5

解析：如图4.3-6，连接OB，以OB为边在OB的左侧作等边三角形BOE，连接AE.
$\because \triangle ABC, \triangle BOE$都是等边三角形，$\therefore BC=BA$, $BO=BE$, $\angle CBA=\angle OBE=60^\circ$，$\therefore \angle CBO=\angle ABE$，$\therefore \triangle CBO \cong \triangle ABE$，$\therefore OC=AE$.由于$OB=OE$，所以点$E$在$\odot O$上.结合2.2例1可知，点$A$为$\odot O$外的定点，点$E$为$\odot O$上的动点，当$AE$最大时，点$E$是连接$AO$并延长后与$\odot O$的交点.此时$AE$的长为$2+1=3$，所以$OC$的最大值为3.

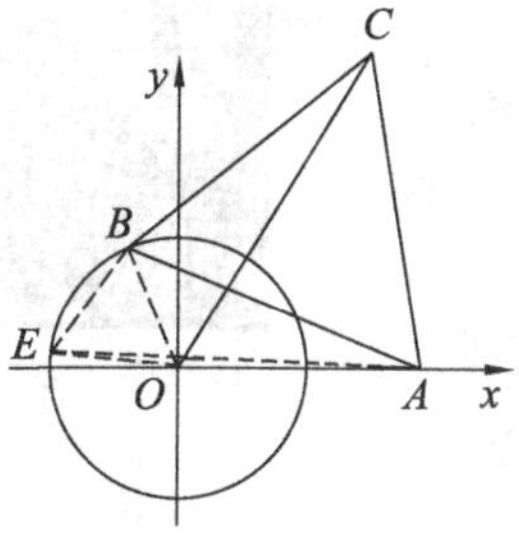

图4.3-6

在解答上面问题的过程中，通过作等边三角形BOE，构造出形如2.2例1中的基本图形，再运用其中蕴含的基本思想与基本方法证明两个三角形全等，将求OC的最大值转化为求AE的最大值.这是通过构造基本图形来转化问题.在构造基本图形的同时，通过对模式的直接识别来应用模式解决问题.这显然是知识、方法和经验的迁移，凸显了新旧知识间、知识和方法能力间的内在关联，形成了新的认知结构.

5. 模式识别数学课堂教学之总结反思

从感知到理解，再到想象和思维，最后到转化和迁移，学习的真实发生依赖于学生对学习过程的自我监控.教师要达成教学目标，无论是知识的结构化、思想的体系化，还是能力的表现化、经验的连续化，都需要培养学生总结和反思的习惯.同时，对于解决问题的方法，还需要反思和矫正、拓展和完善.下面举一个案例.

苏州市2021年1月阳光指标学业水平调研初三数学试卷中考查了这样一道题：

图4.3-7①是一辆登高云梯消防车的实物图，图4.3-7②是其工作的示意图，起重臂AC是可伸缩的($10\text{ m} \leqslant AC \leqslant 20\text{ m}$)，且起重臂$AC$

可绕点 A 在一定范围内转动，张角为 $\angle CAE(90^\circ\leqslant\angle CAE\leqslant150^\circ)$，转动点 A 距离地面 BD 的高度 AE 为 3.5 m.

(1) 当起重臂 AC 的长度为 12 m，张角 $\angle CAE$ 为 120° 时，求云梯消防车的最高点 C 距离地面的高度 CF；

(2) 某日，一居民家突发险情，该居民家距离地面的高度为 18 m，请问该消防车能否实施有效救援？（参考数据：$\sqrt{3}\approx1.732$）

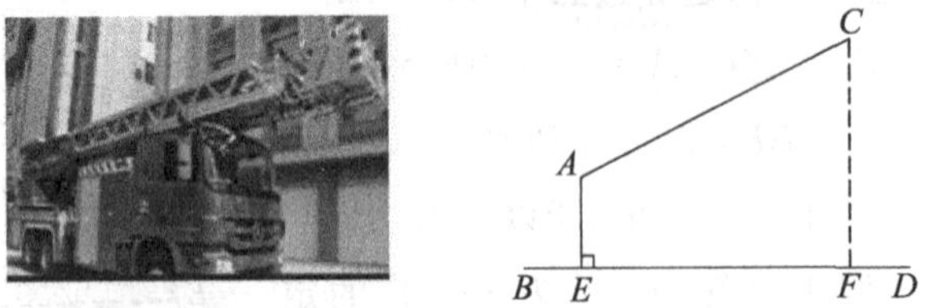

① ②

图 4.3-7

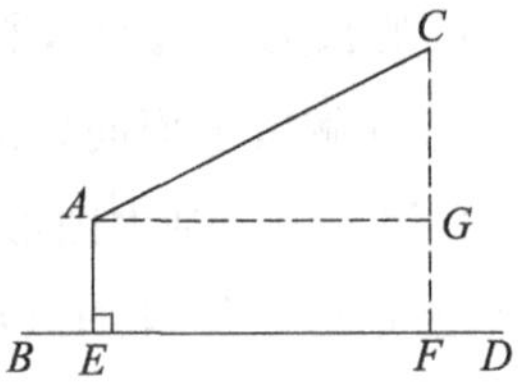

图 4.3-8

解析：(1) 如图 4.3-8，作 $AG\perp CF$，垂足为点 G，易得四边形 $AEFG$ 为矩形，则 $FG=AE=3.5$ m，$\angle EAG=90^\circ$. 再计算出 $\angle GAC=30^\circ$，在 $\mathrm{Rt}\triangle ACG$ 中由 $\sin\angle GAC=\dfrac{CG}{AC}$ 可计算出 CG，然后计算 $CG+GF$ 即可.

(2) 由(1)得当 $\angle GAC=60^\circ$ 时，CG 最大. 同(1)计算出 $CG+GF$ 的值即可判断消防车能否实施有效救援.

本题考查了解直角三角形的应用：先将实际问题抽象为数学问题（画出平面图形，构造出直角三角形，将问题转化为解直角三角形问题），然后利用勾股定理和三角函数的定义计算.

在解决这个问题的过程中，学生先是构建了一个解决问题的模式——构造直角三角形，再运用解直角三角形的知识来解决问题. 而实际问题中的“该消防车能否实施有效救援”则指向于求消防车张角达到最大时点 C 到地面的垂直高度，若其大于或等于 18 m 就可以实施救援.

苏州市 2022 年 1 月阳光指标学业水平调研初三数学试卷中又考查了这样一个题目：

图 4.3-9①是某小区折叠道闸的实景图，图 4.3-9②是其工作示意图. 道闸由垂直于地面的立柱 AB，CD 和折叠杆 $AE-EF$ 组成，AB，CD 之间的水平距离 $BD=2.5$ m，$AE=1.5$ m. 道闸工作时，折叠杆 $AE-EF$ 可绕点 A 在一定范围内转动，张角为 $\angle BAE$（$90^\circ\leqslant\angle BAE\leqslant150^\circ$），同时杆 EF 始终与地面 BD 保持平行.（参考数据：$\sqrt{2}\approx1.414$，$\sqrt{3}\approx1.732$）

(1) 当张角 $\angle BAE$ 为 135° 时，求杆 EF 与地面 BD 之间的距离；（结果精确到 0.01 m）

(2) 试通过计算判断宽度为 1.8 m，高度为 2.45 m 的小型厢式货车能否正常通过此道闸.

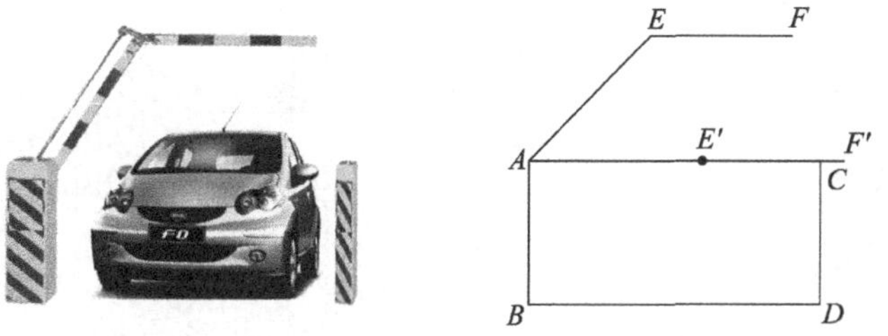

①　　②

图 4.3-9

解决第(1)题，只要过点 E 作 $EG\perp BD$，垂足为点 G，交 AC 于点 H，构造出直角三角形，像前面的题目一样求解即可. 在求解第(2)题时，学生基于前面的经验，求出当张角为 150° 时，点 E 到地面的垂直高度大于小型厢式货车的高度 2.45 m，得出结论为能通过，导致了错误. 正确的解法应该是：在 DB 上取一点 M，使 $DM=1.8$ m，过 M 作 $MN\perp BD$，交 AE 于点 N，交 AC 于点 P. 求出 MN 的长度约为 2.41 m，小于小型厢式货车的高度 2.45 m，故小型厢式货车不能通过.

考前，绝大多数的学生都做了前一年的试卷，所以对于这道题目的第(1)题，学生很轻松地做出来了，显然他们对基本模式理解和掌握了. 包括求出第(2)题中当张角为 150° 时点 E 到地面的垂直高度，均说明学生对模式进行了反思和总结. 对于解题出现了错误，有两个方面的原因：一是前面模式的一个负迁移；二是没有对前面的模式给出足够的变式，没有对模式进行拓展和完善.

第 5 章

模式识别应用举例

5.1　神奇的 $\frac{n(n-1)}{2}$

一、模式的构建与理解

例 1　如图 5.1-1，点 B，C 在线段 AD 上.

（1）图中以 A 为一个端点的线段有哪几条？以 B 为一个端点的线段有哪几条？

（2）图中共有几条线段？是哪几条？

（3）如图 5.1-2，如果直线上有 5 个点，可以作出多少条线段？

（4）如图 5.1-2，如果直线上有 n 个点，可以作出多少条线段？

图 5.1-1

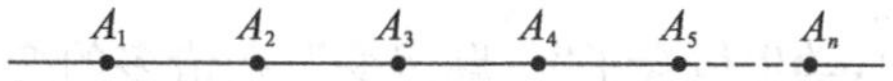

图 5.1-2

师：你能从图中得到哪些信息？

生 1：图 5.1-1 中给出了 4 个点和一些线段.

师：图 5.1-1 中以 A 为一个端点的线段有哪几条？以 B 为一个端点的线段有哪几条？

生 1：以 A 为一个端点的线段共有 3 条，分别是线段 AB，线段 AC 和线段 AD.

生 2：以 B 为一个端点的线段也有 3 条，分别是线段 BA，线段 BC 和线段 BD.

师：那么以 C，D 点为一个端点的线段分别有哪几条呢？

生 3：以 C 为一个端点的线段有 3 条，分别是线段 CA，线段 CB 和线段 CD；以 D 为一个端点的线段也有 3 条，分别是线段 DA，线段 DB 和线段 DC.

师：图中共有几条线段？分别是哪几条？

生 4：这些线段中重合的只能算一条，所以一共有 6 条线段，分别

是线段 AB，线段 AC，线段 AD，线段 BC，线段 BD，线段 CD.

师：如图 5.1-2，如果直线上有 5 个点，可以作出多少条线段？

生 5：因为图中有 5 个点，过其中的每个点都可以作出 4 条线段，所以共可作出 $5\times4=20$ 条线段.而重合的两条只能算一条，所以共有 $20\div2=10$ 条线段.

师：如果直线上有 n 个点呢？

生 6：过其中任意一个点都可以作出 $(n-1)$ 条线段，所以共可以作出 $n(n-1)$ 条线段，而重合的两条只能算一条，所以共有 $\frac{n(n-1)}{2}$ 条线段.

【设计说明】 从教材习题中的直线上 4 个点引申出的线段总条数问题，到图 5.1-2 中直线上 5 个点引申出的线段总条数问题，再到直线上 n 个点引申出的线段总条数问题，这是一个从特殊到一般的设计，探究出了直线上 n 个点引申出的线段条数的一般规律.在这一教学过程中，学生体会了“一题多变”，在诸多的变化中寻求解决问题的一般规律，逐步感悟“多题归一”.

在上面解决问题的过程中，我们构建出一个模式：基本图形的基本结论、基本思想和基本方法.其中：基本图形——在同一条线段上有 n 个点；基本结论——这些点共组成 $\frac{n(n-1)}{2}$ 条线段；基本思想——从特殊的例证中得到一般的规律；基本方法——通过数已知点的个数来计算不重复的线段条数：$(n-1)+(n-2)+(n-3)+\cdots+3+2+1=\frac{n(n-1)}{2}$，或者解释为一共有 n 个点，每一个点都可以和其他的点组成 $(n-1)$ 条线段，所以得到 $n(n-1)$ 条线段，每条线段的两个端点可以组成两条重复的线段，只算作一条，故线段的总条数为 $\frac{n(n-1)}{2}$.

二、模式的识别与应用

1. 直接识别应用

例 2 有一辆客车往返于 A，B 两地，中途停靠三个站点，如果任意两站间的票价都不同，有________种不同的票价.

解析1：$5-1=4,4\times5=20,20\div2=10$(种)；

解析2：当 $n=5$ 时，$\frac{n(n-1)}{2}=\frac{5(5-1)}{2}=10$(种).

【设计说明】 可以直接识别出本题是例1构建的模式的一种应用.原题可以理解为一条线段 AB 之间有3个点，即在一条直线上有5个点，这里将生活问题抽象为数学问题."任意两站间的票价都不同"即是有几条不同的线段，所以可以用模式中的 $\frac{n(n-1)}{2}$ 进行运算来解决问题.

2. 间接识别应用

例3 阅读下表(表5.1-1)：

表 5.1-1

线段 AB 上的点数 n (不包括 A，B 两点)	图例	线段总条数 N
1	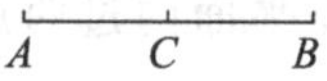	$3=2+1$
2	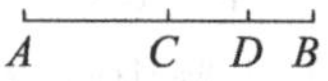	$6=3+2+1$
3	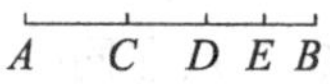	$10=4+3+2+1$
4	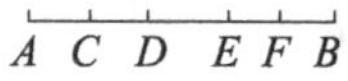	$15=5+4+3+2+1$

根据表中规律猜测：线段总条数 N 与线段上的点数 n(不包括线段两个端点)有什么关系？

解析：当 $n=1$ 时，$N=3$；当 $n=2$ 时，$N=6$；当线段 AB 上有 n 个点时，线段总条数 $N=\frac{(n+2)(n+2-1)}{2}=\frac{(n+2)(n+1)}{2}$.

【设计说明】 此问题看似是线段上的点形成线段条数问题，可间接地看成直线上点形成线段问题，所以解决问题的关键是确定 $\frac{n(n-1)}{2}$ 中 n 的值.当线段上有 n 个点时，问题相当于模式中的直线上有 $(n+2)$ 个点时线段的条数问题，所以将 $(n+2)$ 代替 $\frac{n(n-1)}{2}$ 中的 n

便可以得到结论.

3. 转化识别应用

例 4 经过同一平面内的三个点 A,B,C 中的每两个点画直线，可以画 （ ）

A. 1 条　　B. 3 条　　C. 1 条或 3 条　　D. 无数条

解析：分两种情况讨论.如图 5.1-3，当 A,B,C 三点在同一条直线上时，可以画 1 条直线；如图 5.1-4，当 A,B,C 三点不在同一条直线上时，可以画 $\frac{3\times(3-1)}{2}=3$ 条直线.综上所述，可以画 1 条或 3 条直线，故选 C.

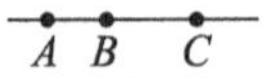

图 5.1-3

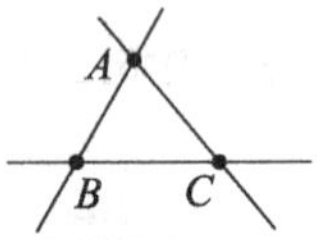

图 5.1-4

【设计说明】 此问题是平面内过两点画直线的问题，其原理与模式中直线上线段条数的原理一样，故可将此问题转化为模式中的问题，用模式中的方法解决问题.因为题中没有具体说明三条线段之间的位置关系，所以应该分 A,B,C 三点在同一条直线上和 A,B,C 三点不在同一条直线上两种情况讨论.

4. 变式识别应用

例 5 如图 5.1-5，图形中有若干个角，回答下述问题：

(1) 在图①中，共有多少个角？

(2) 在图②中，共有多少个角？

(3) 在图③中，共有多少个角？

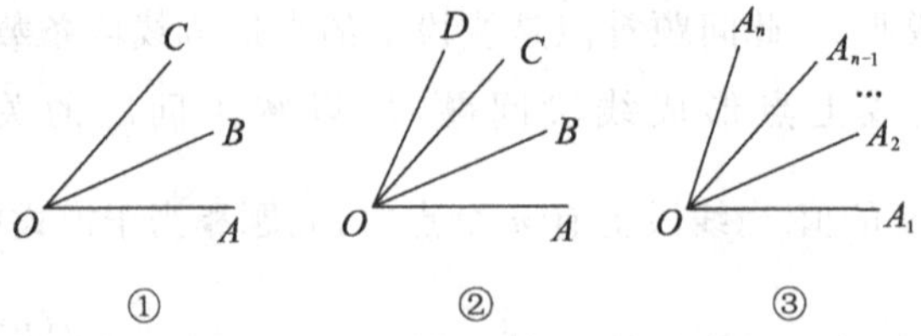

图 5.1-5

解析：(1) 在图 5.1-5①中，角有$\angle AOB$，$\angle AOC$，$\angle BOC$，共有$1+2=\frac{2\times 3}{2}=3$(个)；

(2) 在图 5.1-5②中，角有$\angle AOB$，$\angle AOC$，$\angle AOD$，$\angle BOC$，$\angle BOD$，$\angle COD$，共有$1+2+3=\frac{3\times 4}{2}=6$(个)；

(3) 在图 5.1-5③中，共有角$1+2+3+\cdots+n-1=\frac{n(n-1)}{2}$(个).

【设计说明】 此题是例1构建的模式的一个变式.图 5.1-5①中一个端点引出3条射线，要求图中共有几个角，相当于模式中一条直线上有3个点时的线段条数.图 5.1-5②中一个端点引出4条射线，相当于模式中一条直线上有4个点时线段的条数.图 5.1-5③中一个端点引出n条射线，实际上就相当于一条直线上有n个点.识别出模式后，便可以运用模式中的方法来解题.

5. 迁移识别应用

例6 为了探究n条直线能把平面最多分成几部分，我们从最简单的情形入手.

(1) 1条直线把平面分成2部分；

(2) 2条直线最多可把平面分成4部分；

(3) 3条直线最多可把平面分成7部分；

(4) 4条直线最多可把平面分成11部分；

……

把上述探究的结果进行整理，列表分析(表 5.1-2)：

表 5.1-2

直线条数	直线把平面分成部分数	将直线把平面分成的部分数写成和的形式
1	2	1+1
2	4	1+1+2
3	7	1+1+2+3
4	11	1+1+2+3+4
…	…	…

(1) 当直线条数为 5 时,把平面最多分成________部分,写成和的形式为____________________;

(2) 当直线条数为 10 时,把平面最多分成________部分;

(3) 当直线条数为 n 时,把平面最多分成________部分.

解析:(1) 当 $n=5$ 时,由表可得直线把平面最多分成的部分数为 $1+1+2+3+4+5=16$.

(2) 同理,当 $n=10$ 时,直线把平面最多分成的部分数为 56;

(3) 当直线条数为 n 时,把平面最多分成的部分数为 $1+\frac{n(n+1)}{2}$.

【设计说明】 可以通过迁移识别出本问题是例 1 构建的模式的一种应用.在这道题目中不再是数线段这类模式问题,而是由线到面,将模式迁移到二维平面内了.但是解决问题的思路和方法没有改变,还是要回归到模式的思路和方法.虽然它不完全是模式的形式,但是它其实蕴含着模式.

三、总体设计说明

本课例从一道教材习题入手,归纳出这样的一个真命题:一条直线上的 n 个点,以其中任意两点为端点的线段有 $\frac{n(n-1)}{2}$ 条.这样就构建了一个解决问题的模式.在模式的识别与应用中,既要识别出 n 的值,更要识别出问题本身是否可以转化为一条直线上若干点组成的线段条数问题,以及清楚 $\frac{n(n-1)}{2}$ 这个结论的由来.只有弄清了这一命题的本质属性,才能够运用模式解决相关的问题.

四、模式识别练习摘选

1. 数直线条数,找规律

如图 5.1-6,已知平面内 5 个点 A,B,C,D,E,其中没有任意三点共线,过这 5 个点中的任意两点画直线,一共可以画几条直线?如果有 n 个点,可以画多少条直线?

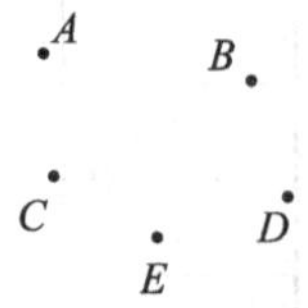

图 5.1-6

2. 数交点个数，找规律

观察图5.1-7，并阅读图形下面的相关文字：

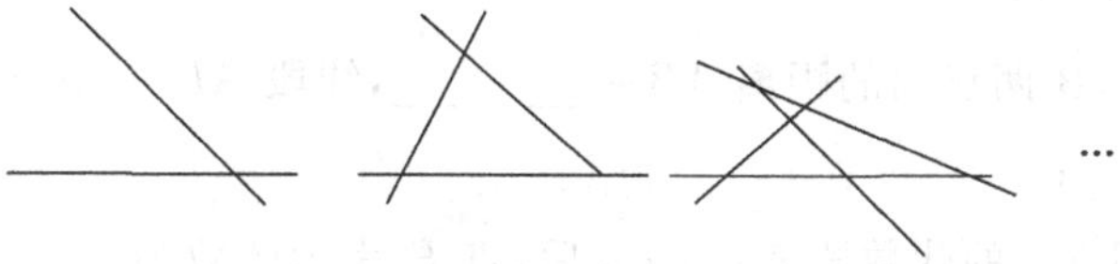

图5.1-7

像这样，11条直线相交最多有________个交点，n 条直线相交最多有________个交点.

3. 数场次，找规律

学校将举行七年级篮球赛，七年级共8个班.比赛决定实行单循环积分制，则共需举行________场比赛.

4. 数握手次数，找规律

在一次只有20人参加的教研会上，假设每两人只握手一次，那么王老师共握手________次，全体参会人员共握手________次.

5.2　数轴上点的运动

一、模式的构建与理解

例1　【背景知识】 数轴是初中数学的一个重要工具，利用数轴可以将数与形完美地结合.研究数轴我们发现了许多重要的规律：若数轴上点 A，B 表示的数分别为 a，b，则 A，B 两点之间的距离 $AB=|a-b|$，线段 AB 的中点表示的数为$\frac{a+b}{2}$.

【问题情境】 如图5.2-1，数轴上点 A 表示的数为 -2，点 B 表示的数为8，点 P 从点 A 出发，以每秒3个单位长度的速度沿数轴向右匀速运动，同时点 Q 从点 B 出发，以每秒2个单位

图5.2-1

长度的速度向左匀速运动.设运动时间为 t s（$t>0$）.

【综合运用】

（1）填空：

① A，B 两点间的距离 $AB=$________，线段 AB 的中点表示的数为________；

② 用含 t 的代数式表示：t s 后，点 P 表示的数为________，点 Q 表示的数为________.

（2）求当 t 为何值时，P，Q 两点相遇，并写出相遇点所表示的数.

师：此题 A，B 两点间的距离怎么求？

生 1：用两点之间的距离公式 $AB=|a-b|$，求出 $AB=10$.

师：线段 AB 的中点表示的数又怎么求呢？

生 2：用线段 AB 的中点表示的数为 $\frac{a+b}{2}$，求出线段 AB 的中点表示的数为 3.

师：点 P 从哪个点出发？向哪个方向运动？点 P 经过 t s 运动了多少个单位长度？

生 3：从 A 点出发，向右匀速运动，运动了 $3t$ 个单位长度.

师：那么 t s 后，点 P 表示的数是多少？

生 3：点 P 表示的数是 $-2+3t$.

师：为什么是 $-2+3t$，而不是 $-2-3t$？

生 3：因为是向右运动，左减右加.

师：点 Q 从哪个点出发？向哪个方向运动？点 Q 经过 t s 运动了多少个单位长度？

生 4：从 B 点出发，向左匀速运动，运动了 $2t$ 个单位长度.

师：那么 t s 后，点 Q 表示的数是多少？

生 4：点 Q 表示的数是 $8-2t$.

师：P，Q 两点会相遇吗？P，Q 两点相遇时需要满足怎样的关系呢？

生 5：会的，需要两点运动的路程之和刚好为 A，B 两点之间的距离.

师：也就是哪三条线段的长度关系？你能列出怎样的方程呢？

生 5：就是 $AP+BQ=AB$，$3t+2t=10$，得到 $t=2$.

师：当运动时间为 2 s 时，相遇点所表示的数又该如何求？

生 6：当 $t=2$ 时，P 点表示 $-2+3t=-2+3\times2=4$，相遇点表示的数为 4.

【设计说明】 通过问题串，学生归纳总结出求数轴上点表示的数的方法，并由此求数轴上两点之间的距离及线段的中点表示的数，再结合动点运动规律，结合题中的数量关系列出方程，最后再研究动点之间的相遇问题.

在解决例 1 的过程中，我们构建出一个模式：基本图形的基本结论、基本思想和基本方法.其中：基本图形——数轴上的两个动点；基本结论——求含绝对值的方程所得的解；基本思想——根据问题中数量间的相等关系列方程(方程思想和建模思想)；基本方法——数轴上点的表示方法、两点之间的距离公式和数轴上线段的中点公式.

二、模式的识别与应用

1. 直接识别应用

例 2 如图 5.2-2，A，B 分别为数轴上的两点，A 点对应的数为 -10，B 点对应的数为 70.

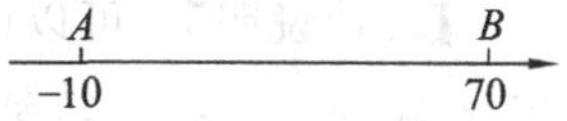

图 5.2-2

(1) 请写出 AB 的中点 M 对应的数.

(2) 现在有一只电子蚂蚁 P 从 A 点出发，以每秒 3 个单位长度的速度向右运动，同时另一只电子蚂蚁 Q 恰好从 B 点出发，以每秒 2 个单位长度的速度向左运动.设两只电子蚂蚁在数轴上的 C 点相遇，请你求出 C 点对应的数.

解析：(1) M 点对应的数是 $(-10+70)\div2=30$.

(2) ∵ A，B 分别为数轴上的两点，A 点对应的数为 -10，B 点对应的数为 70，∴ $AB=70+10=80$.设 t s 后 P，Q 相遇，∴ $3t+2t=80$，解得 $t=16$.此时点 Q 走过的路程为 $2\times16=32$ 个单位长度，C 点表示的数为 $70-32=38$.

【设计说明】 可以直接识别出本题是例 1 构建的模式的一种应用.(1) -10 与 70 和的一半即是 M 对应的数.在处理(2)的时候先求出 AB 的长,再设 t s 后 P,Q 相遇,即可得到关于 t 的一元一次方程,求出 t 的值,进而可求出 P,Q 相遇时点 Q 移动的距离,再求出 C 点对应的数.解题的关键在于如何列出方程.

2. 间接识别应用

例 3 如图 5.2-3,点 A 在数轴上所对应的数为 -2.

(1) 点 B 在点 A 右边距 A 点 4 个单位长度,求点 B 所对应的数;

(2) 在(1)的条件下,点 A 以每秒 2 个单位长度的速度沿数轴向左运动,点 B 以每秒 2 个单位长度的速度沿数轴向右运动,当点 A 运动到 -6 所在的点处时,求 A,B 两点间的距离.

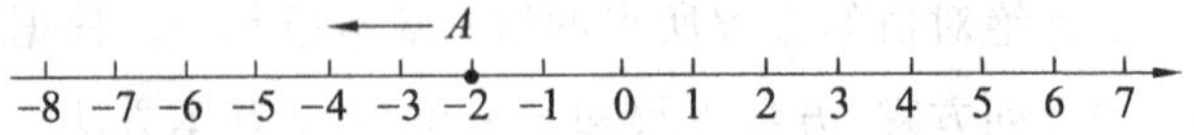

图 5.2-3

解析:(1) $-2+4=2$,故点 B 所对应的数为 2.

(2) $(-2+6)\div 2=2$,$4+(2+2)\times 2=12$.故 A,B 两点间的距离是 12 个单位长度.

【设计说明】 可以间接识别出本题是例 1 构建的模式的一种应用.本题同样是一个数轴上的点的运动问题,只是由相向而行的相遇问题变成了背向而行的问题.问题略有变化,但是解决问题的思路和方法没有变.(1) 根据"左减右加"可求点 B 所对应的数;(2) 先根据"时间=路程÷速度",求出运动时间,再根据"路程=速度×时间"列出方程求解即可.

3. 迁移识别应用

例 4 如图 5.2-4,点 A,B 在数轴上所对应的数分别为 -6,6,现 A 点静止不动,B 点沿数轴以每秒 2 个单位长度的速度向左运动,经过多长时间 A,B 两点相距 4 个单位长度?

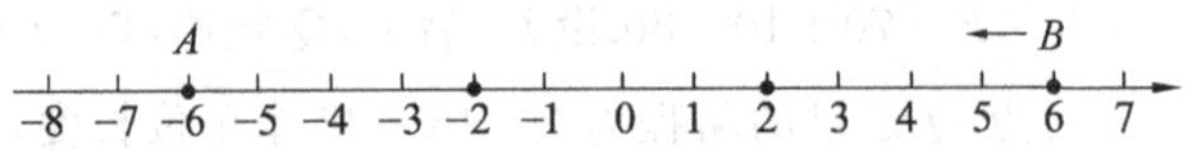

图 5.2-4

解析：① 当运动后的 B 点在 A 点右边 4 个单位长度时，设经过 t s A，B 两点相距 4 个单位长度，依题意有 $2t=12-4$，解得 $t=4$. ② 当运动后的 B 点在 A 点左边 4 个单位长度时，设经过 t s A，B 两点相距 4 个单位长度，依题意有 $2t=12+4$，解得 $x=8$.故经过 4 s 或 8 s A，B 两点相距 4 个单位长度.

【设计说明】 可以通过迁移识别出本题是例 1 构建的模式的一种应用.分两种情况：运动后的 B 点在 A 点右边 4 个单位长度；运动后的 B 点在 A 点左边 4 个单位长度.我们经过仔细观察依旧可以用例 1 的模式来解决.

4. 变式识别应用

例 5 如图 5.2-5，数轴上 A，B 两点对应的有理数分别为 -10 和 20，点 P 从点 O 出发，以每秒 1 个单位长度的速度沿数轴正方向匀速运动，点 Q 同时从点 A 出发，以每秒 2 个单位长度的速度沿数轴正方向匀速运动，设运动时间为 t s.

图 5.2-5

(1) 分别求当 $t=2$ 及 $t=12$ 时，对应的线段 PQ 的长度.

(2) 当 $PQ=5$ 时，求所有符合条件的 t 的值，并求出此时点 Q 对应的数.

(3) 若点 P 一直沿数轴的正方向运动，点 Q 运动到点 B 时，立即改变运动方向，沿数轴的负方向运动，到达点 A 时，随即停止运动.在点 Q 的整个运动过程中，是否存在合适的 t 值，使得 $PQ=8$? 若存在，求出所有符合条件的 t 值；若不存在，请说明理由.

解析：(1) 当运动时间为 t s 时，点 P 对应的数为 t，点 Q 对应的数为 $2t-10$，$PQ=|t-(2t-10)|=|t-10|$.

当 $t=2$ 时，$PQ=|2-10|=8$；当 $t=12$ 时，$PQ=|12-10|=2$.

(2) 根据题意得 $|t-10|=5$，解得 $t=5$ 或 $t=15$.当 $t=5$ 时，点 Q 对应的数为 $2t-10=0$；当 $t=15$ 时，点 Q 对应的数为 $2t-10=20$.

(3) 当运动时间为 t s 时，点 P 对应的数为 t，点 Q 对应的数有两种情况，具体如下：$\begin{cases} 2t-10, & 0<t\leqslant 15, \\ 20-2(t-15), & 15<t\leqslant 30. \end{cases}$

当 $0<t\leqslant 15$ 时，$PQ=|t-(2t-10)|=|t-10|$，$|t-10|=8$，解得 $t_1=2$，$t_2=18$（舍去）；

当 $15<t\leqslant 30$ 时，$PQ=|t-[20-2(t-15)]|=|3t-50|$，$|3t-50|=8$，解得 $t_3=\frac{58}{3}$，$t_4=14$（舍去）.

综上，在点 Q 的整个运动过程中，存在合适的 t 值，使得 $PQ=8$，此时 t 的值为 2 或 $\frac{58}{3}$.

【设计说明】 可以通过变式识别出本题是例 1 构建的模式的一种应用.本题中两点不是沿着相反的方向运动，而是沿着相同的方向运动，是行程问题中的追及问题，我们要将模式中的路程和的形式转化为路程差的形式.例如，第(3)题中就不是纯粹的路程和的模式，但是我们可以把它转化成用路程和来解决问题，找出运动时间为 t s 时，点 P，Q 对应的数，再分 $0<t\leqslant 15$ 和 $15<t\leqslant 30$ 两种情况列出关于 t 的含绝对值的一元一次方程，即可得出结论.

三、总体设计说明

解决数轴上的动点问题的一般方法是：根据点的运动速度，用含时间 t 的代数式表示出运动后的点的坐标，然后根据题目中给出的数量间的相等关系列出方程求解.由于数轴上的点运动后的位置不同，所以往往需要根据不同的位置关系进行分类讨论.这里构建的模式是运用数轴上两点的距离公式，列出含绝对值的一元一次方程来求解，将点的位置关系转化为数量关系来解决问题.

模式是在数轴上双动点相向而行的问题中构建的，而在模式的识别与运用中，会遇到背向而行的问题、同向而行的追击问题以及其他的问题.虽然问题变了，但是解决问题的基本方法没有变.我们要根据不同问题的特点，找到其与模式之间的本质关联，将其转化为模式中的问题来解决.简单地说，研究对象变化了，但是研究的思想方法没有变，解决问题的套路没有变，这就是模式识别的“魔力”.

四、模式识别练习摘选

1. 如图 5.2-6，已知数轴上点 A 表示的数为 6，B 是数轴上在点 A 左侧的一点，且 A，B 两点间的距离为 10，动点 P 从点 A 出发，以每秒 6 个单位长度的速度沿数轴向左匀速运动，设运动时间为 t s($t>0$).

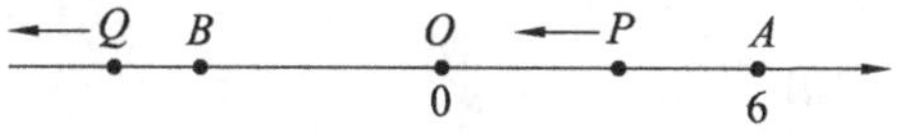

图 5.2-6

(1) 数轴上点 B 表示的数是________，点 P 表示的数是________(用含 t 的代数式表示).

(2) 动点 Q 从点 B 出发，以每秒 4 个单位长度的速度沿数轴向左匀速运动，若点 P，Q 同时出发，求：

① 当点 P 运动多少秒时，点 P 与点 Q 相遇；

② 当点 P 运动多少秒时，点 P 与点 Q 间的距离为 8 个单位长度.

2. 如图 5.2-7，数轴上的点 A，B，C 分别表示有理数 a，b，c($a<b<c$)，点 A，B 之间的距离为 12 个单位长度，点 B，C 之间的距离为 n($n>0$)个单位长度.

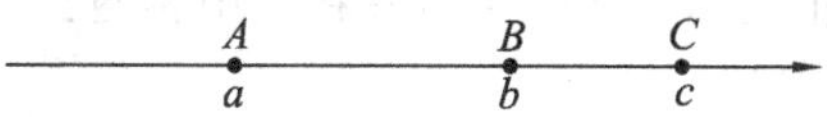

图 5.2-7

(1) 若 a，b 互为相反数，且 $c=14$，则 $n=$________.

(2) 在(1)的条件下，若点 P 从点 C 出发，以每秒 5 个单位长度的速度沿数轴向左移动，同时，点 Q 从点 B 出发，以每秒 3 个单位长度的速度沿数轴向左移动.当 P,Q 两点到点 B 的距离相等时，求 P,Q 两点出发的时间.

3. 如图 5.2-8，已知数轴上有 A,B,C 三点，分别表示有理数 -28，-12，2，动点 P 从 A 出发，以每秒 1 个单位长度的速度向终点 C 移动，设点 P 移动的时间为 t s.

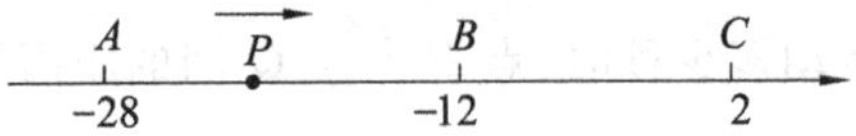

图 5.2-8

(1) 用含 t 的代数式表示：点 P 表示的数为________，$PC=$________.

(2) $t=$_______ s 时，$PA=PC$?

(3) 当 t 为何值时，恰好有 $PA=2PB$?

(4) 当点 P 运动到 B 点时，点 Q 从点 A 出发，以每秒 3 个单位长度的速度向点 C 运动，点 Q 到达点 C 后，再立即以同样的速度返回.当点 P 运动到点 C 时，P,Q 两点停止运动.

① 当 P,Q 两点运动停止时，求点 P 和点 Q 的距离；

② 当 t 为何值时，P,Q 两点恰好在途中相遇？

5.3　耐人寻味的"内外之争"

一、模式的构建与理解

例 1　在△ABC 中，探究∠P 和∠A 的数量关系.

(1) 如图 5.3-1，BP，CP 分别平分∠ABC，∠ACB，试探究∠P 与∠A 的数量关系；

(2) 如图 5.3-2，点 D 是 BC 延长线上一点，BP，CP 分别平分∠ABC，∠ACD，试探究∠P 与∠A 的数量关系；

(3) 如图 5.3-3，点 D，E 分别是 AB，AC 延长线上一点，BP，CP 分别平分∠CBD，∠BCE，试探究∠P 与∠A 的数量关系.

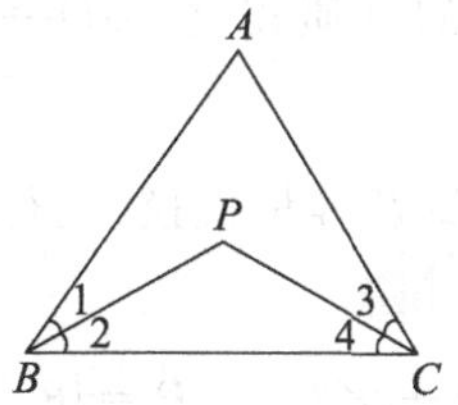

图 5.3-1

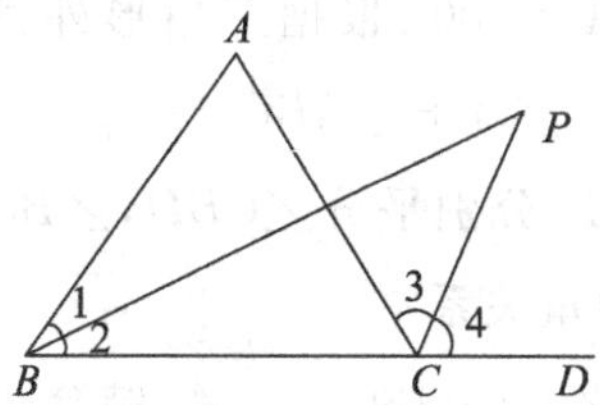

图 5.3-2

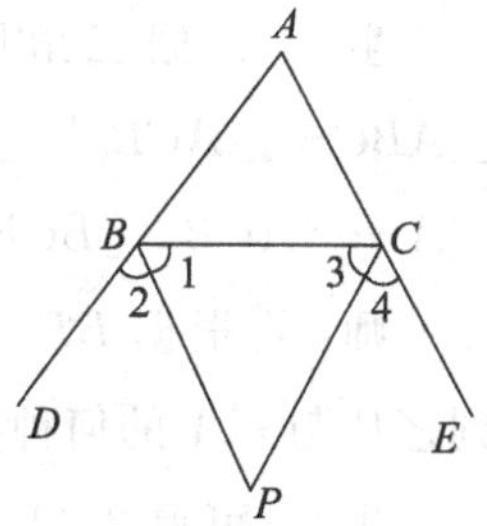

图 5.3-3

师：由图 5.3-1 中的 BP，CP 分别平分∠ABC，∠ACB 能得到哪些信息？

生 1：∠ABC＝2∠2，∠ACB＝2∠4.

师：那么图 5.3-1 中有几个三角形？三角形隐藏的自身条件有哪些？

生 2：有两个三角形，隐藏着∠A＋∠ABC＋∠ACB＝180°，∠2＋∠4＋∠P＝180°.

师：那么通过等量代换可以得到哪些关系式？

生 3：∠A＋2∠2＋2∠4＝180°，∠2＋∠4＝180°－∠P.

师：然后进一步能得到∠P 与∠A 的何种数量关系？

生 3：$\angle A+2(180^\circ-\angle P)=180^\circ$，也就是$\angle P=90^\circ+\frac{1}{2}\angle A$.

师：结合图 5.3-1 研究的问题，在图 5.3-2 中你又能利用三角形得到哪些关系？

生 4：利用外角知识可得 $\angle ACD=\angle ABC+\angle A$，$\angle 4=\angle 2+\angle P$.

师：根据 BP，CP 分别平分$\angle ABC$，$\angle ACD$ 及等量代换，能得到$\angle P$ 与$\angle A$ 有何数量关系？

生 4：可得 $2\angle 4=2\angle 2+\angle A$，结合$\angle 4=\angle 2+\angle P$ 可得$\angle P=\frac{1}{2}\angle A$.

师：结合第(1)题和第(2)题，如图 5.3-3，对于第(3)题可根据三角形得到哪些关系式？

生 5：根据三角形的内角和为 180° 得$\angle 1+\angle 3+\angle P=180^\circ$，$\angle ABC+\angle ACB+\angle A=180^\circ$. 根据三角形外角的性质得$\angle CBD=\angle A+\angle ACB$，$\angle BCE=\angle A+\angle ABC$.

师：再根据 BP，CP 分别平分$\angle CBD$，$\angle BCE$ 及等量代换，能得到$\angle P$ 与$\angle A$ 的何种数量关系？

生 5：可得 $2\angle 1+2\angle 3=180^\circ+\angle A$，结合$\angle 1+\angle 3+\angle P=180^\circ$ 得$\angle P=90^\circ-\frac{1}{2}\angle A$.

解析：(1) $\angle P=90^\circ+\frac{1}{2}\angle A$.

证明如下：如图 5.3-1，∵ BP，CP 分别平分$\angle ABC$，$\angle ACB$，∴ $\angle ABC=2\angle 2$，$\angle ACB=2\angle 4$. ∵ $\angle A+\angle ABC+\angle ACB=180^\circ$，∴ $\angle A+2\angle 2+2\angle 4=180^\circ$，即$\angle A+2(\angle 2+\angle 4)=180^\circ$. ∵ $\angle 2+\angle 4=180^\circ-\angle P$，∴ $\angle A+2(180^\circ-\angle P)=180^\circ$，化简得$\angle P=90^\circ+\frac{1}{2}\angle A$.

(2) $\angle P=\frac{1}{2}\angle A$.

证明如下：如图 5.3-2，$\because$ BP，CP 分别平分$\angle ABC$，$\angle ACD$，$\therefore$ $\angle ABC=2\angle 2$，$\angle ACD=2\angle 4$．$\because$ $\angle ACD$ 是$\triangle ABC$ 的外角，$\therefore$ $\angle ACD=\angle A+\angle ABC$，即 $2\angle 4=\angle A+2\angle 2$．$\because$ $\angle 4$ 是$\triangle BCP$ 的外角，$\therefore$ $\angle 4=\angle P+\angle 2$，即 $2\angle 4=2\angle P+2\angle 2$．由等量代换得 $2\angle P=\angle A$，即$\angle P=\frac{1}{2}\angle A$．

(3) $\angle P=90^\circ-\frac{1}{2}\angle A$．

证明如下：如图 5.3-3，BP，CP 分别平分$\angle CBD$，$\angle BCE$，$\therefore$ $\angle CBD=2\angle 1$，$\angle BCE=2\angle 3$．$\because$ $\angle CBD$，$\angle BCE$ 是$\triangle ABC$ 的外角，$\therefore$ $\angle CBD=\angle A+\angle ACB$，$\angle BCE=\angle A+\angle ABC$，两个等式两边相加得$\angle CBD+\angle BCE=2\angle A+\angle ACB+\angle ABC$．$\because$ $\angle ABC+\angle ACB=180^\circ-\angle A$，$\therefore$ $2\angle 1+2\angle 3=180^\circ+\angle A$，即$\angle 1+\angle 3=90^\circ+\frac{1}{2}\angle A$．$\because$ $\angle 1+\angle 3=180^\circ-\angle P$，$\therefore$ $180^\circ-\angle P=90^\circ+\frac{1}{2}\angle A$，化简得$\angle P=90^\circ-\frac{1}{2}\angle A$．

【设计说明】 此题考查在三角形内角与外角之间关系的基础上，结合角平分线探究角之间的转化问题．三个小题分别从三角形中两内角、一内角一外角、两外角的平分线夹角与其余内角和之间的数量关系展开探究，从三角形的内角和为 180°出发，利用外角的性质，再结合角平分线知识进行角之间的等量转化，最终发现$\angle P$ 与$\angle A$ 的数量关系．

在上面解决问题的过程中，我们构建出一个模式：基本图形的基本结论、基本思路和基本方法．其中：基本图形——三角形两内角平分线、一内角一外角平分线、两外角的平分线夹角与第三个内角之间的数量关系．基本结论——两内角平分线时，$\angle P=90^\circ+\frac{1}{2}\angle A$；一内角一外角平分线时，$\angle P=\frac{1}{2}\angle A$；两外角平分线时，$\angle P=90^\circ-\frac{1}{2}\angle A$．基本思路和基本方法——借助三角形的内角和为 180°与外角的性质，再结合角平分线的性质来解决问题．

二、模式的识别与应用

1. 直接识别应用

例 2 如图 5.3-4,在△ABC 中,BO,CO 是角平分线.

(1) $\angle ABC=50^\circ$,$\angle ACB=60^\circ$,求$\angle BOC$ 的度数,并说明理由.

(2) 将(1)中条件"$\angle ABC=50^\circ$,$\angle ACB=60^\circ$"改为"$\angle A=70^\circ$",求$\angle BOC$ 的度数.

(3) 若$\angle A=n^\circ$,求$\angle BOC$ 的度数.

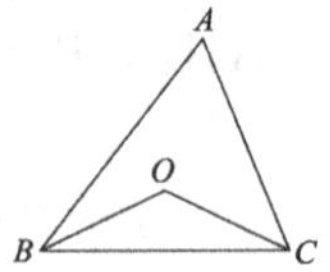

图 5.3-4

解析:(1) 由题意可知$\angle A=70^\circ$,即$\angle BOC=90^\circ+\frac{1}{2}\angle A=125^\circ$.

(2) $\angle BOC=90^\circ+\frac{1}{2}\angle A=125^\circ$.

(3) $\angle BOC=90^\circ+\frac{1}{2}\angle A=90^\circ+\frac{1}{2}n^\circ$.

【设计说明】 可以直接识别出本题是例 1 构建的模式的一种应用,即三角形中两个内角平分线的夹角与$\angle A$ 之间的关系问题,可以直接利用模式中的结论解决.

2. 转化识别应用

例 3 在四边形 $ABCD$ 中,探究$\angle P$ 和$\angle A+\angle D$ 的数量关系.

(1) 如图 5.3-5,BP,CP 分别平分$\angle ABC$,$\angle BCD$,试探究$\angle P$ 与$\angle A+\angle D$ 的数量关系.

(2) 如图 5.3-6,点 E 是 BC 延长线上一点,BP,CP 分别平分$\angle ABC$,$\angle DCE$,试探究$\angle P$ 与$\angle A+\angle D$ 的数量关系.

(3) 如图 5.3-7,点 E,F 分别是 AB,DC 延长线上一点,BP,CP 分别平分$\angle CBE$,$\angle BCF$,试探究$\angle P$ 与$\angle A+\angle D$ 的数量关系.

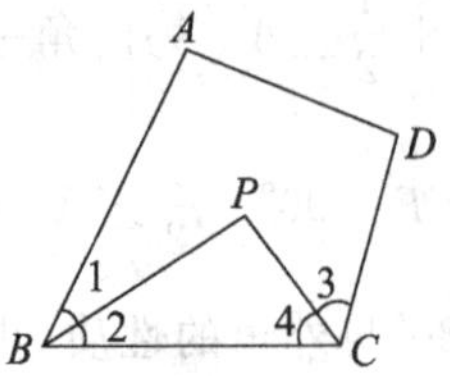

图 5.3-5

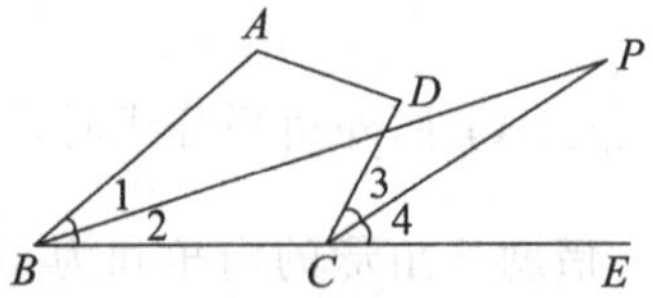

图 5.3-6

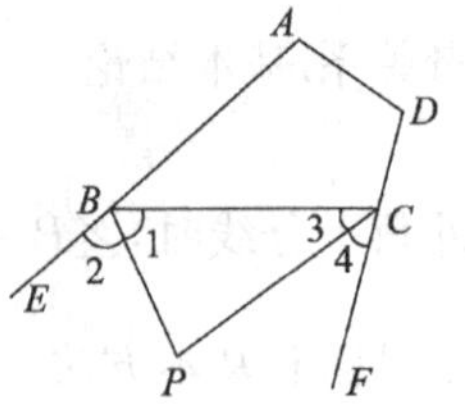

图 5.3-7

解析：(1) 根据三角形 BCP 和四边形 $ABCD$ 的内角和、两内角平分线的性质可得 $\angle A+\angle D=360°-2\angle 2-2\angle 4=360°-2(180°-\angle P)$，化简得 $\angle P=\frac{1}{2}(\angle A+\angle D)$.

(2) 根据四边形 $ABCD$ 的内角和、$\angle DCE$ 是四边形 $ABCD$ 的外角及角平分线的性质可得 $2\angle 4=(180°-360°)+(\angle A+\angle D)+2\angle 2$，$2\angle 4-2\angle 2=2\angle P$，等量代换并化简得 $\angle P=\frac{1}{2}(\angle A+\angle D)-90°$.

(3) 根据三角形 BCP 的内角和、$\angle CBE$ 和 $\angle BCF$ 是四边形 $ABCD$ 的外角及角平分线的性质可得 $2\angle 1=(180°-360°)+(\angle A+\angle D)+\angle DCB$，$2\angle 3=(180°-360°)+(\angle A+\angle D)+\angle ABD$，$\angle 1+\angle 3+\angle P=180°$，$\angle DCB=180°-2\angle 3$，$\angle ABD=180°-2\angle 1$，等量代换并化简得 $\angle P=180°-\frac{1}{2}(\angle A+\angle D)$.

【设计说明】 可以通过转化识别出本题是例1构建的模式的一种应用，只不过基本图形中除了三角形还有四边形，其解题的基本思路和方法是一样的.

在上面解决问题的过程中，遇到的问题是如何用四边形的内角表示四边形的外角.由推理可知四边形的外角等于与之不相邻的其余内角之和减去180°，利用这个结论再运用模式的基本图形和基本结论来解决问题就容易多了.

3. 迁移识别应用

例4 在 n 边形中，猜想 $\angle P$ 和 $\angle X$ 的数量关系.($\angle X$ 表示除了涉及内、外角平分线的内角之外的所有内角之和，以下题目中会举例说明)

(1) 如图5.3-8，BP，CP 分别平分 $\angle ABC$，$\angle BCD$，试探究 $\angle P$ 与 $\angle X$ 的数量关系.(此处 $\angle X$ 表示 n 边形中，除 $\angle ABC$，$\angle BCD$ 之外的所有内角之和)

(2) 如图5.3-9，点 E 是 BC 延长线上一点，BP，CP 分别平分 $\angle ABC$，$\angle DCE$，试探究 $\angle P$ 与 $\angle X$ 的数量关系.(此处 $\angle X$ 表示 n 边形中，除 $\angle ABC$，$\angle BCD$ 之外的所有内角之和)

(3) 如图 5.3-10,点 E,F 分别是 AB,DC 延长线上一点,BP,CP 分别平分 $\angle CBE$,$\angle BCF$,试探究 $\angle P$ 与 $\angle X$ 的数量关系.(此处 $\angle X$ 表示 n 边形中,除 $\angle ABC$,$\angle BCD$ 之外的所有内角之和)

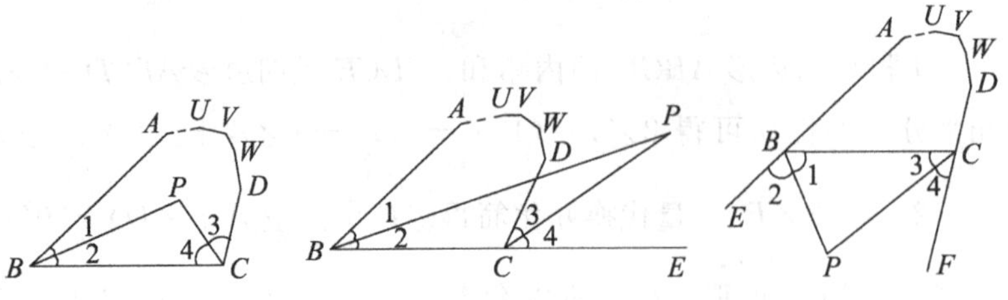

图 5.3-8　　图 5.3-9　　图 5.3-10

解析:(1) 根据三角形 BCP 和 n 边形的内角和、角平分线的性质可得 $\angle X=180°\cdot(n-2)-2\angle 2-2\angle 4=180°\cdot(n-2)-2(180°-\angle P)$,化简得 $\angle P=360°-90°n+\frac{1}{2}\angle X$.

(2) 根据 n 边形的内角和、$\angle DCE$ 是 n 边形的外角及角平分线的性质可得 $2\angle 4=[180°-180°\cdot(n-2)]+\angle X+2\angle 2$,$2\angle 4-2\angle 2=2\angle P$,等量代换并化简得 $\angle P=270°-90°n+\frac{1}{2}\angle X$.

(3) 根据三角形 BCP 的内角和、$\angle CBE$ 和 $\angle BCF$ 是 n 边形的外角及角平分线的性质可得 $2\angle 1=[180°-180°\cdot(n-2)]+\angle X+\angle DCB$,$2\angle 3=[180°-180°\cdot(n-2)]+\angle X+\angle ABD$,$\angle 1+\angle 3+\angle P=180°$,$\angle DCB=180°-2\angle 3$,$\angle ABD=180°-2\angle 1$,等量代换并化简得 $\angle P=90°n-180°-\frac{1}{2}\angle X$.

【设计说明】 可以通过迁移识别出本题是例 1 构建的模式的一种应用,只不过基本图形中除了三角形还有 n 边形,其余解题的基本思路和方法是一样的.

三、总体设计说明

本课例揭示的是三角形的两内角平分线(或外角平分线)相交形成的角的度数与第三个角之间的数量关系,通过分类讨论得出一般结论,在推导的过程中形成模式.在模式的识别与应用过程中,着重体现了转化与迁移的思想.这需要教师带着学生慢慢体会.

四、模式识别练习摘选

1. 如图 5.3-11,BD,CD 分别是$\angle ABC$,$\angle ACE$ 的平分线,$\angle A=100°$,则$\angle BDC$ 的度数为 ( )

A. 80° B. 90° C. 120° D. 140°

2. 如图 5.3-12,在$\triangle ABC$ 中,E 为边 BC 延长线上一点,$\angle ABC$ 的平分线与$\angle ACE$ 的平分线交于点 D.若$\angle D=36°$,则$\angle A$ 的度数为________.

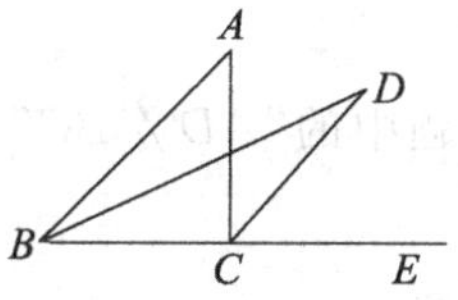

图 5.3-11

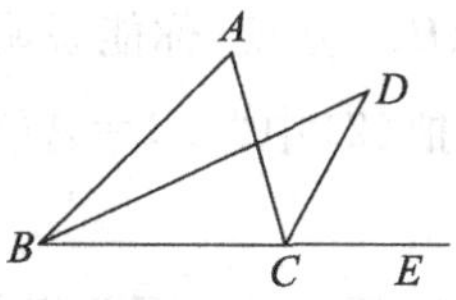

图 5.3-12

3. 如图 5.3-13,BP,CP 分别平分$\angle ABC$,$\angle BCD$,$\angle A=105°$,$\angle D=95°$,求$\angle P$ 的度数.

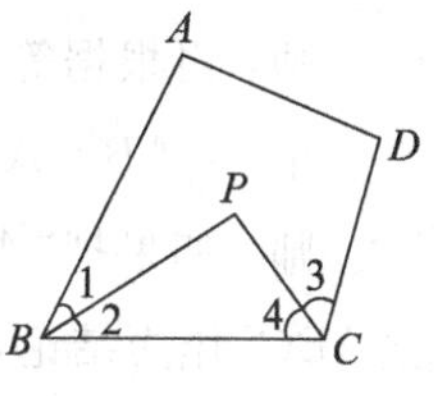

图 5.3-13

5.4 美妙的"知二得一"

一、模式的构建与理解

例 1 如图 5.4-1，$AD \parallel BC$，BD 平分$\angle ABC$.

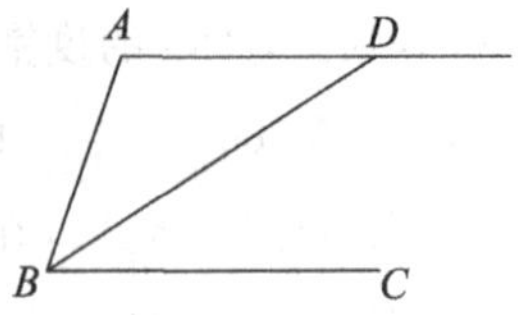

图 5.4-1

(1) 你能从题中得出哪几组角相等？

(2) 能否说明 $AB=AD$？

(3) 如果把(2)中"$AB=AD$"和题中的"BD 平分$\angle ABC$"互换，你能说明吗？

(4) 如果把(2)中"$AB=AD$"和题中的"$AD \parallel BC$"互换，你能说明吗？

师：你能从题中得出哪几组角相等？

生 1：$\angle ADB=\angle CBD$，$\angle ABD=\angle CBD$.

师：根据等量代换，你又能得到哪两个角相等？

生 1：$\angle ADB=\angle ABD$.

师：再根据等角对等边，最后又可以得到什么？

生 1：$AB=AD$.

师：如果把"$AB=AD$""$AD \parallel BC$"作为条件，题中的"BD 平分$\angle ABC$"作为结论，你能说明吗？

生 2：由 $AD \parallel BC$，$AB=AD$ 可知$\angle ADB=\angle CBD$，$\angle ADB=\angle ABD$.由等量代换得$\angle ABD=\angle CBD$.根据角平分线的定义，得到 BD 平分$\angle ABC$.

师：如果把"$AB=AD$""BD 平分$\angle ABC$"作为条件，题中的"$AD \parallel BC$"作为结论，你能说明吗？

生 3：由 $AB=AD$，BD 平分$\angle ABC$ 可知$\angle ADB=\angle ABD$，$\angle ABD=\angle CBD$.由等量代换得$\angle ADB=\angle CBD$.根据平行线的判定定理，得到 $AD \parallel BC$.

师：那么通过上面三个问题，你发现了什么？

生4：发现了三个关系中的任意两个作为条件，另外一个作为结论都是成立的.

师：嗯，这个发现可以用四个字概括为？

生5：知二得一.

解析：(1) $\angle ADB=\angle CBD$，$\angle ABD=\angle CBD$.

(2) 由(1)可知$\angle ADB=\angle ABD$.根据等角对等边，有$AB=AD$.

(3) 由$AD\parallel BC$，$AB=AD$可知$\angle ADB=\angle CBD$，$\angle ADB=\angle ABD$.由等量代换得$\angle ABD=\angle CBD$.根据角平分线的定义，得BD平分$\angle ABC$.

(4) 由$AB=AD$，BD平分$\angle ABC$可知$\angle ADB=\angle ABD$，$\angle ABD=\angle CBD$.由等量代换得$\angle ADB=\angle CBD$.根据平行线的判定定理，得到$AD\parallel BC$.

【设计说明】 在本题中，根据平行线和角平分线的性质得到几组角之间的相等关系，再根据“等角对等边”将角之间的相等关系转化为边之间的相等关系，或者反过来根据“等边对等角”来解决问题.

在解决上面问题的过程中，我们构建出一个模式：基本图形的基本结论、基本思想和基本方法.其中：基本图形——一组平行线与一个角的平分线形成一组内错角和一个等腰三角形，基本结论——平行线、等腰三角形、角平分线三个条件中任意两个作为条件，另外一个作为结论是成立的；基本思想——角关系的等量代换，三者之间“知二得一”；基本方法——通过任意两个作为条件得到角之间的关系，再通过等量代换得出第三个.

二、模式的识别与应用

1. 直接识别应用

例2 如图5.4-2，$\angle AOB=30°$，OC平分$\angle AOB$，$CD\perp OA$，垂足为点D，$CE\parallel AO$，交OB于点E，$OE=20$ cm，求CD的长.

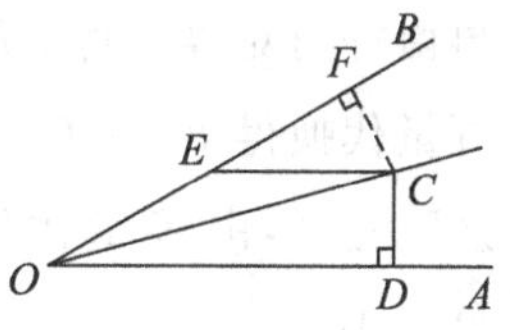

图5.4-2

解析：如图5.4-2，由OC平分$\angle AOB$，

$CE /\!/ AO$ 可知$\angle EOC=\angle DOC$，$\angle ECO=\angle DOC$.根据等量代换得$\angle EOC=\angle ECO$.根据等角对等边得 $CE=OE=20$ cm.过点 C 作 $CF\perp OB$，垂足为点 F.而 $CD\perp OA$，根据角平分线的性质得 $CD=CF$.在 Rt$\triangle CEF$ 中，由 $CE /\!/ AO$ 可知$\angle CEF=\angle AOB=30°$，易得 $CD=\frac{1}{2}OE=10$ cm.

【设计说明】 可以直接识别出本题是例 1 构建的模式的一种应用.本题存在平行线与角平分线，故可以得到等腰三角形，再运用角平分线的性质和直角三角形的性质来解决问题.

2. 间接识别应用

例 3 如图 5.4-3，AD 是$\angle BAC$ 的平分线，点 E 在 AB 上，且 $AE=AC$，$EF /\!/ BC$ 交 AC 于点 F.试说明 EC 平分$\angle DEF$.

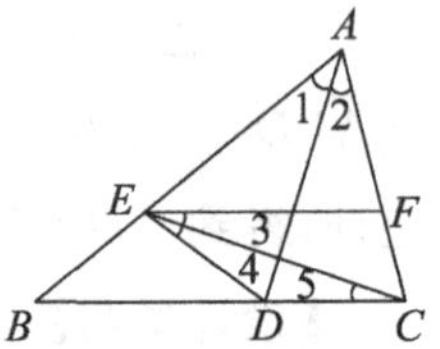

图 5.4-3

解析：通过题目给出的条件证明$\triangle ADC\cong\triangle ADE$，从而得到 $DC=DE$，再结合 $EF /\!/ BC$，构成"知二得一"模式，证得 EC 平分$\angle DEF$.

【设计说明】 可以间接识别出本题是例 1 构建的模式的一种应用，由给出的 $EF /\!/ BC$，说明 EC 平分$\angle DEF$.如果直接运用"知二得一"模式，缺少等腰三角形，属于只知其一，没有知二，因此先要证明 $DC=DE$.

3. 变式识别应用

例 4 如图 5.4-4，在$\triangle ABC$ 中，CE 平分$\angle ACB$，交 AB 于点 E，$EG /\!/ BC$，交 AC 于点 F，$EG=2CF$，试说明 CG 平分$\angle ACD$.

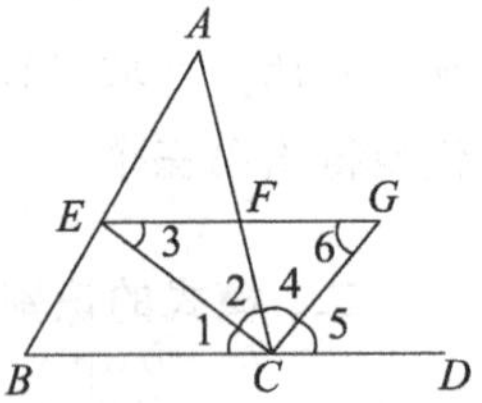

图 5.4-4

解析：由 CE 平分$\angle ACB$，$EG /\!/ BC$ 可知$\angle 1=\angle 2$，$\angle 1=\angle 3$，由等量代换得$\angle 2=\angle 3$，再由等角对等边得 $EF=CF$，而 $EG=2CF$，由等量代换得 $FG=CF$，由等边对等角得$\angle 4=\angle 6$.而 $EG /\!/ BC$，所以$\angle 5=\angle 6$，由等量代换得$\angle 4=\angle 5$，再由角平分线的定义得 CG 平分$\angle ACD$.

【设计说明】 可以通过变式识别出本题是例1构建的模式的一种应用.本题与例3的区别与联系：例3需要证内角平分线,本题则需要证外角平分线,它们本质上都符合例1的模式,属于模式的变式识别与应用.学生解答完例3,再通过例4进行巩固提升,加以强化,更能体会变式训练的趣味性,增强学习的自信心,提高分析问题和解决问题的能力.

4. 转化识别应用

例5 如图5.4-5,在$\triangle ABC$中,BF平分$\angle ABC$,CF平分$\angle ACB$,过点F作$DE\parallel BC$,分别交AB,AC于D,E两点,试猜想线段BD,CE,DE的数量关系,并说明你的理由.

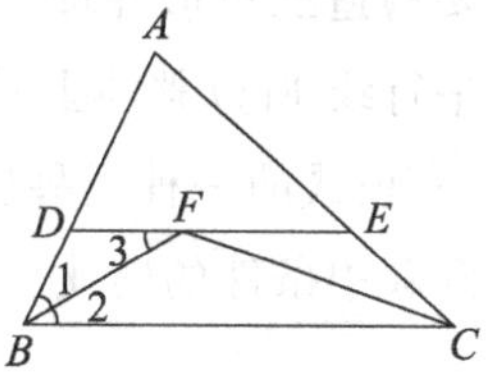

图5.4-5

解析：由BF平分$\angle ABC$,$DE\parallel BC$可知$\angle 1=\angle 2$,$\angle 3=\angle 2$.由等量代换得$\angle 1=\angle 3$,再由等角对等边得$DF=BD$.而CF平分$\angle ACB$,同理可得$FE=CE$.由$DF+FE=DE$及等量代换易得$BD+CE=DE$.

【设计说明】 可以通过转化识别出本题是例1构建的模式的一种应用.本题表面是线段BD,CE,DE的数量关系,实则依旧是证$DF=BD$和$FE=CE$.同时,本题也是两个相同模式的组合.对这样的模式的识别与应用,可以培养和提高学生的图感.

5. 迁移识别应用

例6 如图5.4-6,在$\triangle ABC$中,AD平分$\angle BAC$,E,F分别在BD,AD上,且$DE=CD$,$EF=AC$,求证：$EF\parallel AB$.

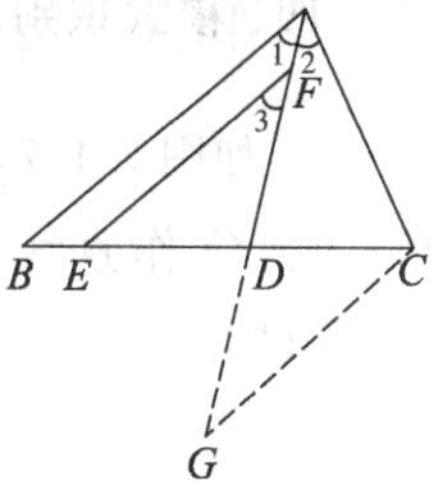

图5.4-6

解析：如图5.4-6,延长FD至点G,使得$DG=DF$,连接CG.又$\angle EDF=\angle CDG$,$DE=CD$,易得$\triangle EDF\cong\triangle CDG$,可知$EF=CG$.由$EF=AC$,等量代换得$CG=AC$.根据等边对等角得$\angle 2=\angle G$,再由$AD$平分$\angle BAC$,可知$\angle 1=\angle 2$.由等量代换得$\angle 1=\angle G$,由$\triangle EDF\cong\triangle CDG$得$\angle 3=\angle G$,所以$\angle 1=\angle 3$,所以$EF\parallel AB$.

【设计说明】 可以通过迁移识别出本题是例 1 构建的模式的一种应用.在识别模式时,只有角平分线,虽然有相等的线段,但构不成所需要的等腰三角形,通过线段的中点联想到利用倍长中线构造全等三角形,从而完成线段和角的转化,进而构造出等腰三角形 ACG,这样就与原有的角平分线构造出"知二得一"的模式.

相比前面的例题,例 6 的难度稍大,不仅体现在作辅助线上,在模式识别上也有难度.但是它们解题的思路、方法及结论都是相近的,需要构造三角形并证三角形全等得出等腰三角形,再结合角平分线得出平行线.所以整体上看例 6 依旧是"知二得一"模式,只不过是"知二得一"模式的一种迁移应用.学生在解决此类问题时,应注意整体把握,注意题中条件的转化.

三、总体设计说明

本课例揭示的是一个在特定图形结构下才会成立的模式,其构建过程是一个互逆变式的过程.在模式的识别与应用中,既要看清图形的结构与结论,更要掌握结论的由来,并分清直接条件、间接条件、转化条件等.在这一模式的构建、识别与应用中,统整了许多的数学知识,如角平分线的定义、平行线的性质与判定、等腰三角形的性质与判定、全等三角形的性质与判定、圆的相关性质等.在解决问题的过程中,教师应当引导学生关注知识之间的内在关联.

四、模式识别练习摘选

1. 如图 5.4-7,已知 $AB /\!/ CD$,$\angle ABC$ 与 $\angle DCB$ 的平分线交于点 O,过点 O 作直线 l 分别与直线 AB,DC 交于点 E,F.证明:$BC = BE + CF$.

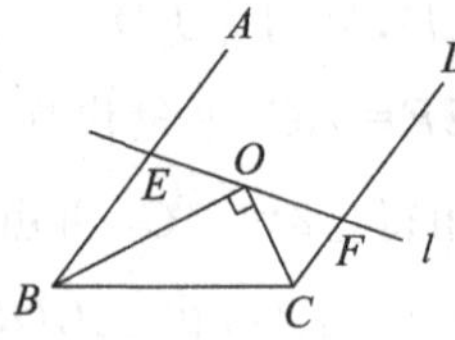

图 5.4-7

2. 如图 5.4-8，已知 BD 平分 $\angle ABC$，CD 平分外角 $\angle ACG$，$DE \parallel BC$，交 AB 于点 E，交 AC 于点 F，线段 EF 与 BE，CF 有什么数量关系？请给出结论并说明理由.

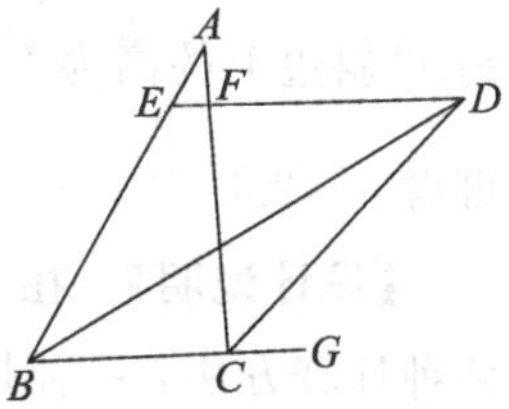

图 5.4-8

3. 如图 5.4-9，点 C 在以 AB 为直径的 $\odot O$ 上，AC 平分 $\angle BAD$，$AD \perp CD$，垂足为点 D.

(1) 求证：DC 是 $\odot O$ 的切线；

(2) 若 $AD=4$，$CD=2$，求 $\odot O$ 的半径.

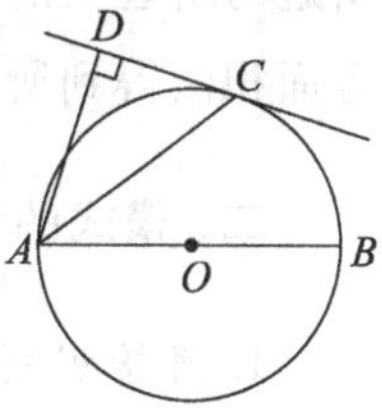

图 5.4-9

5.5　直角三角形中的等面积法

一、模式的构建与理解

例 1　一个直角三角形的两直角边长分别为 3 和 4.

师：你可以计算哪些线段的长度？

生1：可以根据勾股定理求出斜边的长.设斜边长为 c，由勾股定理可得 $c^2=3^2+4^2$，则 $c=5$.

生2：还可以根据两种计算直角三角形面积的方法求出斜边上的高.设斜边上的高为 h，直角三角形的面积 $S=\frac{1}{2}\times3\times4=\frac{1}{2}\times c\times h$，可得 $h=2.4$.

【设计说明】 在上面解决问题的过程中，求直角三角形的面积有两种计算方法：一种是计算两条直角边乘积的一半，还有一种就是计算斜边与斜边上的高乘积的一半.用这两种方法求得的直角三角形的面积是相等的，由此得到方程，从而解决问题.

在上面解决问题的过程中，我们构建出一个模式：基本图形的基本结论、基本思路和基本方法.其中：基本图形——直角三角形中，已知两直角边的长；基本结论——直角三角形中两条直角边的乘积等于斜边与斜边上的高的乘积；证明这一结论的基本思路和方法——通过等面积法得到所求线段的长度.

二、模式的识别与应用

1. 直接识别应用

例2 在 Rt$\triangle ABC$ 中，$\angle C=90°$，$AC=9$，$BC=12$，则点 C 到 AB 的距离是（ ）

A. 3　　B. 4　　C. 15　　D. 7.2

解析：先运用勾股定理求出 $AB=\sqrt{AC^2+BC^2}=\sqrt{9^2+12^2}=15$.接下来求点 C 到 AB 的距离有多种方法，可以继续运用勾股定理，也可以运用相似三角形的判定和性质，还可以由三角函数的知识得到方程求解.用三角形的等面积法也可以求解：点 C 到 AB 的距离就是斜边 AB 上的高 CD，$S_{\triangle ABC}=\frac{1}{2}AB\cdot CD=\frac{1}{2}AC\cdot BC$，即 $\frac{1}{2}\times15\times CD=\frac{1}{2}\times9\times12$，所以 $CD=7.2$.

【设计说明】 显然本例是例1构建的模式的直接应用，运用三角形的等面积法即可解决问题.

2. 间接识别应用

例3　如图5.5-1，已知在$\triangle ABC$中，$AB=AC=5$，$BC=8$，点D是底边BC的中点，作$DF\perp AB$，$DE\perp AC$，垂足分别为点F，E，则$DE=$______，$DF=$______.

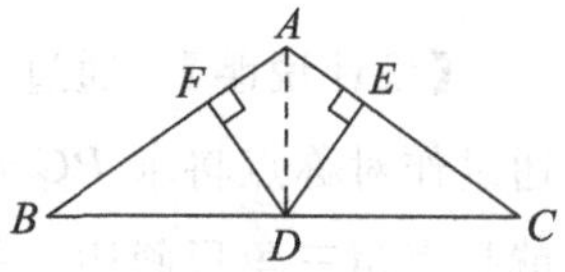

图5.5-1

解析：如图5.5-1，连接AD，结合等腰三角形的三线合一，得到$\triangle ADB$与$\triangle ADC$是直角三角形.将DE和DF看作直角三角形斜边上的高，运用等面积法得到$AB\times DF=AD\times BD$，$AC\times DE=AD\times CD$，从而得到$DE=DF=1.5$.

【设计说明】　这是一个求等腰三角形底边中点到两条腰的距离的问题.这里给出了条件"$AB=AC$，点D是底边BC的中点，$DF\perp AB$，$DE\perp AC$"，可以间接识别出符合模式.利用等腰三角形的三线合一，实现等腰三角形向直角三角形的转化.

3. 转化识别应用

例4　如图5.5-2，在$Rt\triangle ABC$中，$\angle ACB=90^\circ$，$AC=6$，$BC=8$，AD是$\angle BAC$的平分线.若点P，Q分别是AD和AC上的动点，则$PC+PQ$的最小值是　　(　　)

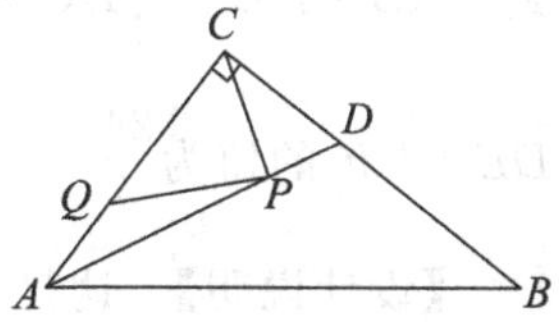

图5.5-2

A. $\frac{12}{5}$　　　　B. 4

C. 5　　　　D. $\frac{24}{5}$

解析：如图5.5-3，作点Q关于AD的对称点Q'，连接PQ'.$\because AD$平分$\angle BAC$，$\therefore$点Q'在直线AB上，$PQ=PQ'$，$\therefore PC+PQ=PC+PQ'$，$\therefore$当$CQ'\perp AB$，点P为CQ'与AD的交点时，$PC+PQ'$取得最小值，最小值为CQ'.这样问题转化为求直角

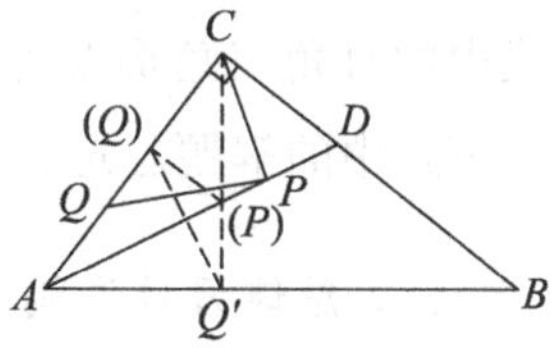

图5.5-3

三角形ABC斜边上的高CQ'.利用等面积法得到$\frac{1}{2}AC\cdot BC=\frac{1}{2}AB\cdot$

CQ'，可求出 $CQ'=\frac{24}{5}$，所以 $PC+PQ$ 的最小值是$\frac{24}{5}$.

【设计说明】 通过分析，本例是例 1 构建的模式的转化识别应用.通过作对称点将求 $PC+PQ$ 转化为求 $PC+PQ'$，$PC+PQ'$ 的最小值就是直角三角形斜边上的高，利用模式进行计算求解.

4. 变式识别应用

例 5 如图 5.5-4，已知在 $\triangle ABC$ 中，$AB=AC=5$，$BC=6$，点 D 是底边 BC 上任一点，作 $DE\perp AB$，$DF\perp AC$，垂足分别为点 E，F，则 $DE+DF$ 的值是 （　　）

A. $\frac{12}{5}$　　B. $\frac{24}{5}$

C. 5　　D. 6

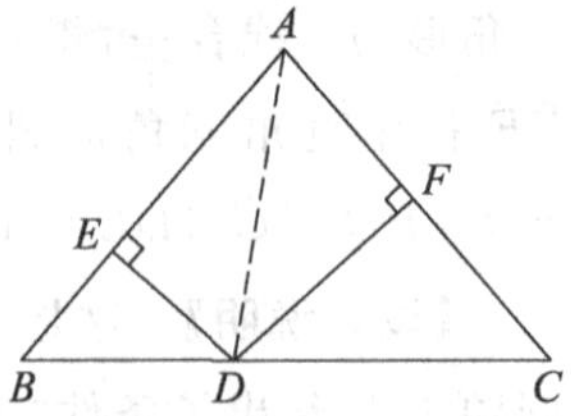

图 5.5-4

解析：如图 5.5-4，连接 AD，构造出两个三角形，运用等面积法得到$\frac{1}{2}AB\cdot DE+\frac{1}{2}AC\cdot DF=12$.再根据等腰三角形的性质进而得到 $DE+DF$ 的值为$\frac{24}{5}$.

【设计说明】 这是一个求等腰三角形底边上任一点到两腰的距离之和问题.要求 $DE+DF$ 的值，需要找出线段之间的关系，列出方程求解.而线段之间的关系，则多数需要通过勾股定理、全等三角形和相似三角形得到.这里给出了条件"$AB=AC$，$DE\perp AB$，$DF\perp AC$"，不能直接应用模式，需要连接 AD，它是模式的变式识别应用.虽然本例由模式中的直角三角形变为一般的三角形，但解题中用到的思想和方法还是模式中的解题思想和方法.

三、总体设计说明

这里构建的模式是直角三角形两条直角边的乘积等于斜边与斜边上的高的乘积.在模式的识别与应用中，会遇到非直角三角形的情况，虽然问题变了，但是解决问题的方法没变，找到它们与模式的本质联系，仍然可以通过等面积法求解线段长度.

四、模式识别练习摘选

1. 如图 5.5-5，已知在 Rt△ABC 中，$\angle ABC=90^\circ$，点 D 沿 BC 自点 B 向点 C 运动（点 D 与点 B，C 不重合），作 $BE\perp AD$ 于点 E，$CF\perp AD$ 于点 F，则 $BE+CF$ 的值（　　）

A. 不变

B. 增大

C. 减小

D. 先变大再变小

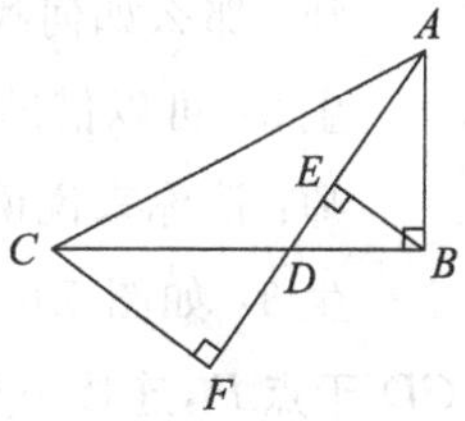

图 5.5-5

2. 如图 5.5-6，在 Rt△ABC 中，$\angle C=90^\circ$，$AC=3$ cm，$BC=4$ cm，D 是 AB 上一点，$DE\perp AC$ 于点 E，$DF\perp BC$ 于点 F，连接 EF，则 EF 的最小值为________ cm.

3. 如图 5.5-7，在△ABC 中，$\angle C=90^\circ$，两直角边 $AC=5$，$BC=12$，在△ABC 内有一点 P，它到各边的距离相等，则这个距离是________.

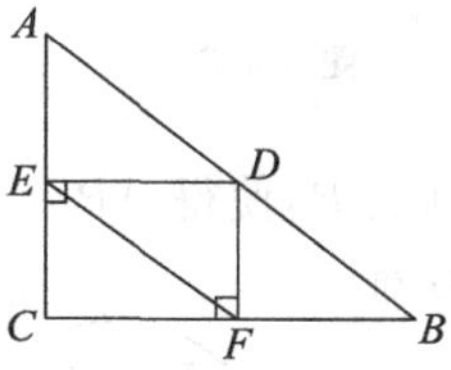

图 5.5-6

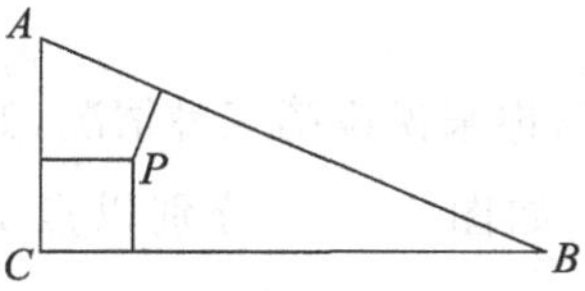

图 5.5-7

5.6　等腰三角形的分类讨论

一、模式的构建与理解

例 1　如图 5.6-1，已知线段 AB，在直线 CD（与线段 AB 不共线）上找一点 P，使得△ABP 为等腰三角形.

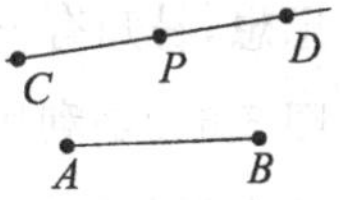

图 5.6-1

师：对于上述问题，如何才能使得△ABP 为等腰三角形?

生 1：从边的关系分类讨论，有三种情况：① $AB=AP$；② $AB=BP$；③ $AP=BP$.

师：那么如何找出这样的点 P 呢?

生 2：可以借助尺规作图.

师：请你来说说第一种情况，如何找到点 P，使得 $AB=AP$?

生 3：如图 5.6-2，以点 A 为圆心、AB 长为半径画圆(弧)，交直线 CD 于点 P，连接 AP 和 BP，此时 $AB=AP$，即$\triangle ABP$ 为等腰三角形.

师：请你来说说第二种情况，如何找到点 P，使得 $AB=BP$?

生 4：如图 5.6-3，以点 B 为圆心、AB 长为半径画圆(弧)，交直线 CD 于点 P，连接 AP 和 BP，此时 $AB=BP$，即$\triangle ABP$ 为等腰三角形.

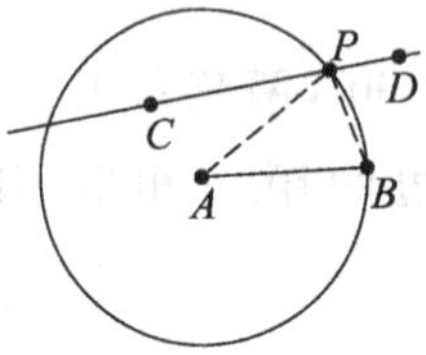

图 5.6-2

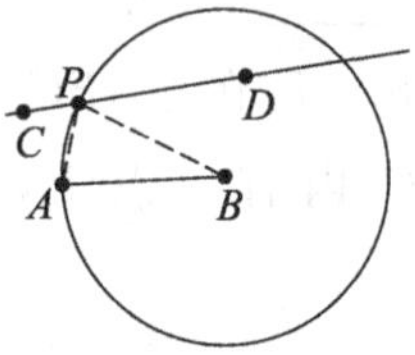

图 5.6-3

师：请你来说说第三种情况，如何找到点 P，使得 $AP=BP$?

生 5：如图 5.6-4，分别以点 A，B 为圆心，以 AB 长(或大于 $\frac{1}{2}AB$ 长)为半径画圆(弧)，两圆(弧)交于 E，F 两点，过 E，F 作直线 EF(即为线段 AB 的垂直平分线)，交直线 CD 于点 P，连接 AP 和 BP，此时 $AP=BP$，即$\triangle ABP$ 为等腰三角形.

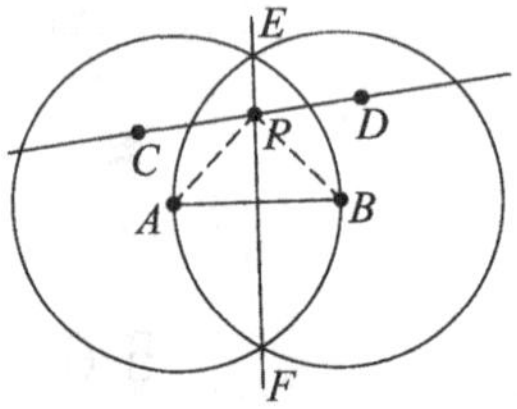

图 5.6-4

【设计说明】 在例 1 中，从等腰三角形的定义入手，结合分类讨论思想，易知有三种情况，然后分别找出符合题意的点 P.图 5.6-2 和图 5.6-3是利用圆的半径的相等性构造等腰三角形，而图 5.6-4 是利用垂直平分线的性质构造等腰三角形.

在上面解决问题的过程中，我们构建出一个模式：基本图形的基本结论、基本思路和基本方法.其中：基本图形——在直线上找一点与已知直线或线段上两点构成等腰三角形；基本结论——根据等腰三角形的定义，分三种情况找到所求点；证明这一结论的基本思路和方法——画圆(弧)法和作垂直平分线法.

二、模式的识别与应用

1. 直接识别应用

例 2 如图 5.6-5，在 Rt△ABC 中，∠C＝90°，AB＝5 cm，AC＝3 cm，动点 P 从 B 出发沿射线 BC 以 1 cm/s 的速度移动，设运动时间为 t s.求 t 为何值时，△ABP 为等腰三角形.

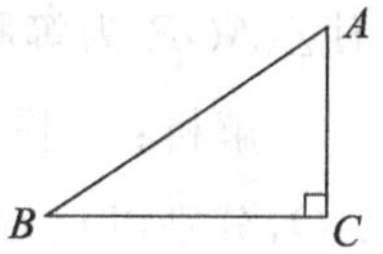

图 5.6-5

解析：如图 5.6-5，由勾股定理易知 BC＝4 cm，要使得△ABP 为等腰三角形，分三种情况：① $AB=AP$；② $AB=BP$；③ $AP=BP$.(找出点 P 的方法依然是画圆弧法和作垂直平分线法，具体画法略)

① 如图 5.6-6，由等腰三角形的三线合一得 $BP=2BC=8$ cm，则 $t=\frac{8}{1}=8$；

② 如图 5.6-7，此时 $BP=AB=5$ cm，则 $t=\frac{5}{1}=5$；

③ 如图 5.6-8，此时 $CP=4-BP=4-AP$，在 Rt△ACP 中，由勾股定理得 $AC^2+(4-AP)^2=AP^2$，解得 $BP=AP=\frac{25}{8}$，则 $t=\frac{25}{8}$.

综上所述，当 $t=5$ 或 8 或 $\frac{25}{8}$ 时，△ABP 为等腰三角形.

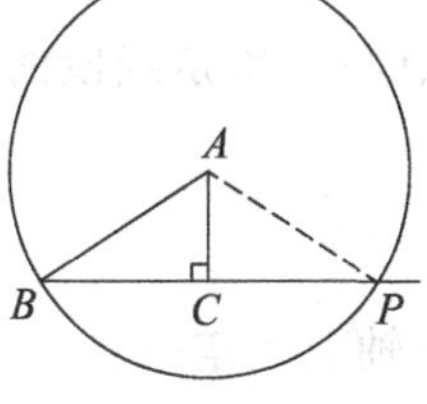

图 5.6-6

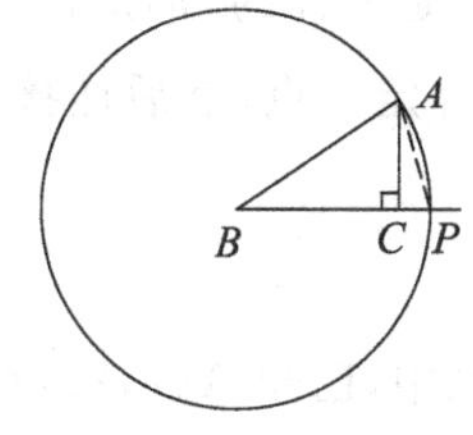

图 5.6-7

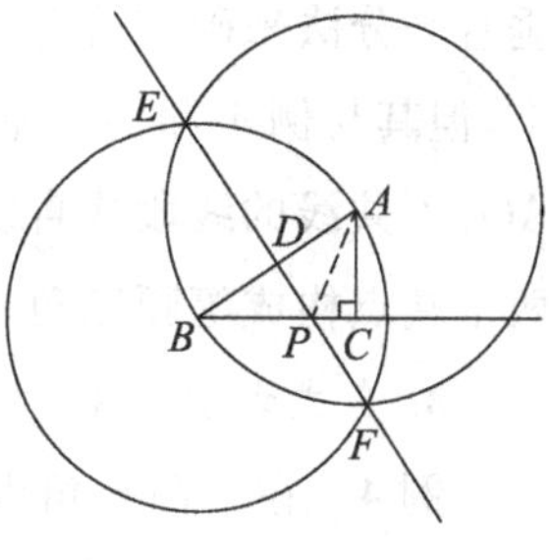

图 5.6-8

【设计说明】 可以直接识别出本题是例 1 构建的模式的一种应用.本题找出点 P 的方法与例 1 是一样的.从本题中我们还可以提炼出三种解题依据或方法：第一种是根据等腰三角形的三线合一求解；第二种是根据等量代换直接求解；第三种是根据勾股定理求解.这三种解题方法也是后续解决此类问题的常用方法.

2. 间接识别应用

例 3 在平面直角坐标系中,已知 $A(2,2)$,在 x 轴上确定一点 P,使$\triangle AOP$ 为等腰三角形,则符合条件的点 P 有________个.

解析：如图 5.6-9,首先在平面直角坐标系中找出点 $A(2,2)$,连接 AO,分别以点 O,A 为圆心,以 AO 长为半径画圆(弧),两圆(弧)交于点 E,F,且交 x 轴于点 P_1,P_2,P_3,连接 EF,交 x 轴于点 P_4,连接 AP_1,AP_2,AP_3,AP_4,易知 $AO=AP_1=OP_2=OP_3$,$AP_4=OP_4$,即在 x 轴上满足$\triangle AOP$ 为等腰三角形的点 P 有 4 个.

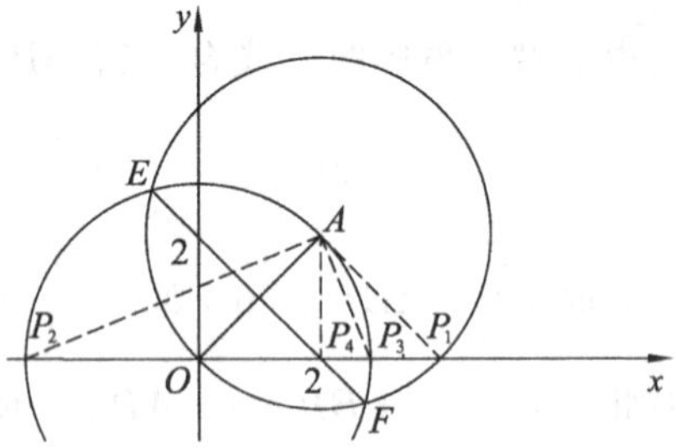

图 5.6-9

【设计说明】 可以间接识别出本题是例 1 构建的模式的一种应用.本题研究情境是在平面直角坐标系中,同样是结合画圆(弧)法和作垂直平分法来确定符合题意的点位置.虽然本题需要确定的点在 x 轴上,但其与例 1 和例 2 本质上是一样的,都是在与已给定线段(如线段 AO)不共线的线段或直线上确定一点,然后连接该点与已给定线段的两个端点构成等腰三角形.

3. 变式识别应用

例 4 在平面直角坐标系中,已知 $A(2,2)$,在 y 轴上确定一点 P,使$\triangle AOP$ 为等腰三角形,则符合条件的点 P 有________个.

解析：如图 5.6-10，首先在平面直角坐标系中找出点 $A(2,2)$，连接 AO，分别以点 O,A 为圆心，以 AO 长为半径画圆(弧)，两圆(弧)交于点 E,F，且交 y 轴于点 P_1,P_2,P_3，连接 EF，交 y 轴于点 P_4，连接 AP_1,AP_2,AP_3,AP_4，易知 $AO=AP_1=OP_2=OP_3$，$AP_4=OP_4$，即在 y 轴上满足$\triangle AOP$ 为等腰三角形的点 P 有 4 个.

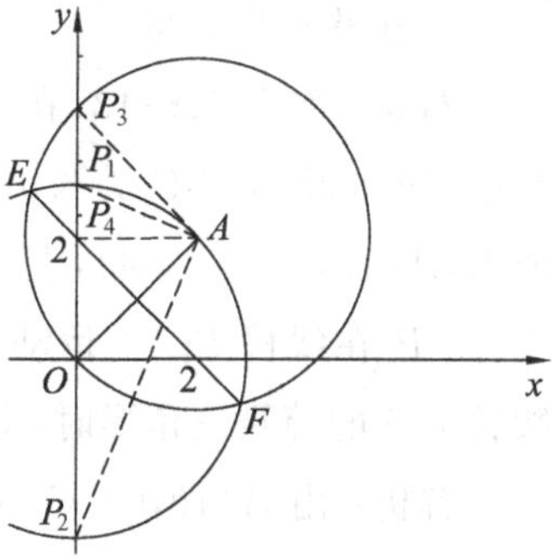

图 5.6-10

例 5　在平面直角坐标系中，已知 $A(2,2)$，在坐标轴上确定一点 P，使$\triangle AOP$ 为等腰三角形，则符合条件的点 P 有________个.

解析：如图 5.6-11，首先在平面直角坐标系中找出点 $A(2,2)$，连接 AO，分别以点 O,A 为圆心，以 AO 长为半径画圆(弧)，两圆(弧)交于点 E,F，且交 x 轴于点 P_1,P_2,P_3，交 y 轴于点 P_5,P_6,P_7，连接 EF，分别交 x 轴、y 轴于点 P_4,P_8，连接 AP_1，AP_2，AP_3，AP_4，AP_5，AP_6,AP_7,AP_8，易知 $AO=AP_1=OP_2=OP_3$，$AO=OP_5=OP_6=AP_7$，$AP_4=OP_4$，$AP_8=OP_8$，即在坐标轴上满足$\triangle AOP$ 为等腰三角形的点 P 有 8 个.

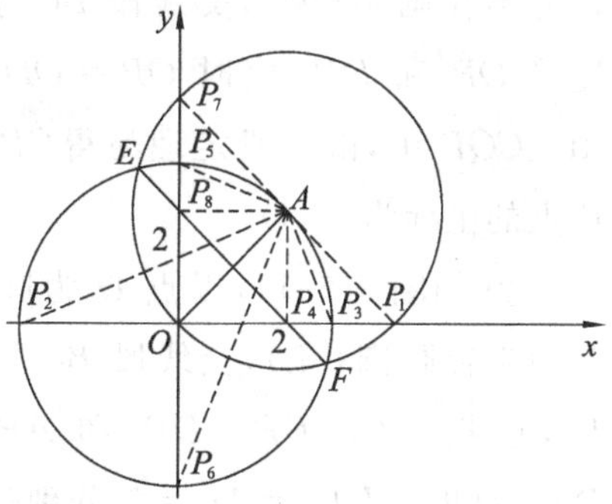

图 5.6-11

【设计说明】　可以变式识别出例 4 及例 5 是例 1 构建的模式的一种应用.虽然这两例的研究情境是在平面直角坐标系中，但在平面直角坐标系中研究等腰三角形的分类讨论问题本质上其实和无坐标系时是一样的，在坐标系中研究等腰三角形是一种点的坐标转化到线段的长度的过程，此时借助坐标系研究并分析问题显得比较方便.但是也正是因为在坐标系中研究问题，仅仅会用画圆(弧)法和作垂直平分线来找出点的位置还不够，还需要掌握确定点的具体坐标的方法.

4. 迁移识别应用

例 6 如图 5.6-12，在平面直角坐标系中，四边形 $OABC$ 为长方形，O 为坐标原点，$A(10,0)$，$C(0,4)$，点 D 是 OA 的中点，点 P 在线段 BC 上运动，当 $\triangle ODP$ 是腰长为 5 的等腰三角形时，求点 P 的坐标.

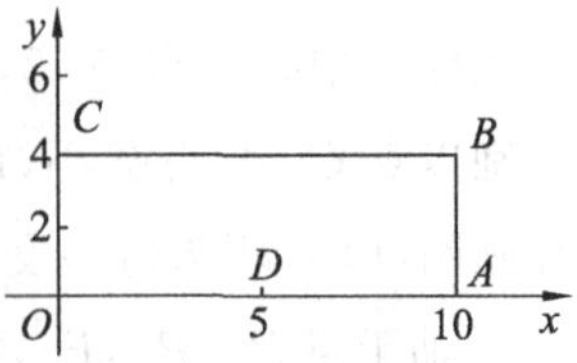

图 5.6-12

解析：由 $A(10,0)$，$C(0,4)$ 得 $OA=10$，$OC=4$.再由点 D 是 OA 的中点，得 $OD=AD=5$.最后由四边形 $OABC$ 为长方形，得 $AB=OC=4$，$BC=OA=10$.$\triangle ODP$ 是腰长为 5 的等腰三角形时，分为三种情况：① $OP=OD=5$；② $DP=OD=5$；③ $OP=DP=5$.画法与解法如下：

① 如图 5.6-13，以点 O 为圆心、OD 长为半径画圆（弧），交线段 BC 于点 P，连接 OP 和 DP，此时 $OP=OD=5$.在 $\text{Rt}\triangle COP$ 中，由勾股定理易得 $CP=3$，即 P 点的坐标为 $(3,4)$.

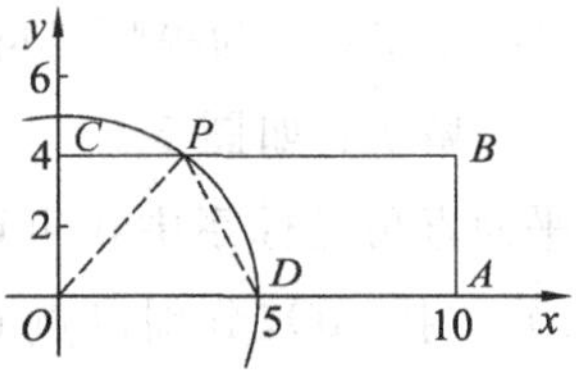

图 5.6-13

② 如图 5.6-14，以点 D 为圆心、OD 长为半径画圆（弧），交线段 BC 于点 P_1，P_2，连接 OP_1，DP_1，DP_2 和 AP_2，此时 $DP_1=OD=DP_2=AD=5$.分别过点 P_1，P_2 作 $P_1E\perp OA$，$P_2F\perp OA$，垂足分别为点 E，F，则 $P_1E=P_2F=OC=4$.在 $\text{Rt}\triangle DEP_1$ 和 $\text{Rt}\triangle DFP_2$ 中，由勾股定理易得 $DE=DF=3$，所以 $OE=2$，$OF=8$，即点 P_1 的坐标为 $(2,4)$，点 P_2 的坐标为 $(8,4)$.

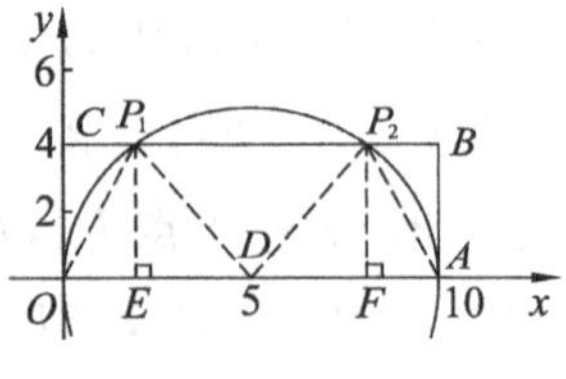

图 5.6-14

③ 如图 5.6-15，分别以点 O，D 为圆心，以 OD 长为半径画圆（弧），两圆（弧）交于 E，F 两点，过点 E，F 作直线 EF（即为线段 OD 的垂直平分线），分别交线段 BC 和线段 OA 于点 P，G，连接 OP，DP，则 $OP=DP=5$，$PG=OC=4$.在 $\text{Rt}\triangle COP$

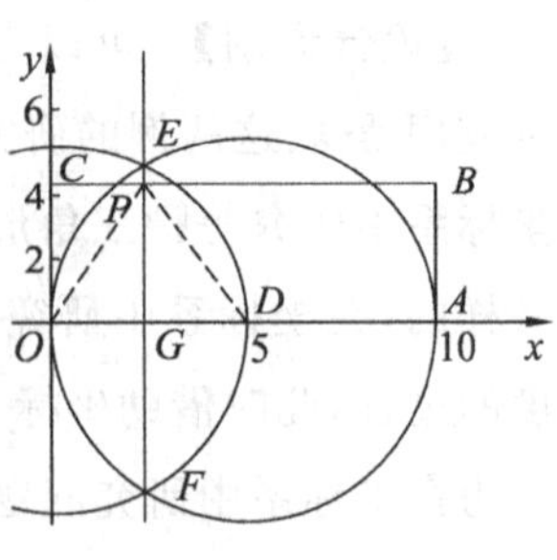

图 5.6-15

中，由勾股定理易得 $OG=3$.再由等腰三角形的三线合一得 $DG=OG=3$，此时 $OD=6$，与 $OD=5$ 矛盾，因此这种情况不存在.

综上所述，点 P 的坐标为(3，4)，(2，4)或(8，4).

【设计说明】 可以通过迁移识别出本题是例 1 构建的模式的一种应用.本题的研究情境是在平面直角坐标系中，要利用坐标知识将图形的位置关系转化成线段长度关系.由分类讨论，找出可能符合题意的点 P，再由给定的数据结合勾股定理及等腰三角形的三线合一等进行运算验证.

三、总体设计说明

本课例揭示的是在一条已知直线上找出一点和与该直线不共线的一条线段的两端点构成等腰三角形的问题，结合等腰三角形，从边的角度进行分类讨论，进而确定“等腰三角形按边分类讨论”的一种模式，再结合典型例题和变式习题进行模式的识别与应用.从没有直角坐标系过渡到有直角坐标系，对于“确定一点与已知两点构成等腰三角形”，明确通过作图找出该点的方法和其具体坐标的求法.

四、模式识别练习摘选

1. 在平面直角坐标系中，已知 $A(4,3)$，在坐标轴上确定一点 P，使$\triangle AOP$ 为等腰三角形，求点 P 的坐标.

2. 若点 P 为直线 $y=\frac{1}{2}x-3$ 上一点，$A(2,0)$，求使△AOP 为等腰三角形的点 P 的坐标.

3. 如图 5.6-16，在平面直角坐标系中，抛物线 $y=\frac{3}{8}x^2-\frac{3}{4}x-3$ 与 x 轴交于点 A，B，与 y 轴交于点 C.点 P，Q 分别是 AB，BC 上的动点.点 P 从 A 点出发，在线段 AB 上以每秒 3 个单位长度的速度向 B 点运动，同时点 Q 从 B 点出发，在线段 BC 上以每秒 1 个单位长度的速度向 C 点运动.当其中一个点到达终点时，另一个点也停止运动.设 P，Q 同时运动的时间为 t s($0<t<2$). 当 t 为何值时，△PBQ 是等腰三角形？

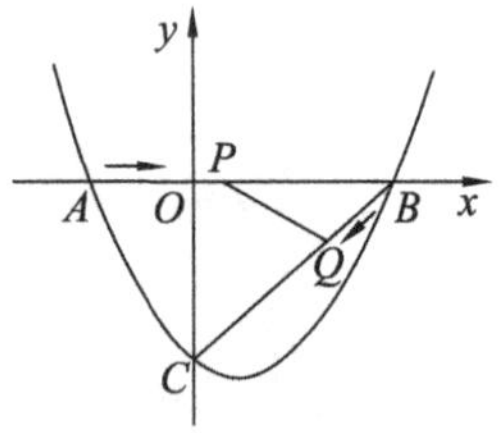

图 5.6-16

5.7 “大角夹半角”模式

一、模式的构建与理解

例1 如图5.7-1,已知在正方形 $ABCD$ 中,$\angle MAN=45°$,$\angle MAN$ 绕点 A 顺时针旋转,它的两边分别交 CB,DC 于点 M,N,当 $\angle MAN$ 绕点 A 旋转使得 $BM=DN$ 时,有哪些结论?

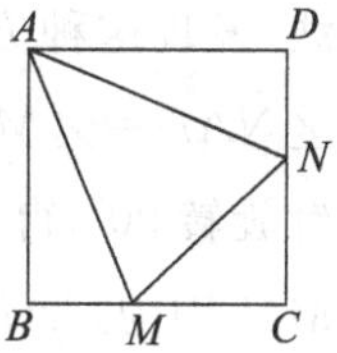

图5.7-1

师:你可以得到哪些结论?你是怎样得到的?

生1:据正方形的性质可以得到 $AB=AD$,$\angle ABC=\angle ADN=90°$,结合 $BM=DN$ 可以得到 $\triangle ABM\cong\triangle ADN$,所以 $AM=AN$.

生2:根据正方形的性质得 $\angle BAD=90°$.因为 $\angle MAN=45°$,所以 $\angle BAM+\angle NAD=\angle BAD-\angle MAN=45°=\angle MAN$.

生3:连接 AC(图5.7-2),交 MN 于点 G.根据正方形的性质得 $BC=CD$,AC 平分 $\angle BCD$.因为 $BM=DN$,所以 $CM=CN$,所以 $AC\perp MN$,$MG=GN$,所以 $\angle MAG=\angle NAG$.因为 $\angle BAC=\angle MAN=45°$,即 $\angle BAM+\angle GAM=\angle GAM+\angle GAN$,所以 $\angle BAM=\angle GAN=\angle GAM$,可证 $\triangle ABM\cong\triangle AGM$,所以 $BM=MG$.同理可得 $GN=DN$,所以有 $BM+DN=MG+GN=MN$.

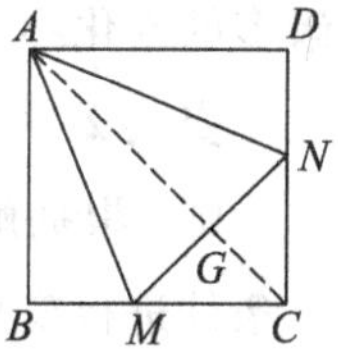

图5.7-2

【设计说明】 本题从特殊图形(正方形)的特殊情形($BM=DN$)出发,引导学生发现角之间的关系:$\angle BAM+\angle NAD=\angle MAN$;以及通过三角形的全等发现边之间的关系:$BM+DN=MN$.为通过合情推理发现一般情形的结论做铺垫.

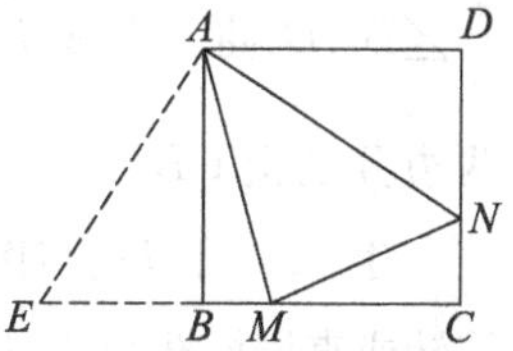

图5.7-3

变式1 如图5.7-3,当 $\angle MAN$ 绕点 A 旋转到 $BM\neq DN$ 时.猜想:线段 BM,DN 和

MN 之间有怎样的数量关系？请写出，并加以证明.

师：你有哪些猜想？

生 4：很容易得到角之间的关系：$\angle BAM+\angle NAD=\angle MAN$.

生 5：通过例 1 得到的结论，猜想 $BM+DN=MN$.

生 6：通过测量验证结论是正确的，但是仿照例 1 的证明连接对角线，发现这种方法并不可以用来证明 $BM+DN=MN$.由 $\angle BAM+\angle NAD=\angle MAN$ 想到将分散的条件集中，将 $\triangle ADN$ 绕着点 A 顺时针旋转 $90°$，得到 $\triangle ABE$.可以证得 $\triangle AEM \cong \triangle ANM$，从而得到 $EM=MN$.因为 $\angle ABE+\angle ABC=180°$，所以 $BE+BM=EM$，得到 $BM+DN=MN$.

师：得到 $BM+DN=MN$ 这一结论的关键步骤是什么？

生 7：将 $\triangle ADN$ 绕着点 A 顺时针旋转 $90°$ 和 $\triangle AEM \cong \triangle ANM$.

师：得到这个结论的关键条件是什么？

生 8：$\angle BAM+\angle NAD=\angle MAN$，$AB=AD$，$\angle ABE=\angle ABC=90°$.

【设计说明】 通过命题条件的变化，引导学生体会“一题多变”，在诸多的变化中寻求解决问题的一般规律，逐步感悟“多题归一”.

变式 2

师：根据解决例 1 与变式 1 的经验，可否对条件中的“正方形”这一条件进行变化，使得变化之后也可以得到类似的结论？

生 9：发现在证明过程中用到的关键条件是：$\angle BAM+\angle NAD=\angle MAN$，$AB=AD$，$\angle ABE=\angle ABC=90°$.$\angle BAD=90°$ 并不是必要的，所以可以将 $\angle BAD$ 改变成其他角度，满足 $\angle MAN=\frac{1}{2}\angle BAD$.

生 10：如图 5.7-4，在四边形 $ABCD$ 中，$AB=AD$，$\angle ADC=\angle ABC=90°$，$\angle MAN=\frac{1}{2}\angle BAD$.将 $\angle MAN$ 绕点 A 顺时针旋转，它的两边分别交 CB，DC 于点 M，N，连接 MN.

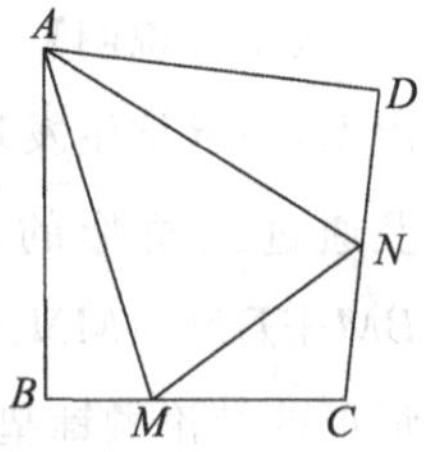

图 5.7-4

生 11：可以用与例 1 和变式 1 同样的方法通过旋转或直接构造全等三角形得到 $BM+DN=MN$.

【设计说明】　通过以上变式的引导，问题的条件进一步一般化，引导学生体会从特殊到一般的研究问题的方法：先研究特殊的问题，找到解决问题的思路，再将思路推广到一般问题的解决过程中.

变式3

师：可否对条件中的"四边形$ABCD$"的条件进一步一般化，使得变化之后也可以得到类似的结论？

生12：发现在例题和变式的证明过程中$\angle ADC=\angle ABC=90^\circ$这一条件是为了使得旋转过后的点$N$，$B$，$M$三点在同一条直线上，所以$\angle ADC=\angle ABC=90^\circ$这一条件不需要，只要$\angle ADC+\angle ABC=180^\circ$即可.

生13：如图5.7-5，在四边形$ABCD$中，$AB=AD$，$\angle ADC+\angle ABC=180^\circ$，$\angle MAN=\frac{1}{2}\angle BAD$.将$\angle MAN$绕点$A$顺时针旋转，它的两边分别交$CB$，$DC$于点$M$，$N$，连接$MN$.可以用同样的方法得到$BM+DN=MN$.

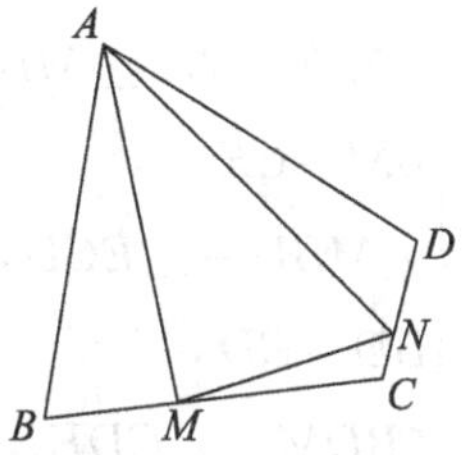

图5.7-5

【设计说明】　通过变式3最终得到本命题的一般形式，学生在这一过程中，最终掌握解决此类问题的关键条件及一般方法.

在上面解决问题的过程中，我们构建出一个模式：基本图形的基本结论、基本思路和基本方法.其中：基本图形——共端点的等线段，共顶点的倍半角；基本结论——两交点和与角顶点相邻的两四边形顶点的距离和(差)等于两交点之间的距离；证明这一结论的基本思路和方法——延长正方形的一边构造全等三角形，利用全等三角形的性质得到新的全等三角形.

二、模式的识别与应用

1. 直接识别应用

例2　如图5.7-6，在等边三角形ABC的两边AB，AC所在直线上分别有两点M，N，点D为$\triangle ABC$外一点，且$\angle MDN=60^\circ$，$\angle BDC=120^\circ$，$BD=DC$.当点M，N分别在直线AB，AC上移动时，$\triangle AMN$的

周长是否发生变化？

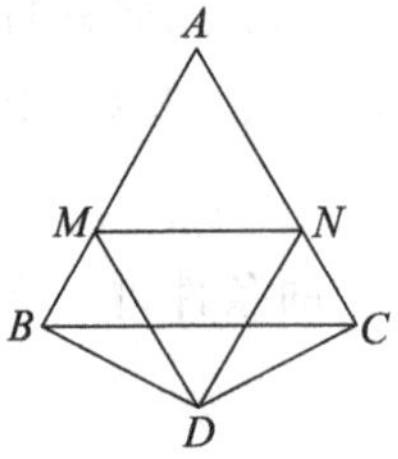

图 5.7-6

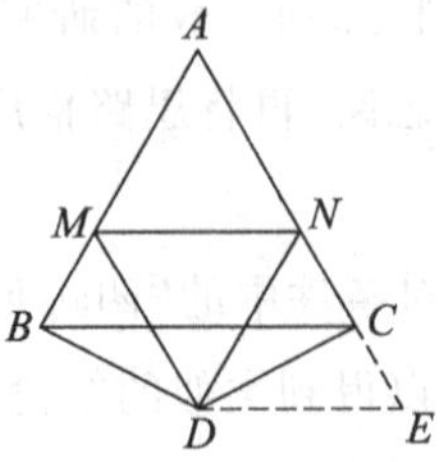

图 5.7-7

解析：如图 5.7-7，延长 AC 至点 E，使 $CE=BM$，连接 DE. ∵ $BD=CD$，且 $\angle BDC=120°$，∴ $\angle DBC=\angle DCB=30°$. 又∵ $\triangle ABC$ 是等边三角形，∴ $\angle MBD=\angle NCD=90°$. 在 $\triangle MBD$ 与 $\triangle ECD$ 中，$\begin{cases}BM=CE,\\ \angle MBD=\angle ECD,\\ BD=CD,\end{cases}$ ∴ $\triangle MBD\cong\triangle ECD$（SAS）. ∴ $DM=DE$，$\angle BDM=\angle CDE$. ∴ $\angle EDN=\angle BDC-\angle MDN=60°$. 在 $\triangle MDN$ 与 $\triangle EDN$ 中，$\begin{cases}DM=DE,\\ \angle MDN=\angle EDN,\\ DN=DN,\end{cases}$ ∴ $\triangle MDN\cong\triangle EDN$(SAS)，∴ $MN=NE=NC+BM$. ∵ $\triangle AMN$ 的周长 $C=AM+AN+MN=AM+AN+(NC+BM)=(AM+BM)+(AN+NC)=AB+AC=2AB$.

【设计说明】 本题是对模式的直接应用.观察问题，符合基本图形：$\angle MDN=60°$，$\angle BDC=120°$，$BD=DC$.可以利用基本方法来解决问题：延长 AC 至点 E，使 $CE=BM$，构造全等三角形.

2. 间接识别应用

例 3 如图 5.7-8，四边形 $ABCD$ 为正方形，$\angle MAN=45°$，$\angle MAN$ 绕点 A 顺时针旋转，它的两边分别交 CB，DC（或它们的延长线）于点 M，N.当 $\angle MAN$ 绕点 A 旋转到如图所示的位置时，线段 BM，DN 和 MN 之间有怎样的数量关系？

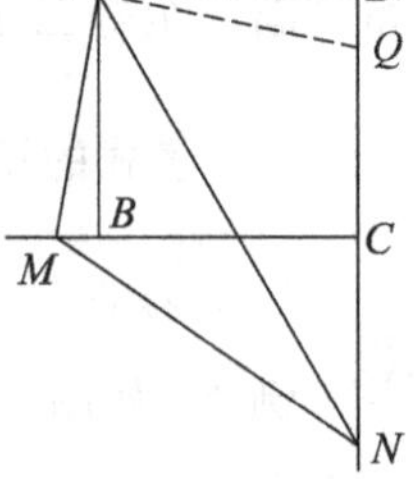

图 5.7-8

解析：$DN-BM=MN$.在线段 DN 上截取

$DQ=BM$，在$\triangle ADQ$与$\triangle ABM$中，$\begin{cases}AD=AB,\\ \angle ADQ=\angle ABM,\\ DQ=BM,\end{cases}$ ∴ $\triangle ADQ\cong\triangle ABM$(SAS)，∴ $\angle DAQ=\angle BAM$，∴ $AQ=AM$，$DQ=BM$. 在$\triangle AMN$和$\triangle AQN$中，$\begin{cases}AM=AQ,\\ \angle MAN=\angle QAN,\\ AN=AN,\end{cases}$ ∴ $\triangle AMN\cong\triangle AQN$(SAS)，∴ $MN=QN$，∴ $DN-BM=DN-DQ=QN=MN$.

【设计说明】 在这一问题中，直接求三条线段的数量关系比较困难. 通过观察可以发现，本题中“四边形$ABCD$为正方形，$\angle MAN=45°$”，是例 1 的“大角半角”模型. 本题与例 1 不同的是，半角的两边与正方形交点的位置(一个交点在正方形边上). 尝试着旋转$\triangle ADN$，发现不是很方便，于是旋转$\triangle ABM$，得到$\triangle ABM\cong\triangle ADQ$. 这样可以用模式中的基本方法证明线段之间的数量关系(证$\triangle AMN\cong\triangle AQN$)，最后由全等三角形的性质得到$DN-BM=MN$. 虽然本题的结论与模式中的结论有些区别，但是基本图形与所用基本方法都相同.

3. 转化识别应用

例 4　如图 5.7-9，在 Rt$\triangle ABD$中，$\angle BAD=90°$，$AB=AD$，点M，N是BD上的任意两点，且$\angle MAN=45°$. 将$\triangle ABM$绕点A逆时针旋转 90°至$\triangle ADH$位置，连接NH，试判断线段MN，ND，DH之间的数量关系，并说明理由.

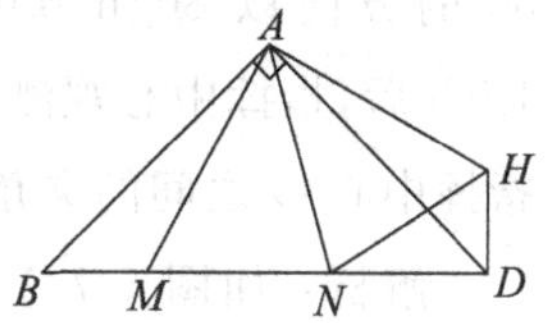

图 5.7-9

解析：$MN^2=DH^2+DN^2$. 理由如下：∵ $\angle BAD=90°$，$AB=AD$，∴ $\angle ABD=\angle ADB=45°$. ∵ 将$\triangle ABM$绕点$A$逆时针旋转 90°至$\triangle ADH$位置，∴ $\triangle ABM\cong\triangle ADH$，∴ $\angle ADH=\angle ABM=45°$，$AH=AM$，∴ $\angle BDH=90°$. ∵ $\angle MAN=45°$，∴ $\angle BAM+\angle DAN=45°$，∴ $\angle DAN+\angle DAH=45°$，即$\angle NAH=45°$. 在$\triangle AMN$和$\triangle AHN$

中，$\begin{cases} AM=AH, \\ \angle MAN=\angle HAN, \\ AN=AN, \end{cases}$ ∴ $\triangle AMN \cong \triangle AHN$(SAS)，∴ $MN=HN$.

在 Rt$\triangle NDH$ 中，$NH^2=DH^2+ND^2$，∴ $MN^2=DH^2+DN^2$.

【设计说明】 观察本题中“$\angle BAD=90°$，$AB=AD$，$\angle MAN=45°$”，与模式相比，正方形变成等腰直角三角形，仍然是“大角半角”模型.在本题中已经将$\triangle ABM$旋转$90°$至$\triangle ADH$，所以$\triangle ABM \cong \triangle ADH$.通过角之间的等量代换可得$\angle NAH=45°$，所以$\triangle AMN \cong \triangle AHN$.通过三角形全等，$MN=HN$.在 Rt$\triangle NDH$ 中利用勾股定理可得结论.

4. 迁移识别应用

例 5 如图 5.7-10，在某次军事演习中，舰艇甲在指挥中心（O 处）北偏西 $30°$ 的 A 处，舰艇乙在指挥中心南偏东 $70°$ 的 B 处，并且两舰艇到指挥中心的距离相等.接到行动指令后，舰艇甲向正东方向以 60 n mile/h 的速度前进.舰艇乙沿北偏东 $50°$ 的方向以 80 n mile/h 的速度前进，1.5 h 后，指挥中心观测到甲、乙两舰艇分别到达 E，F 处，且两舰艇与指挥中心 O 之间的夹角 $\angle EOF=70°$.试求此时两舰艇之间的距离.

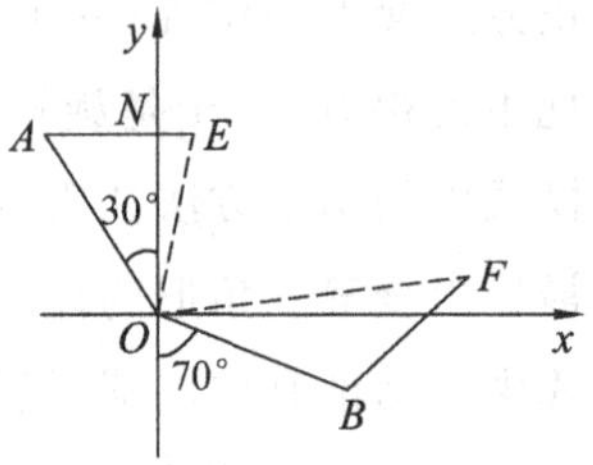

图 5.7-10

解析：如图 5.7-11，连接 EF，延长 AE，BF，交于点 C. ∵ $\angle AOB=30°+90°+(90°-70°)=140°$，$\angle EOF=70°$，∴ $\angle EOF=\frac{1}{2}\angle AOB$. ∵ $OA=OB$，$\angle OAC+\angle OBC=(90°-30°)+(70°+50°)=180°$，∴ 结论 $EF=AE+BF$ 成立，即 $EF=1.5\times(60+80)=210$(n mile). ∴ 此时两舰艇之间的距离为 210 n mile.

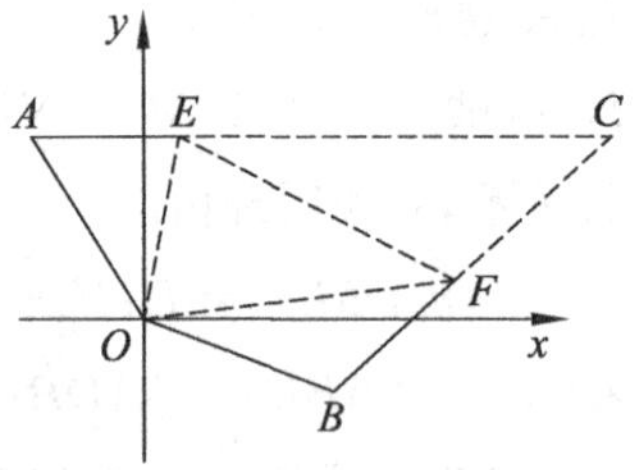

图 5.7-11

【设计说明】 本题将基本图形放置于航海中的方向角的情境下，

且不是完整的基本图形.解题时需要针对现有图形与基本图形的关联，结合基本图形的特点进行构造，然后运用基本结论、基本思想与方法解决问题，这是对基本模式的一种迁移.

三、总体设计说明

本模式从旋转的角度由特殊情形逐步过渡到一般情形，逐步寻找最根本的条件，然后通过构造全等三角形来解决问题.学生通过本模式的学习进一步体会由特殊到一般的研究问题的策略，及利用图形运动来研究问题的思想方法.

四、模式识别练习摘选

1. 如图5.7-12，已知在正方形$ABCD$中，$\angle MAN=45°$，$\angle MAN$绕点A顺时针旋转，它的两边分别交CB，DC于点M，N，$AH\perp MN$于点H.

(1) 如图5.7-12①，当$BM=DN$时，请你通过证明$\triangle ADN\cong\triangle ABM$，得到$AH$与$AB$的数量关系.这个数量关系是__________.

(2) 如图5.7-12②，当$BM\neq DN$时，(1)中你发现的AH与AB的数量关系还成立吗？说明理由.

(3) 如图5.7-12③，已知在$\triangle AMN$中，$\angle MAN=45°$，$AH\perp MN$于点H，且$MH=3$，$NH=7$，求AH的长.

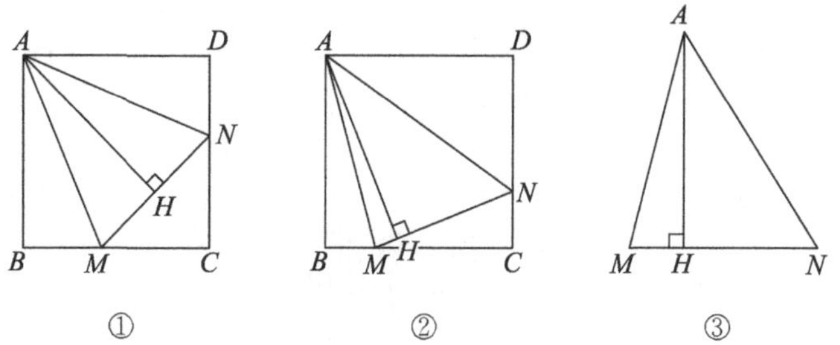

图5.7-12

2. 如图 5.7-13，已知在 Rt△ABC 中，$\angle ACB=90°$，$CA=CB$，有一个圆心角为 $45°$，半径的长等于 CA 的扇形 CEF 绕点 C 旋转，且直线 CE，CF 分别与直线 AB 交于点 M，N.

(1) 当扇形 CEF 绕点 C 在 $\angle ACB$ 的内部旋转时，如图 5.7-13①，求证：$MN^2=AM^2+BN^2$.

(2) 当扇形 CEF 绕点 C 旋转至图 5.7-13②所示的位置时，关系式 $MN^2=AM^2+BN^2$ 是否仍然成立？若成立，请证明；若不成立，请说明理由.

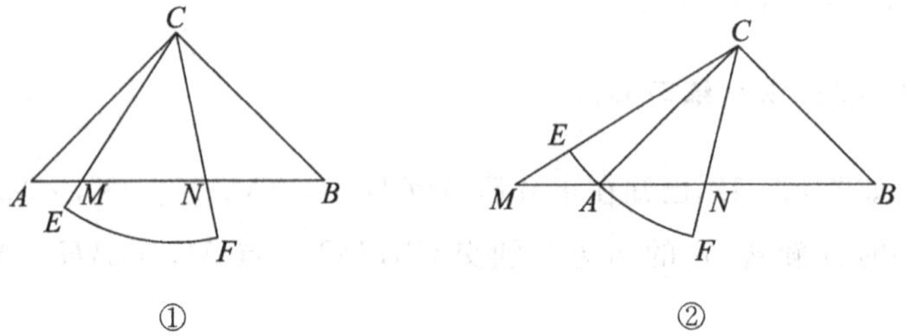

图 5.7-13

5.8　对称点的妙用

一、模式的构建与理解

例 1　古希腊有一个著名的“将军饮马”问题，大致内容如下：古希腊有一位将军，每天都要巡查河岸同侧的两个军营 A，B，他总是从 A 营出发，到河边饮马，之后再去 B 营，如图 5.8-1 所示.他时常想，怎么走才能使每天的路程之和最短呢？

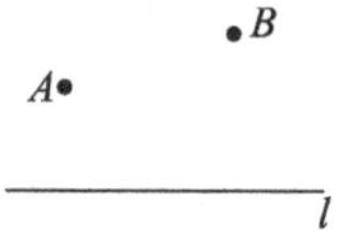

图 5.8-1

师：你有什么想法？

生 1：可以联想到在三角形中，两边之和大于第三边.

生 2：如图 5.8-2，作点 B 关于直线 l 的对称点 B'，连接 AB'与直线 l 交于点 C，点 C 就是所求的位置.

理由：如图 5.8-3，在直线 l 上另取任一点 C'，连接 AC'，BC'，$B'C'$.$\because$ 直线 l 是点 B，B' 的对称轴，点 C，C'在 l 上，$\therefore$ $CB=CB'$，$\therefore$ $AC+CB=AC+CB'=AB'$.在$\triangle AC'B'$中，$\because$ $AB'<AC'+C'B'$，$\therefore$ $AC+CB<AC'+C'B'$，即 $AC+CB$ 最小.

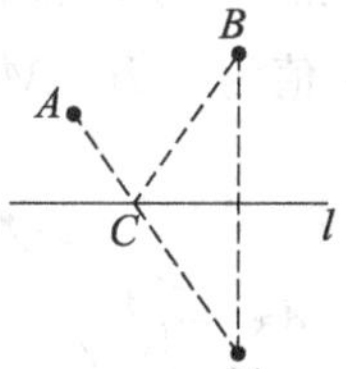

图 5.8-2

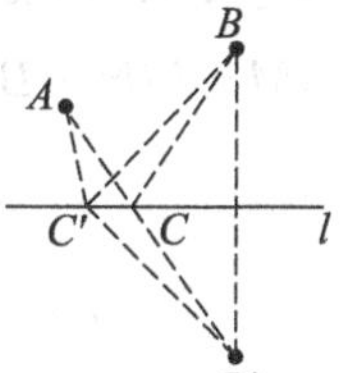

图 5.8-3

【设计说明】　解决上述问题，实际上就是利用轴对称变换的思想，把 A，B 在直线的同侧转化为 A，B 在直线的两侧，从而可利用“两点之间线段最短”，将问题转化为“三角形两边之和大于第三边”的问题加以解决.

变式 1

师：如图 5.8-4，在直线 l_1，l_2 上分别求点 M，N，如何使 $\triangle PMN$ 的周长最小？

生 3：如图 5.8-5，分别作点 P 关于两直线的对称点 P' 和 P''，连接 $P'P''$，与两直线交点即为 M，N. $PM+MN+PN$ 的最小值为线段 $P'P''$ 的长.

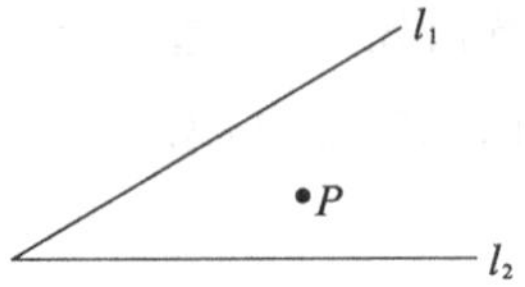

图 5.8-4

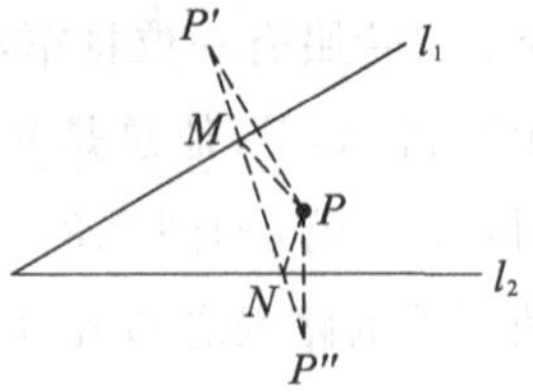

图 5.8-5

【设计说明】 利用轴对称变换的思想，作点 P 关于两直线的对称点 P' 和 P''，从而可利用“两点之间线段最短”加以解决.

变式 2

师：如图 5.8-6，在直线 l 上求两点 M，N（M 在左），使 $MN=a$，如何使 $AM+MN+NB$ 的值最小？

生 4：如图 5.8-7，将点 A 向右平移 a 个单位长度得点 A'，作 A' 关于 l 的对称点 A''，连接 $A''B$，交直线 l 于点 N. 将 N 点向左平移 a 个单位长度得 M，则 $AM+MN+BN$ 的最小值为 $A''B+MN$.

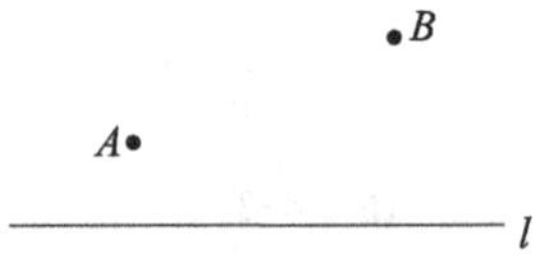

图 5.8-6

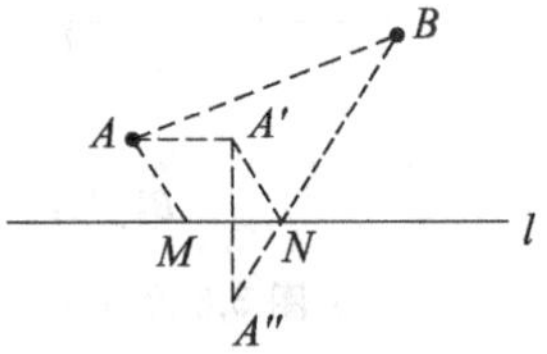

图 5.8-7

变式 3

师：如图 5.8-8，点 P 在锐角 $\angle AOB$ 内部，在 OB 边上求作一点 D，在 OA 边上求作一点 C，使 $PD+CD$ 最小.

生 5：如图 5.8-9，作点 P 关于直线 OB 的对称点 P'，过点 P' 向直

线 OA 作垂线，与 OB 的交点为所求点 D，垂足即为点 C.根据垂线段最短，可知 $PD+CD$ 的最小值为 $P'C$ 的长度.

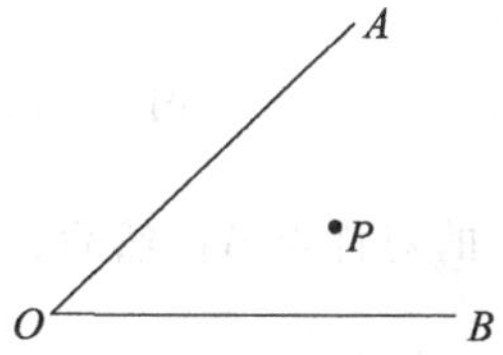

图 5.8-8

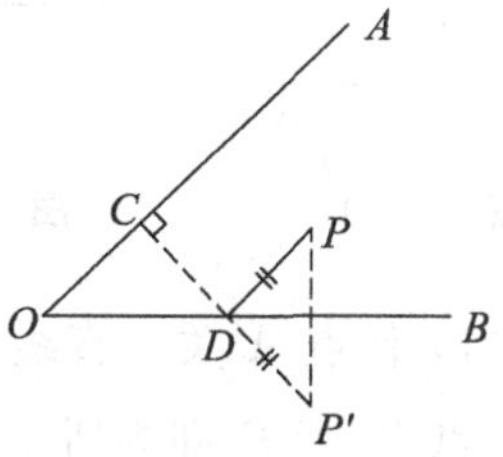

图 5.8-9

【设计说明】 在上面解决问题的过程中，我们构建出一个模式：基本图形的基本结论、基本思想和基本方法.其中：基本图形——定直线上一动点与直线外同侧两定点的距离和；基本结论——对称后三点共线时距离和最小；基本思想——通过对称化归得到基本图形；证明这一结论的基本方法——作其中一点关于直线的对称点，连接这个对称点与另一点.

二、模式的识别与应用

1. 直接识别应用

例 2 （1）如图 5.8-10，要在街道 MN 旁修建一个奶站，向 A，B 两居民区供奶，奶站应建在什么地方，才能使 A，B 到奶站的距离之和最小？

（2）如图 5.8-11，已知点 P 是 $\angle AOB$ 内任意一点，点 P_1，P 关于 OA 对称，点 P_2，P 关于 OB 对称.连接 P_1P_2，分别交 OA，OB 于 C，D，连接 PC，PD.若 $P_1P_2=14$ cm，则 $\triangle PCD$ 的周长为________.

（3）电信部门要修建 A，B 两座电视信号发射塔，如图 5.8-12，按照设计要求，发射塔要分别建在两条高速公路 m，n 上，并且与城镇 C 三点之间的距离和最小，发射塔应建在什么位置？（不写作法，保留作图痕迹）

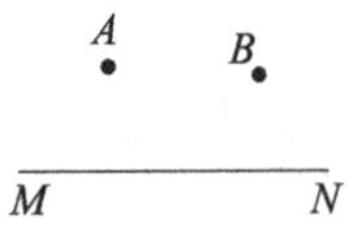

图 5.8-10

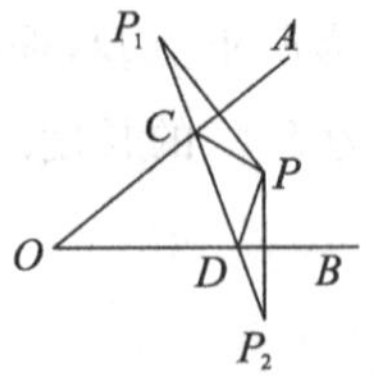

图 5.8-11

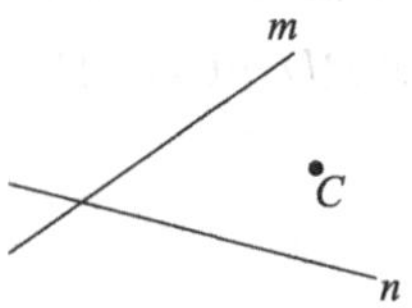

图 5.8-12

解析：(1) 作点 A 关于直线 MN 的对称点 A_1，然后连接 A_1B，交直线 MN 于点 P，则 P 即为所求.

(2) 根据轴对称的性质可得 $PC=P_1C$，$PD=P_2D$，然后将 $\triangle PCD$ 的周长转化为线段 P_1P_2 即可.

(3) 分别作点 C 关于直线 m，n 的对称点 C'，C''，连接 $C'C''$，它和直线 m，n 的交点就是发射塔的位置.

【设计说明】 可以直接识别出本题符合例 1 的模式：第(1)题是一个典型的"将军饮马"问题，即我们前面构造出的模式，利用对称点解决问题.第(2)题利用对称性实现边的转化，是两个基本模式的组合.解第(3)题的关键是掌握作点关于直线的对称点的方法.

2. 间接识别使用

例 3 如图 5.8-13，在锐角三角形 ABC 中，$BC=4\sqrt{2}$，$\angle ABC=45°$，点 D 在 BC 上，且 $BD=2$，BE 平分 $\angle ABC$，点 P 是 BE 上的动点，则 $\triangle PCD$ 的周长的最小值是________.

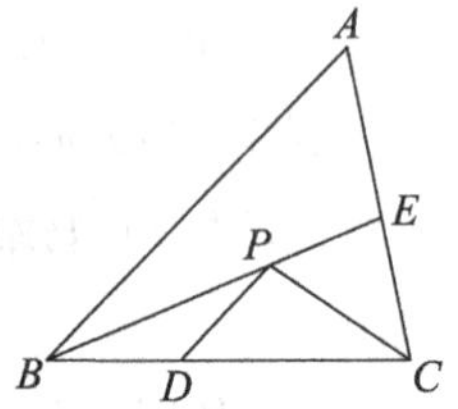

图 5.8-13

解析：$\triangle PCD$ 的周长 $=CD+PC+PD$.因为 CD 是定值，要求 $\triangle PCD$ 周长的最小值，就是求 $PC+PD$ 的最小值.作点 C 关于 BE 的对称点 C'，因为 BE 是 $\angle ABC$ 的角平分线，所以 C' 落在 AB 上，连接 $C'D$，$C'P$，则 $PC+PD=PC'+PD\geqslant C'D$.当 P，C'，D 三点共线时，$PC+PD$ 取得最小值，最小值为点 C' 到 BC 的垂线段的长度.

【设计说明】 求 $\triangle PCD$ 的周长的最小值本质上就是求 $PC+PD$ 的最小值，间接识别出本题同样是定直线上一动点与直线外同侧两定点的距离和最小的问题.本题中由于 BE 为 $\angle ABC$ 的平分线，所以点

C 的对称点刚好落在边 AB 上.

3. 转化识别应用

例 4 求代数式 $\sqrt{x^2+1}+\sqrt{(4-x)^2+4}$ $(0\leqslant x\leqslant 4)$ 的最小值.

解析：构造图形如图 5.8-14 所示，在直角坐标系中，设点 $A(0,1)$，$B(4,2)$，$P(x,0)$ $(0\leqslant x\leqslant 4)$，则 $PA+PB=\sqrt{x^2+1}+\sqrt{(4-x)^2+4}$，故 $\sqrt{x^2+1}+\sqrt{(4-x)^2+4}$ 的最小值就是求 $PA+PB$ 的最小值.作点 A 关于 x 轴的对称点 A'，过 A' 作 y 轴的垂线，过点 B 作 x 轴的垂线，两垂线交于点 C，则 $A'C=4$，$BC=3$，$A'B=\sqrt{A'C^2+BC^2}=\sqrt{4^2+3^2}=5$.故 $\sqrt{x^2+1}+\sqrt{(4-x)^2+4}$ 的最小值是 5.

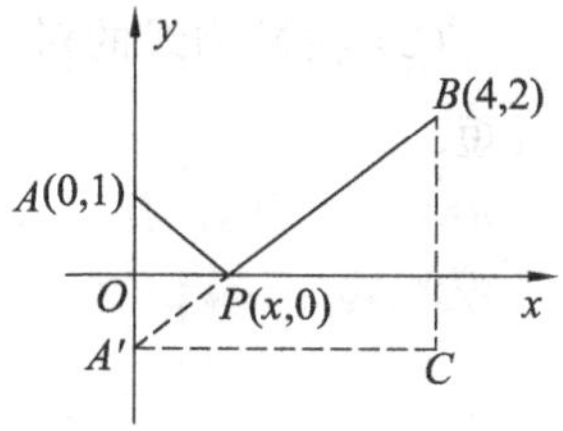

图 5.8-14

【设计说明】 根据两点间的距离公式，可知本题即求点 $P(x,0)$ $(0\leqslant x\leqslant 4)$ 到点 $A(0,1)$ 和点 $B(4,2)$ 的距离之和的最小值，将代数问题转化为求 $PA+PB$ 的最小值，符合模式.在平面直角坐标系中画出图形，运用勾股定理即可求解.

三、总体设计说明

解决动点在直线上运动的线段和(差)一类的最值问题，往往通过对称进行等量代换，转化为求两点之间的距离或点到直线的距离问题，或利用三角形“两边之和大于第三边”“两边之差小于第三边”求得.

模式是在定直线上一动点与直线外同侧两定点的距离和问题中构建的.在模式的识别与运用中，会遇到一定点与两动点的距离和问题、一动点与两定点的距离差问题以及其他的问题，解决这些问题时，要找到这些问题与模式之间的本质关联，将其转化为模式中的问题.简单地说，研究对象变化了，但是研究的思想方法没有变，解决问题的套路没有变，这就是模式识别的魅力.

四、模式识别练习摘选

1. 如图 5.8-15，顶点为$\left(\frac{1}{2},\frac{9}{4}\right)$的抛物线 $y=ax^2+bx+c(a\neq0)$ 与 y 轴交于点 $C(0,2)$，与 x 轴交于 A，B 两点.

(1) 求抛物线的解析式及 A，B 两点的坐标；

(2) 在抛物线的对称轴上求一点 P，使 P 到 A，C 两点的距离之和最短.

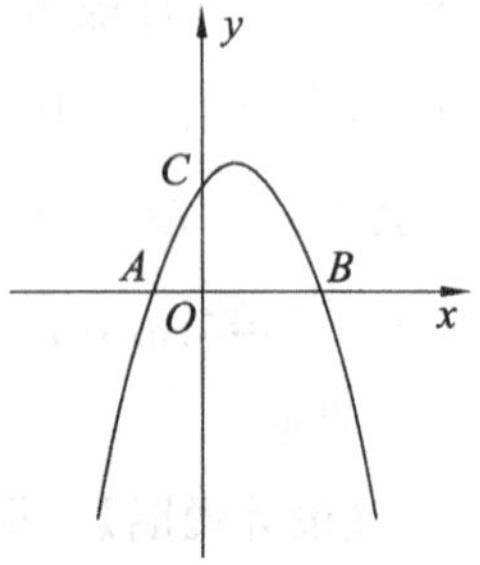

图 5.8-15

2. 如图 5.8-16，$\odot O$ 的半径为 2，点 A，B，C 在$\odot O$ 上，$OA\perp OB$，$\angle AOC=60°$，P 是 OB 上一动点，求 $PA+PC$ 的最小值.

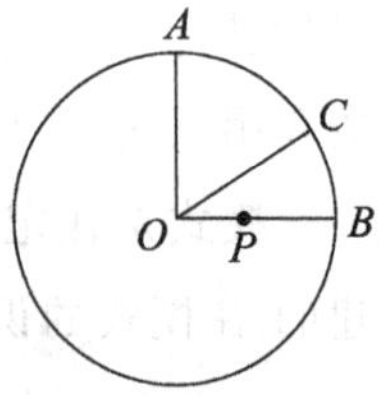

图 5.8-16

5.9　矩形中的折叠

一、模式的构建与理解

例1　如图5.9-1,将矩形$ABCD$沿直线AE折叠,顶点D恰好落在BC边上F处.已知$CE=3$,$AB=8$,则$BF=$________.

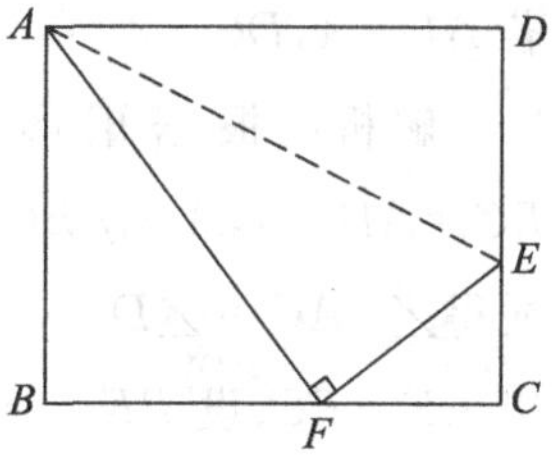

图5.9-1

师:折叠与什么知识相关?

生1:折叠是轴对称变换,是我们在轴对称图形中常遇到的问题.

生2:折痕是折叠后留下的痕迹,折痕所在的直线是折叠前后两个图形的对称轴,折叠前后对应点的连线也被折痕所在的直线垂直平分.

师:折叠前后,两个图形有什么关系?

生3:折叠前后的两个图形全等,对应边相等,对应角相等.

生4:解决折叠问题的关键就是找到题目中隐藏的条件,折叠前后两个图形对应边相等,对应角相等.

师:你可以计算哪些线段的长度?你是怎么得到的?

生5:由折叠的性质知$AD=AF$,$DE=EF=8-3=5$.在$\mathrm{Rt}\triangle CEF$中,$EF=DE=5$,$CE=3$.由勾股定理可得$CF=4$.若设$AD=AF=x$,则$BC=x$,$BF=x-4$.在$\mathrm{Rt}\triangle ABF$中,由勾股定理可得$8^2+(x-4)^2=x^2$,解得$x=10$,故$BF=x-4=6$.

【设计说明】　在上面解决问题的过程中,我们构建出一个模式:基本图形的基本结论、基本思路和基本方法.其中:基本图形——折叠矩形的一部分;基本结论——折叠后得到的直角三角形直角边的平方和等于斜边的平方;证明这一结论的基本思路和方法——折叠实现边的转化及角的转化,再利用勾股定理建立方程求解.

二、模式的识别与应用

1. 直接识别应用

例 2 如图 5.9-2，四边形 $ABCD$ 是矩形，把 $\triangle ACD$ 沿 AC 折叠到 $\triangle ACD'$，AD' 与 BC 交于点 E. 若 $AD=4$，$DC=3$，求 BE 的长.

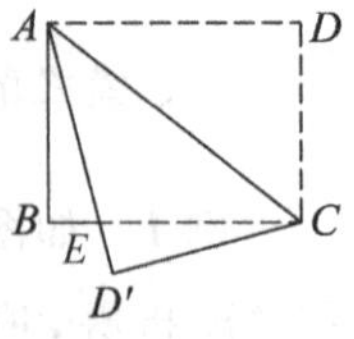

图 5.9-2

解析：根据矩形的性质得 $AB=DC=3$，$BC=AD=4$，$AD\parallel BC$，$\angle B=90°$. 再根据折叠的性质得 $\angle DAC=\angle D'AC$. 而 $\angle DAC=\angle ACB$，则 $\angle D'AC=\angle ACB$，所以 $AE=EC$. 设 $BE=x$，则 $EC=4-x$，$AE=4-x$. 在 $\text{Rt}\triangle ABE$ 中，$\because AB^2+BE^2=AE^2$，$\therefore 3^2+x^2=(4-x)^2$，解得 $x=\frac{7}{8}$，即 BE 的长为 $\frac{7}{8}$.

【设计说明】 可以直接识别出本例符合例 1 构建的模式. 通过折叠实现边的转化，在一个直角三角形中利用勾股定理建立方程求解.

2. 间接识别应用

例 3 如图 5.9-3，在正方形纸片 $ABCD$ 中，点 E，F 分别是 AD，BC 的中点，沿过点 B 的直线折叠，使点 C 落在 EF 上，落点为点 N，折痕交 CD 边于点 M，BM 与 EF 交于点 P，再展开. 给出下列结论：① $CM=DM$；② $\angle ABN=30°$；③ $AB^2=3CM^2$；④ $\triangle PMN$ 是等边三角形. 其中正确的有 （　　）

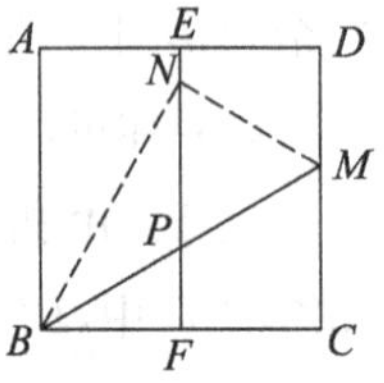

图 5.9-3

A. 1 个　　B. 2 个　　C. 3 个　　D. 4 个

解析：$\because \triangle BMN$ 是由 $\triangle BMC$ 翻折得到的，$\therefore BN=BC$. 又点 F 为 BC 的中点，在 $\text{Rt}\triangle BNF$ 中，$BF=\frac{1}{2}BN$，$\therefore \angle BNF=30°$，$\angle FBN=60°$，$\therefore \angle ABN=30°$，故②正确.

在 $\text{Rt}\triangle BCM$ 中，$\angle CBM=\frac{1}{2}\angle FBN=30°$，$\therefore BM=2MC$. 利用勾股定理可知 $BC^2=BM^2-CM^2=(2CM)^2-CM^2=3CM^2$，进而得到

$AB^2=3CM^2$，故③正确.

$\angle NPM=\angle BPF=90°-\angle MBC=60°$，$\angle NMP=90°-\angle MBN=60°$，$\therefore$ $\triangle PMN$ 是等边三角形，故④正确.

由题所给条件，证不出 $CM=DM$，故①错误.

综上，正确的有②③④，共 3 个.故选 C.

【设计说明】 我们在证明与平方相关的结论③时，间接识别出符合例 1 构建的模式，将 MC，BC，BM 分别表示出来，然后在 $\text{Rt}\triangle BCM$ 中利用勾股定理建立方程，得到边与边的关系.

3. 转化识别应用

例 4 如图 5.9-4，将边长为 6 cm 的正方形 $ABCD$ 折叠，使点 D 落在 AB 边的中点 E 处，折痕为 FH，点 C 落在点 Q 处，EQ 与 BC 交于点 G，则 $\triangle EBG$ 的周长是________ cm.

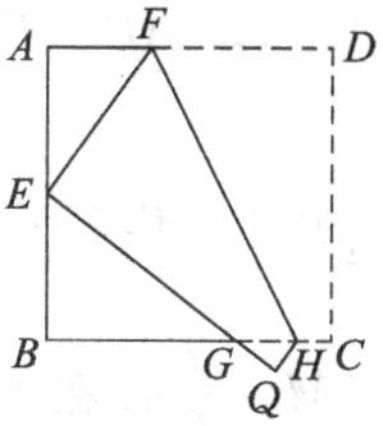

图 5.9-4

解析：设 $AF=x$，则 $DF=6-x$.由折叠的性质可知 $EF=DF=6-x$.在 $\text{Rt}\triangle AFE$ 中，由勾股定理可知 $EF^2=AF^2+AE^2$，即 $(6-x)^2=x^2+3^2$，解得 $x=\frac{9}{4}$.$\because$ $\angle FEG=90°$，$\therefore$ $\angle AEF+\angle BEG=90°$.$\because$ $\angle BEG+\angle BGE=90°$，$\therefore$ $\angle AEF=\angle BGE$.又 $\because$ $\angle EAF=\angle EBG=90°$，$\therefore$ $\triangle FAE\backsim\triangle EBG$.$\therefore$ $\frac{AF}{AE}=\frac{BE}{BG}$，即 $\frac{\frac{9}{4}}{3}=\frac{3}{BG}$，$\therefore$ $BG=4$.在 $\text{Rt}\triangle EBG$ 中，由勾股定理可知 $EG=\sqrt{BG^2+BE^2}=\sqrt{4^2+3^2}=5$.所以 $\triangle EBG$ 的周长$=3+4+5=12(\text{cm})$.

【设计说明】 通过分析知本题是例 1 构建的模式的转化识别应用.通过证 $\triangle FAE\backsim\triangle EBG$ 可以将求 $\triangle EBG$ 的周长转化为求 $\triangle FAE$ 的周长，在 $\text{Rt}\triangle EBG$ 中利用勾股定理建立方程求解.

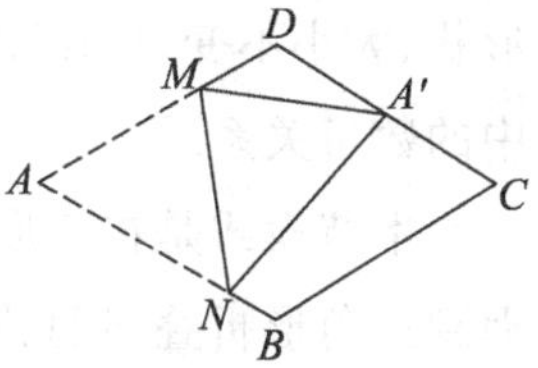

图 5.9-5

4. 变式识别应用

例 5 如图 5.9-5，在菱形纸片 $ABCD$ 中，$\angle A=60°$，将菱形纸片的一角翻折，使点

A 落在 CD 的中点 A' 处，折痕为 MN，点 N，M 分别在边 AB，AD 上，则 $\tan\angle A'MN=$________.

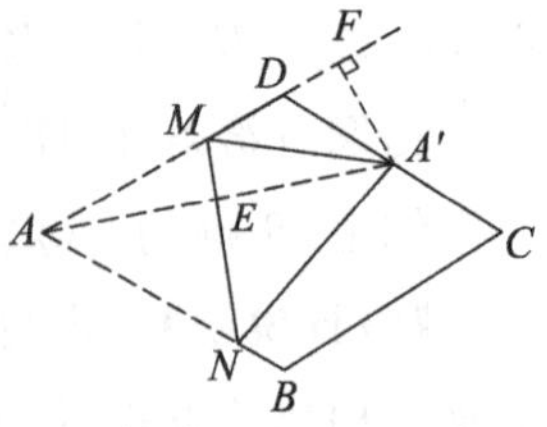

图 5.9-6

解析：如图 5.9-6，过点 A' 作 $A'F\perp AD$，垂足为 F. 设 $A'D=A'C=a$，则 $AD=DC=2a$. 在 $\triangle DFA'$ 中，$DF=\dfrac{a}{2}$，$A'F=\dfrac{\sqrt{3}}{2}a$. 连接 AA'，则 MN 垂直平分 AA'. 在 $\triangle AFA'$ 中，$AA'=\sqrt{7}\,a$. ∵ MN 垂直平分 AA'，∴ $AE=EA'=\dfrac{\sqrt{7}}{2}a$，$AM=MA'$. 设 $AM=MA'=x$，∴ $MF=\dfrac{5}{2}a-x$. 在 $\triangle MA'F$ 中，$\left(\dfrac{5}{2}a-x\right)^2+\left(\dfrac{\sqrt{3}}{2}a\right)^2=x^2$，∴ $x=\dfrac{7}{5}a$，即 $AM=\dfrac{7}{5}a$. 在 $\triangle MEA'$ 中，$ME=\dfrac{\sqrt{21}}{10}a$，∴ $\tan\angle A'MN=\dfrac{A'E}{ME}=\dfrac{\dfrac{\sqrt{7}}{2}a}{\dfrac{\sqrt{21}}{10}a}=\dfrac{5\sqrt{3}}{3}$.

【设计说明】 本题是例 1 构建的模式的变式识别应用.本题由模式中的矩形折叠变为菱形折叠，需要添加辅助线构造两个直角三角形，再根据垂直平分线的性质及勾股定理建立方程，利用基本方法来解决问题.

三、总体设计说明

解决矩形中的折叠问题要明确翻折部分图形在折叠前与折叠后的形状、大小不变，抓住图形之间最本质的位置关系，从而进一步发现其中的数量关系.

本节模式是在矩形折叠问题中构建的.在模式的识别与运用中会遇到三角形折叠问题、圆折叠问题及其他问题，解决这些问题时要充分挖掘图形的几何性质，找到其与模式之间的本质关联，将其转化为模式中的问题来解决.

四、模式识别练习摘选

1. 如图 5.9-7，在正方形 $ABCD$ 中，$AB=6$，点 E 在边 CD 上，且 $CD=3DE$.将$\triangle ADE$ 沿 AE 折叠至$\triangle AFE$，延长 EF 交边 BC 于点 G，连接 AG，CF.给出下列结论：① $\triangle ABG\cong\triangle AFG$；② $BG=GC$；③ $AG\parallel CF$；④ $S_{\triangle FGC}=3$.其中正确结论的个数是（　　）

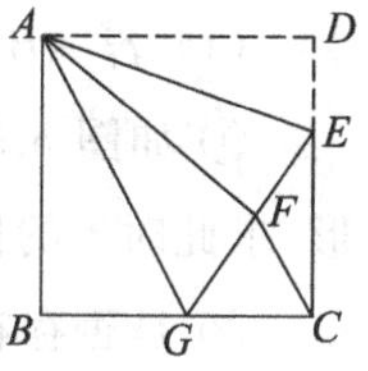

图 5.9-7

A. 1　　　B. 2　　　C. 3　　　D. 4

2. 如图 5.9-8，将矩形纸片 $ABCD(AD>AB)$ 折叠，使点 C 折叠后的对应点 G 恰好与 A 点重合，设折叠后点 C，D 的对应点分别为点 G，H，折痕分别与边 BC，AD 相交于点 E，F.

(1) 若 $AB=3$，$BE=4$，求矩形的边 BC 的长度；

(2) 判断四边形 $CEGF$ 的形状，并证明你的结论.

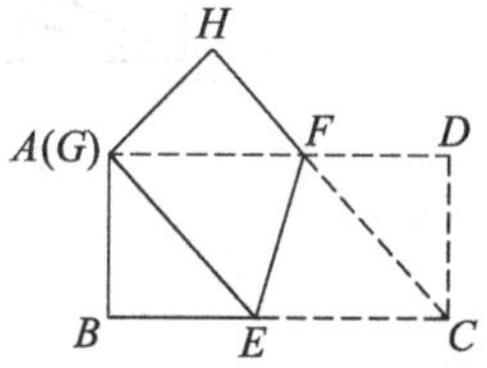

图 5.9-8

3. 如图 5.9-9，在矩形 $ABCD$ 中，$BC=3$，动点 P 从点 B 出发，以每秒 1 个单位长度的速度沿射线 BC 方向移动，作$\triangle PAB$ 关于直线 PA 的对称图形$\triangle PAB'$，设点 P 的运动时间为 t s.

(1) 若 $AB=2\sqrt{3}$.

① 如图 5.9-10，当点 B'落在 AC 上时，显然$\triangle PAB'$是直角三角形，求此时 t 的值.

② 是否存在异于图 5.9-10 的时刻，使得$\triangle PCB'$是直角三角形？若存在，请直接写出所有符合题意的 t 的值？若不存在，请说明理由.

(2) 当 P 点不与 C 点重合时，若直线 PB'与直线 CD 相交于点 M，且当 $t<3$ 时存在某一时刻有结论$\angle PAM=45°$成立，试探究：对于 $t>3$ 的任意时刻，结论$\angle PAM=45°$是否总是成立的？请给出判断，并说明理由.

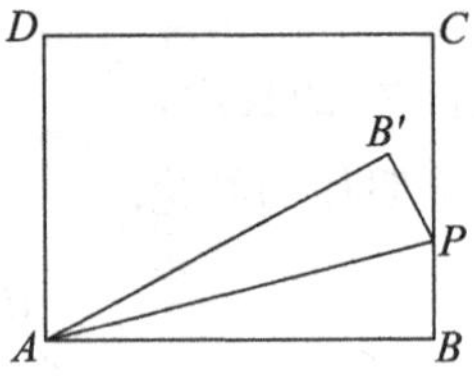

图 5.9-9

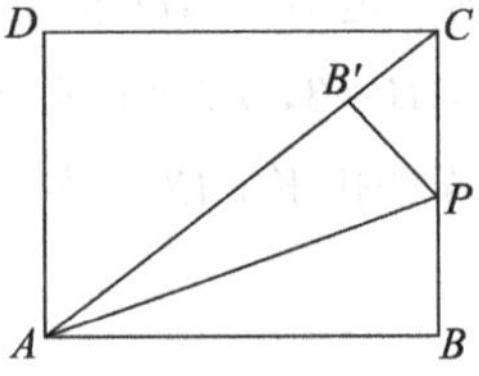

图 5.9-10

5.10 美丽的"勾股树"

一、模式的构建与理解

例1 如图5.10-1，以Rt△ABC的三边为边分别向外作正方形，其面积分别为S_1，S_2，S_3，且$S_1=4$，$S_2=8$，则$S_3=$ （ ）

A.4　　B. 8

C. 12　　D. 32

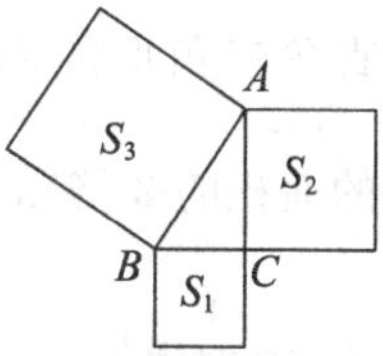

图5.10-1

生1：由正方形的面积公式可知$S_1=BC^2$，$S_2=AC^2$，$S_3=AB^2$.在Rt△ABC中，由勾股定理得$AC^2+BC^2=AB^2$，即$S_1+S_2=S_3$，由此可求S_3.

【设计说明】 本题考查了勾股定理及正方形面积公式的运用，解题关键是明确直角三角形的边长的平方即为相应的正方形的面积.

变式1

师：将题设与结论互换，你有什么发现？

生2：若$S_1+S_2=S_3$，则可以得到△ABC是直角三角形.

变式2

师：如图5.10-2，以Rt△ABC的三边为直径分别向外作半圆，若斜边$AB=3$，则图中阴影部分的面积是多少？

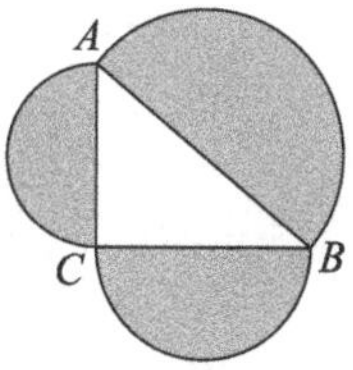

图5.10-2

生3：根据题意知$AC^2+BC^2=AB^2=9$.图中阴影部分的面积$=\frac{1}{2}\pi\times\left(\frac{1}{2}AC\right)^2+\frac{1}{2}\pi\times\left(\frac{1}{2}BC\right)^2+\frac{1}{2}\pi\times\left(\frac{1}{2}AB\right)^2=\frac{1}{8}\pi\left(AC^2+BC^2+AB^2\right)=\frac{1}{8}\pi\times(9+9)=\frac{9}{4}\pi$.

变式3

如图5.10-3，分别以Rt△ABC的三边为斜边向外作等腰直角三角形，若斜边$AB=6$.

师：你能提出什么问题吗？如何解决呢？

生 4：可以计算$\triangle ABE$的面积.根据勾股定理和等腰直角三角形的面积公式可以证明：以直角三角形的两条直角边为斜边的等腰直角三角形的面积和等于以直角三角形的斜边为斜边的等腰直角三角形的面积(阴影部分的面积即为$\triangle ABE$的面积的 2 倍).$S_{阴影}=S_{\triangle AHC}+S_{\triangle BFC}+S_{\triangle AEB}=\frac{1}{2}HC\cdot AH+\frac{1}{2}CF\cdot BF+\frac{1}{2}AE\cdot BE=\frac{1}{2}\times\left(\frac{AC}{\sqrt{2}}\right)^2+\frac{1}{2}\times\left(\frac{BC}{\sqrt{2}}\right)^2+\frac{1}{2}\cdot\left(\frac{AB}{\sqrt{2}}\right)^2=\frac{1}{4}\left(AC^2+BC^2+AB^2\right)=\frac{1}{4}\times 2AB^2=\frac{1}{2}AB^2=18.$

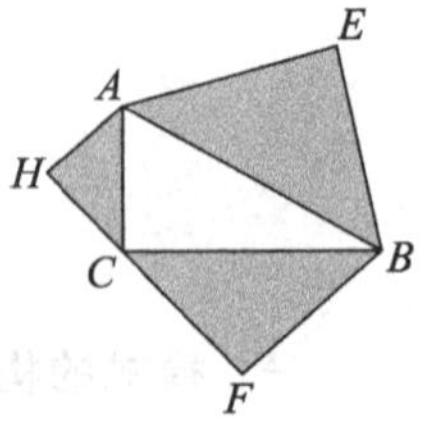

图 5.10-3

变式 4

师：勾股定理$a^2+b^2=c^2$中的a^2,b^2,c^2可以分别看成以a,b,c为边的正方形的面积，面积之间存在等量关系$S_1+S_2=S_3$.进一步思考，如果分别以这个直角三角形的三条边向外构造等边三角形、等腰三角形(a,b,c为底)，其中不满足$S_1+S_2=S_3$这个关系的是　　(　　)

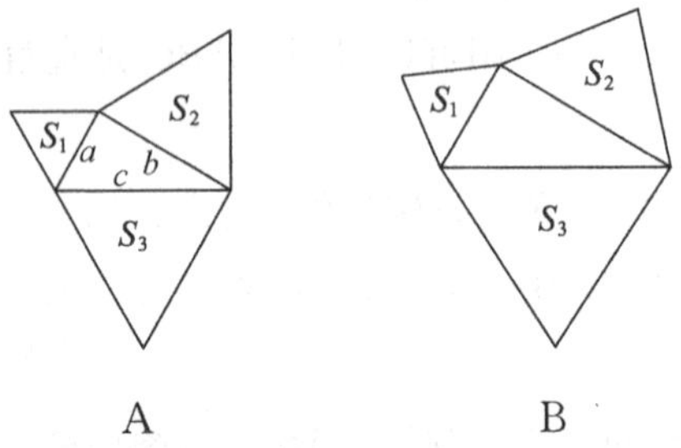

生 5：A 中，$S_1=\frac{1}{2}\times a\times\frac{\sqrt{3}}{2}a=\frac{\sqrt{3}}{4}a^2$，$S_2=\frac{\sqrt{3}}{4}b^2$，$S_3=\frac{\sqrt{3}}{4}c^2$，∴ A 选项满足$S_1+S_2=S_3$这个关系；B 中，因为是任意的等腰三角形，底边上的高不确定，没法计算面积，∴ B 选项不满足$S_1+S_2=S_3$这个关系.

【设计说明】 分别以 Rt$\triangle ABC$的三边为边向外作正方形(圆、等腰直角三角形、等边三角形)，其面积分别为S_1,S_2,S_3，由勾股定理得

$AC^2+BC^2=AB^2$，均可以得到 $S_1+S_2=S_3$，这也是变化中的不变性.以 Rt$\triangle ABC$ 的三边向外作等腰三角形时，因为高不确定，所以无法得到结论.

在上面解决问题的过程中，我们构建出一个模式：基本图形的基本结论、基本思路和基本方法.其中：基本图形——在直角三角形中，以两条直角边和一条斜边为边长分别向外作正方形；基本结论——以两直角边为边长的正方形的面积和等于以斜边为边长的正方形的面积；证明这一结论的基本思路和方法——借助直角三角形三边特殊的关系，即勾股定理 $a^2+b^2=c^2$，利用“边长的平方即为相应正方形的面积”来证明基本结论.

二、模式的识别与应用

1. 直接识别应用

例 2　如图 5.10-4，在 Rt$\triangle ABC$ 中，$\angle ACB=90°$.若 $AB=10$，则正方形 $ADEC$ 和正方形 $BCFG$ 的面积和为（　　）

A. 100　　B. 120

C. 140　　D. 160

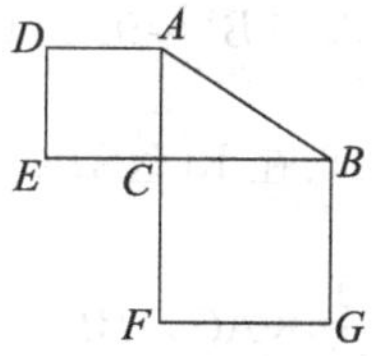

图 5.10-4

解析：正方形 $ADEC$ 和正方形 $BCFG$ 的面积和 $=AC^2+BC^2=100$，故选 A.

【设计说明】　可以直接识别出本题符合例 1 构建的模式.本题无法直接求出 AC，BC 的长，通过观察可以发现，在 Rt$\triangle ACB$ 中，$AC^2+BC^2=AB^2=100$.本题运用模式中的基本图形的基本结论，找到所求面积和与斜边 AB 的关系，进而求解.

2. 间接识别应用

例 3　如图 5.10-5，在 Rt$\triangle ABC$ 中，已知 $\angle ABC=90°$，以 AC 为直角边向外作 Rt$\triangle ACD$（$\angle CAD=90°$），分别以 AB，BC，CD，DA 为直径向外作半圆，面积分别记为 S_1，S_2，S_3，S_4.已知 $S_1=3$，$S_2=1$，$S_3=7$，则 $S_4=$________.

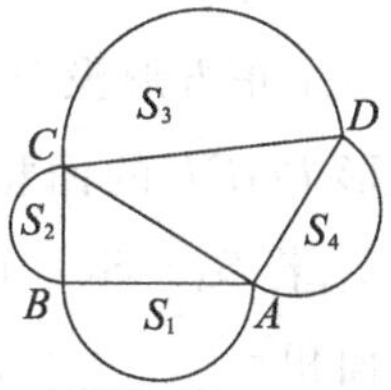

图 5.10-5

解析：先根据圆的面积公式分别将 S_1,S_2,S_3,S_4 用含 AB,BC,CD,AD 的式子表示，再根据勾股定理得出等式 $AB^2+BC^2=CD^2-AD^2$，再转化为 $S_1+S_2=S_3-S_4$. ∵ $S_1=3,S_2=1,S_3=7$，∴ $S_4=3$.

【设计说明】 可以间接识别出本题符合例 1 构建的模式.本题与例 1 相比，略有变化，但是解决问题的思路和方法没有变：将 4 个圆面积之间的关系转化为直角三角形三边之间的关系.

3. 转化识别应用

例 4 如图 5.10-6，在 Rt△ABC 中，$\angle ABC=90°$，以 AB 为边在△ABC 外作正方形，其面积为 9，以 BC 为斜边在△ABC 外作等腰直角三角形，其面积为 4，过点 B 作 $BD\perp AC$，交 AC 于点 D，则$AD=$________.

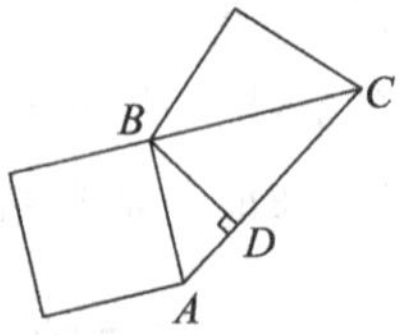

图 5.10-6

解析：∵ 以 AB 为边的正方形的面积为 9，∴ $AB^2=9$. ∵ 以 BC 为斜边的等腰直角三角形的面积为 4，∴ $BC^2=16$.在 Rt△ABC 中，$\angle ABC=90°$，则 $AC=5$. ∵ $S_{\triangle ABC}=\frac{1}{2}\times AB\times BC=\frac{1}{2}\times AC\times BD$，∴ $\frac{1}{2}\times 3\times 4=\frac{1}{2}\times 5\times BD$，解得 $BD=\frac{12}{5}$.由勾股定理得 $AD=\frac{9}{5}$.

【设计说明】 本例是例 1 构建的模式的转化识别应用，利用模式中的基本方法即可求解.

4. 变式识别应用

例 5 如图 5.10-7，在 Rt△ABC 中，$\angle BAC=90°$，分别以△ABC 的三边为边作正方形 $ABDE$，正方形 $BCFG$，正方形 $ACHI$，AI 交 CF 于点 J，三个正方形没有重叠的部分为阴影部分.设四边形 $BGFJ$ 的面积为 S_1，四边形 $CHIJ$ 的面积为 S_2.若 $S_1-S_2=12$，$S_{\triangle ABC}=4$，则正方形 $BCFG$ 的面积=________.

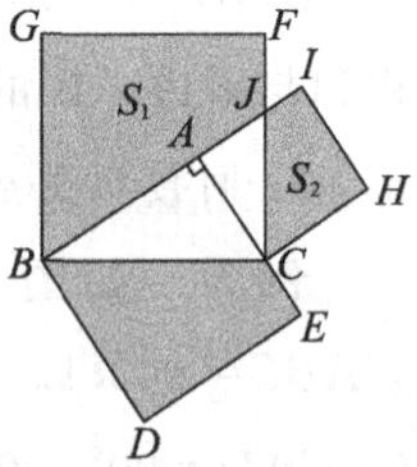

图 5.10-7

解析：设 $BC=a$，$AC=b$，$AB=c$，由题意得 $S_{\text{正方形}BCFG}-S_{\text{正方形}ACHI}=16$，即 $a^2-b^2=16$.再由勾股定理得 $a^2-b^2=c^2$，则 $c^2=16$，求出 $c=4$.然后求出 $b=2$，则 $a^2=b^2+c^2=20$，即可求解.

【设计说明】 本题是例1构建的模式的变式识别应用，考查了勾股定理、正方形的性质以及三角形的面积等知识.熟练掌握勾股定理和正方形的性质，求出 c 和 b 的值是解题的关键.

三、总体设计说明

模式是在以直角三角形的三边为边向外作正方形的问题中构建的.在模式的识别与运用中，会遇到以直角三角形的三边为直径向外作圆、以直角三角形的三边为边向外作等边三角形等问题.虽然问题变了，但是解决问题的一般方法没有变，都是由图形的面积与直角三角形三边的关系来探索变化中的不变性.

四、模式识别练习摘选

1. 有一个面积为1的正方形，经过一次"生长"后，在它的左、右"肩"上各生出两个小正方形(图5.10-8)，并且三个正方形围成的三角形是直角三角形.再经过一次生长后，生出了4个正方形(图5.10-9).如果按此规律继续生长下去，它将变得"枝繁叶茂".在生长了2 017次后形成的图形中，所有正方形的面积和是　　(　　)

A. 2 015　　B. 2 016　　C. 2 017　　D. 2 018

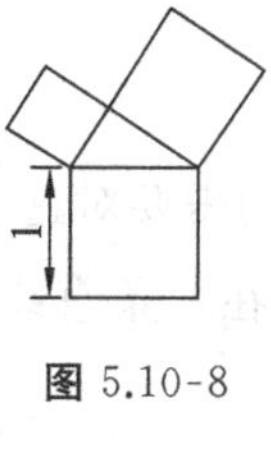

图 5.10-8

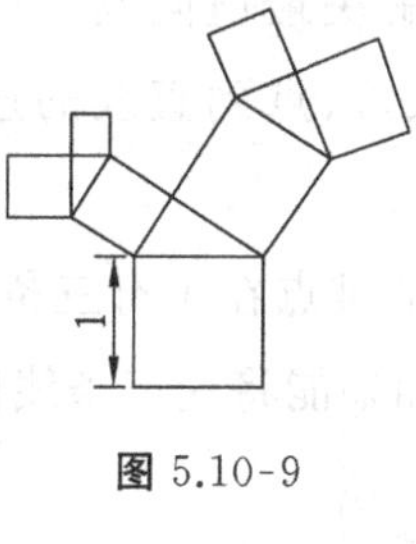

图 5.10-9

2. 如图5.10-10，分别以直角三角形的三边为边向外作正方形，面积分别是 S_1,S_2,S_3；分别以直角三角形的三边为直径向外作半圆，面积分别是 S_4,S_5,S_6.其中 $S_1=1,S_2=3,S_5=2,S_6=4$.则 $S_3+S_4=$　　(　　)

A. 7　　B. 8　　C. 9　　D. 10

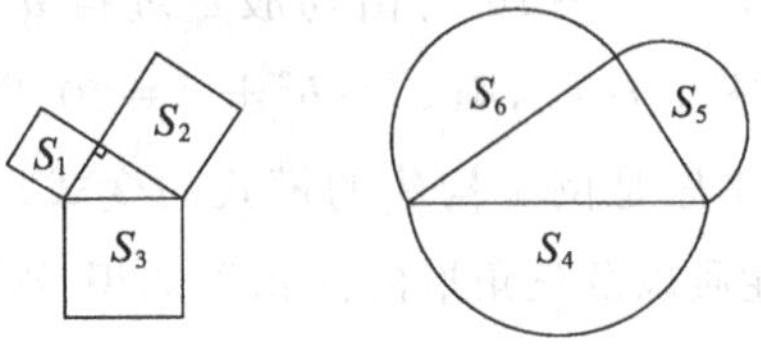

图 5.10-10

3. 如图 5.10-11，在 Rt△ABC 中，∠ACB＝90°，分别以 AC，BC，AB 为边向外作正方形，连接 CD，CE，过点 C 作 $CF\perp DE$，△ADC 的面积为 S_1，△BCE 的面积为 S_2. 若 $S_2=9S_1$，$CF=13$，则正方形 $BCGH$ 的边长为________.

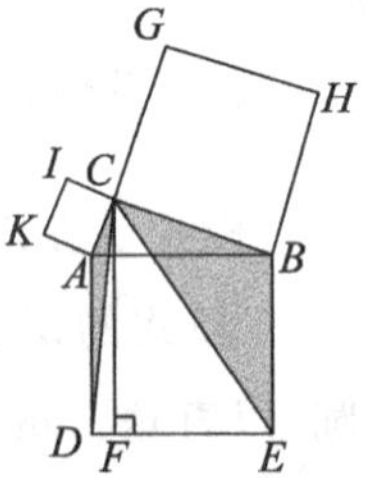

图 5.10-11

5.11　神奇的费马点

一、模式的构建与理解

例 1

师：如图 5.11-1，在△ABC 中是否存在点 P，使 $PA+PB+PC$ 最小？你有什么想法？

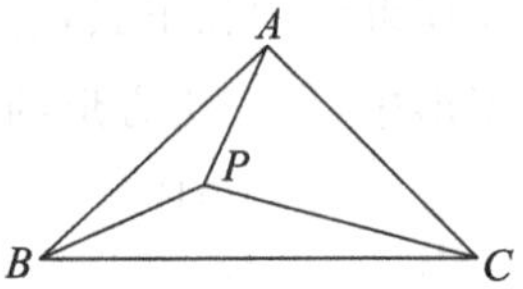

图 5.11-1

生 1：我们解决最值问题常用的依据有两点之间线段最短、点到直线的连线中中垂线最短等.

生 2：本题的难点在于有三条线段，我们需要对这三条线段做一些位置上的变动.如果能将这三条线段转化成在一条直线上，问题就能解决了！

生 3：如图 5.11-2，将△APB 绕着点 B 逆时针旋转 60°至△$A'P'B$，连接 PP'.易知△$ABP\cong$△$A'BP'$，∴ $AP=A'P'$. ∵ ∠PBP'＝60°，∴ △PBP' 为等边三角形，∴ $PB=PP'$，∴ $PA+PB+PC=$

$P'A'+PP'+PC\geqslant A'C$.如图 5.11-3,当 P 和 P' 在 $A'C$ 上时,有 $PA+PB+PC=P'A'+PP'+PC=A'C$,此时 $PA+PB+PC$ 最小.

师:你还有什么发现?

生 4:如图 5.11-3,此时$\angle APB$,$\angle BPC$ 和$\angle APC$ 均为 $120°$.

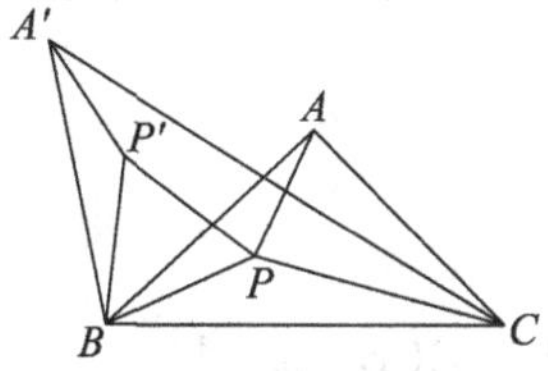

图 5.11-2

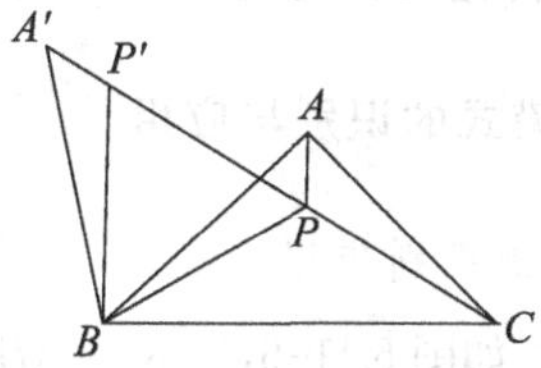

图 5.11-3

师:我们称这样的点 P 为$\triangle ABC$ 的费马点.当$\triangle ABC$ 的三个角都小于 $120°$时,费马点是三角形内与三个顶点的连线两两夹角为 $120°$ 的点,此时 $PA+PB+PC$ 最小,该最小值称为$\triangle ABC$ 的费马距离.

变式

师:如图 5.11-4,在$\triangle ABC$ 中,$\angle BAC\geqslant 120°$.你还能找到这样的费马点吗?

生 5:如图 5.11-5,我们将$\triangle APC$ 绕点 A 逆时针旋转$\angle BAC$ 的补角大小至$\triangle AP'C'$. $\because$ $\angle BAC\geqslant 120°$, $\therefore$ $\angle CAC'\leqslant 60°$, $\angle PAP'\leqslant 60°$. $\therefore$ $PA=P'A\geqslant PP'$. $\because$ $PA=P'A$, $PC=P'C'$, $\therefore$ $PA+PB+PC\geqslant PP'+PB+P'C'\geqslant BC'=AB+AC'=AB+AC$,故 $PA+PB+PC\geqslant AB+AC$.因此,A 点即为费马点.

师:当三角形中有一个角大于或等于 $120°$时,费马点是钝角的顶点.

(一般研究三角形的三个角都小于 $120°$时的费马点)

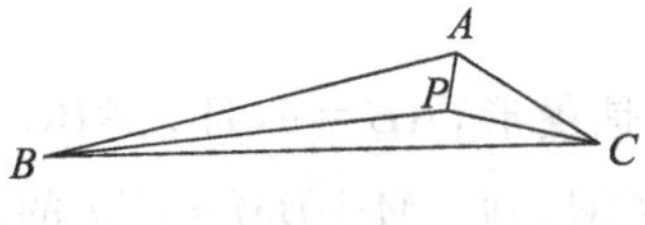

图 5.11-4

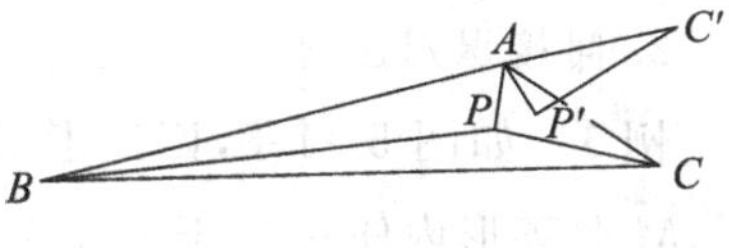

图 5.11-5

【设计说明】 在上面解决问题的过程中,我们构建出一个模式:

基本图形的基本结论、基本思想和基本方法.其中：基本图形——当三角形的三个角都小于 120°时，找一点 P 使得 $PA+PB+PC$ 的和最小；基本结论——三角形内与三个顶点的连线两两夹角为 120°的点；基本思想和基本方法——旋转 60°，构造全等三角形，将三条首尾未连接的线段转化为首尾连接的折线，通过“两点之间线段最短”得出结论.

二、模式的识别与应用

1. 直接识别应用

例 2 如图 5.11-6，在 Rt$\triangle ABC$ 中，$\angle ACB=90°$，$AC=1$，$BC=\sqrt{3}$，点 O 为 Rt$\triangle ABC$ 内一点，连接 AO，BO，CO，且 $\angle AOC=\angle COB=\angle BOA=120°$. 按下列要求画图（保留画图痕迹）：以点 B 为旋转中心，将$\triangle AOB$ 绕点 B 沿顺时针方向旋转 60°，得到$\triangle A'O'B$（A，O 的对应点分别为点A'，O'），则 $\angle A'BC=$________，$OA+OB+OC=$________.

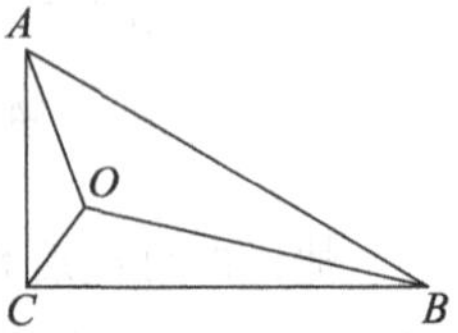

图 5.11-6

解析：(1) 如图 5.11-7，先根据三角函数的定义求出$\angle ABC$ 的度数，再根据旋转的性质得 $OA=O'A'$，$BO=BO'$，$BA'=BA=2$，$\angle OBO'=\angle ABA'=60°$，$\angle BO'A'=\angle BOA=120°$，则 $\angle CBA'=\angle CBA+\angle ABA'=90°$.

(2) 先判断$\triangle BOO'$为等边三角形，所以 $OO'=BO$，$\angle BOO'=\angle BO'O=60°$. 再证明点 C，O，O'，A'共线，从而得到 $A'C=OC+OB+OA$，然后利用勾股定理计算 $A'C$ 即可.

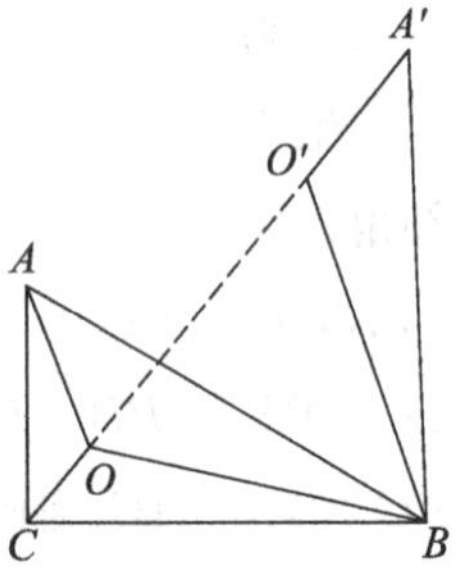

图 5.11-7

【设计说明】 可以直接识别出本题符合例 1 构建的模式.

2. 间接识别应用

例 3 如图 5.11-8，四边形 $ABCD$ 是菱形，$AB=6$，且$\angle ABC=60°$，M 是菱形内任一点，连接 AM，BM，CM，则 $AM+BM+CM$ 的最小值为________.

解析：如图 5.11-9，将$\triangle ABM$ 绕点 B 逆时针旋转 60°得到

$\triangle EBN$，连接 MN，作 $EF \perp CB$，交 CB 的延长线于点 F.根据“两点之间线段最短”，当点 M 位于 BD 与 CE 的交点处时，$AM+BM+CM$ 的值最小，即等于 EC 的长.

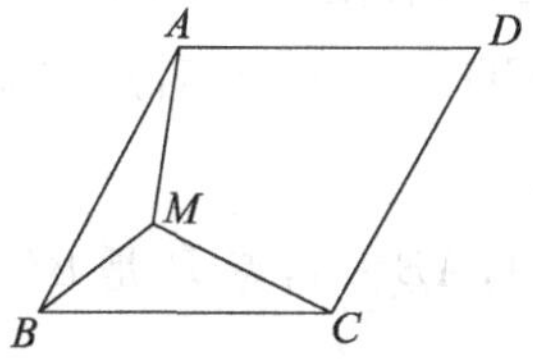

图 5.11-8

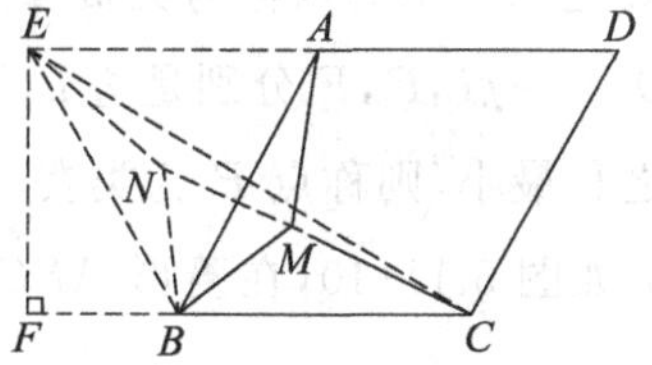

图 5.11-9

【设计说明】 本题是求菱形中三条线段和的最小值，连接 AC，可间接地识别出本题是例 1 中的费马点模式.本题考查了菱形的性质、全等三角形的判定与性质、等边三角形的性质、两点之间线段最短以及旋转的问题.

3. 转化识别应用

例 4 求 $y=\sqrt{2x^2-2x+1}+\sqrt{2x^2-(\sqrt{3}-1)x+1}+\sqrt{2x^2+(\sqrt{3}+1)x+1}$ 的最小值.

解析：
$$y=\sqrt{2x^2-2x+1}+\sqrt{2x^2-(\sqrt{3}-1)x+1}+\sqrt{2x^2+(\sqrt{3}+1)x+1}$$
$$=\sqrt{x^2+(x-1)^2}+\sqrt{\left(x-\frac{\sqrt{3}}{2}\right)^2+\left(x+\frac{1}{2}\right)^2}+\sqrt{\left(x+\frac{\sqrt{3}}{2}\right)^2+\left(x+\frac{1}{2}\right)^2}.$$

将根式内的式子化作平方相加的形式，数形结合，问题可以转化为：$\triangle ABC$ 是边长为$\sqrt{3}$的等边三角形，对于点 $T(x,x)$，$A(0,1)$，$B\left(\frac{\sqrt{3}}{2},-\frac{1}{2}\right)$，$C\left(-\frac{\sqrt{3}}{2},-\frac{1}{2}\right)$，求 $y=TA+TB+TC$ 的最小值.由例 1 知当 T 在 O 点处时，$TA+TB+TC$ 有最小值，$y_{\min}=3$.

【设计说明】 本题是例 1 构建的模式的转化识别应用，利用模式进行求解.

4. 变式识别应用

例 5 数学上称费马点是位于三角形内且到三角形三个顶点距离之和最短的点.现定义：菱形对角线上到该对角线同侧两条边上的两点的距离之和最小的点称为类费马点.例如，在菱形 $ABCD$ 中，P 是对角线 BD 上一点，E，F 分别是边 BC 和 CD 上的两点，若点 P 满足 PE 与 PF 之和最小，则称点 P 为类费马点.

(1) 如图 5.11-10，在菱形 $ABCD$ 中，$AB=4$，点 P 是 BD 上的类费马点.

① 若 E 为 BC 的中点，F 为 CD 的中点，则 $PE+PF=$________.

② E 为 BC 上一动点，F 为 CD 上一动点，且 $\angle ABC=60°$，则 $PE+PF=$________.

(2) 如图 5.11-11，在菱形 $ABCD$ 中，$AB=4$，连接 AC，点 P 是 $\triangle ABC$ 的费马点(即 PA，PB，PC 之和最小).

① 当 $\angle ABC=60°$ 时，$BP=$________.

② 如图 5.11-12，当 $\angle ABC=30°$ 时，你能找到 $\triangle ABC$ 的费马点 P 吗？画图作简要说明，并求此时 $PA+PB+PC$ 的值.

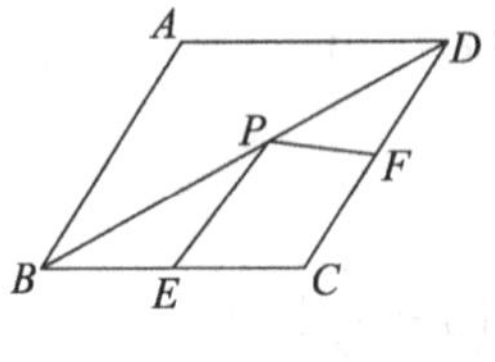

图 5.11-10

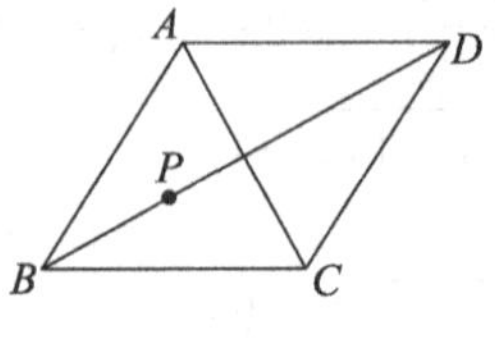

图 5.11-11

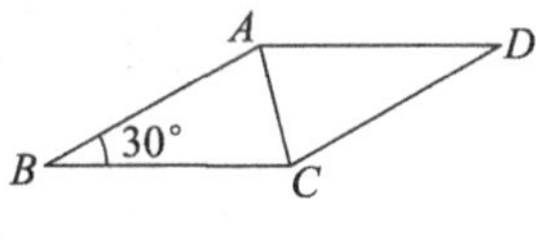

图 5.11-12

解析：(1) ① 如图 5.11-13，取 AB 的中点 E'，连接 PE'，利用"SAS"可证明 $\triangle BEP\cong\triangle BE'P$，得 $PE=PE'$.再证四边形 $AE'FD$ 是平行四边形即可得到答案.

② 由①知 $PE+PF=E'F$，$E'F$ 的最小值为 AB 与 CD 之间的距离，则过点 C 作 $CH\perp AB$ 于 H(图 5.11-14)，利用三角函数即可求出 CH 的值.

(2) ① 将 $\triangle BPC$ 绕点 B 顺时针旋转 $60°$ 得 $\triangle BP'C'$(图 5.11-15)，连接 PP'，$PA+PB+PC=PA+PP'+P'C'$，则当 P，P' 在线段 AC'

上时，$PA+PB+PC$ 的最小值为 AC' 的长，可证出 $BP=\frac{1}{3}AC'$.

② 将$\triangle BPC$绕点 B 顺时针旋转 60°得$\triangle BP'C'$（图 5.11-16），连接 PP'，$PA+PB+PC=PA+PP'+P'C'$，则当 P，P'在线段AC'上时，$PA+PB+PC$ 的最小值为 AC'的长，利用勾股定理求出 AC'的长即可.

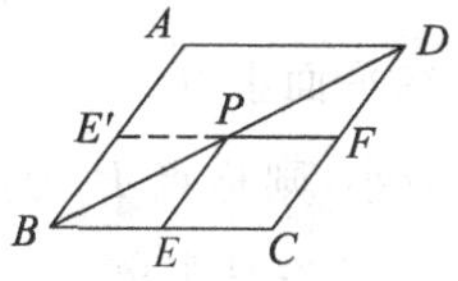

图 5.11-13

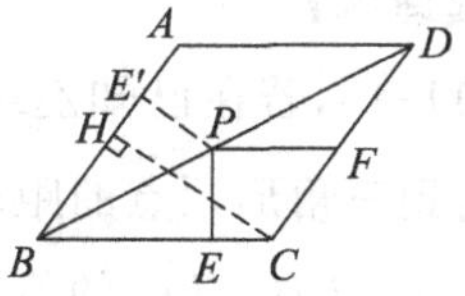

图 5.11-14

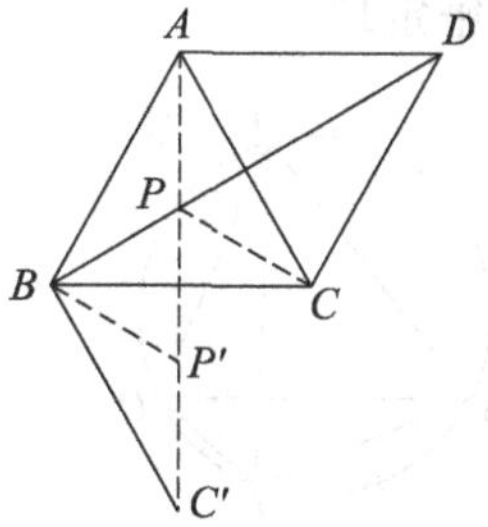

图 5.11-15

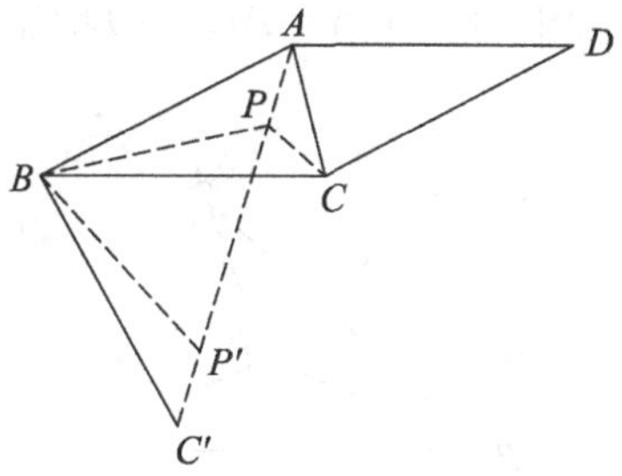

图 5.11-16

【设计说明】 本题(1)是模式的变式识别应用，根据新定义进行求解.本题(2)是根据费马点的定义求出相关线段的长度，画出相关图形.

三、总体设计说明

在三个角都小于 120°的$\triangle ABC$ 中找一点 P，使得 $PA+PB+PC$ 最小，一般的解决方法是找到一个三角形，将其旋转 60°，构造全等三角形和等边三角形，利用线段转化把首尾不相接的三条线段转换为一条首尾相接的折线，再利用“两点之间线段最短”确定费马距离，最后利用所给数据进行求解.

本模式是在三角形中构建的，在模式的识别与运用中，会遇到四边形中线段和最小的问题、圆中线段和最小的问题及其他的问题，探索这些问题的本质是将其转化为模式中的问题来解决.

四、模式识别练习摘选

1. 如图 5.11-17,已知正方形 $ABCD$ 内一动点 E 到 A,B,C 三点的距离之和的最小值为 $1+\sqrt{3}$,则这个正方形的边长为________.

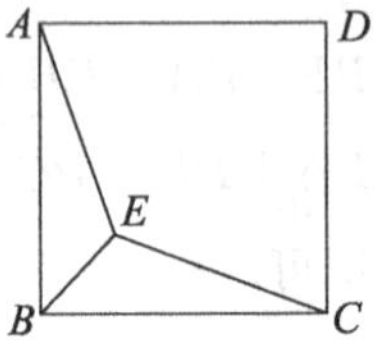

图 5.11-17

2.**【阅读理解】**

如图 5.11-18,若在已知$\triangle ABC$所在平面上存在一点 P,它到三角形顶点的距离之和最小,则称点 P 为$\triangle ABC$的费马点,此时 $PA+PB+PC$ 的值为$\triangle ABC$的费马距离.

如图 5.11-19,若四边形 $ABCD$ 的四个顶点在同一圆上,则有 $AB\cdot CD+BC\cdot DA=AC\cdot BD$.此为托勒密定理.

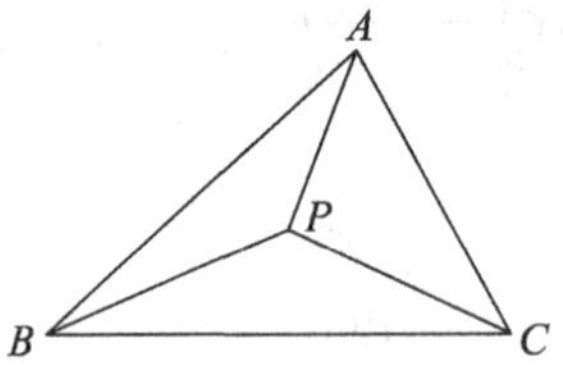

图 5.11-18

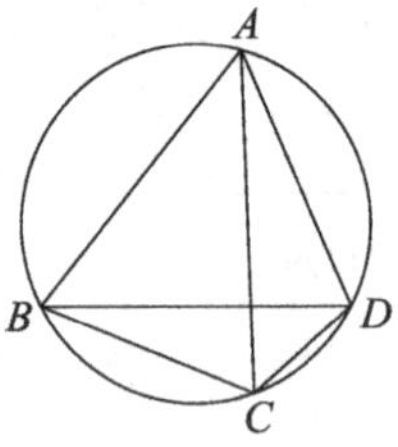

图 5.11-19

【知识迁移】

(1) 请你利用托勒密定理,解决如下问题:如图 5.11-20,已知点 P 为等边三角形 ABC 外接圆的$\overset{\frown}{BC}$上任意一点,求证:$PB+PC=PA$.

(2) 根据(1)的结论,我们有如下探寻$\triangle ABC$(其中$\angle A,\angle B,\angle C$均小于 $120°$)的费马点和费马距离的方法:

第一步:如图 5.11-21,在$\triangle ABC$的外部以 BC 为边长作等边$\triangle BCD$及$\triangle BCD$的外接圆;

第二步:在$\overset{\frown}{BC}$上任取一点 P',连接 $P'A,P'B,P'C,P'D$.易知 $P'A+P'B+P'C=P'A+(P'B+P'C)=P'A+$________;

第三步:在图 5.11-21 中找出$\triangle ABC$的费马点 P,则线段________的长度即为$\triangle ABC$的费马距离.

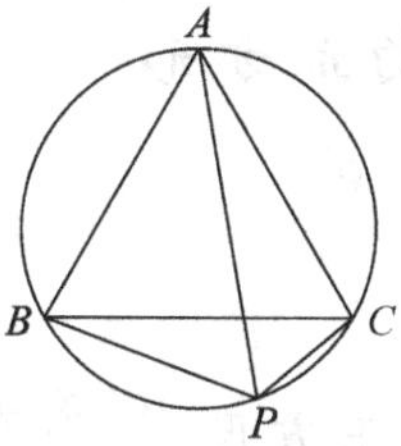

图 5.11-20

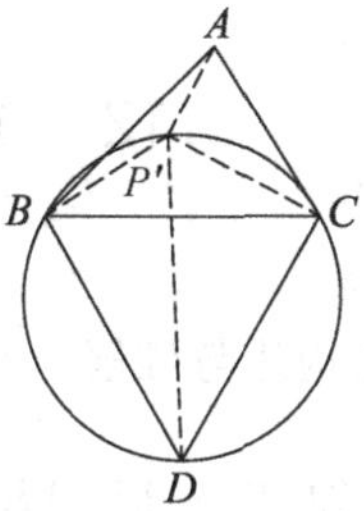

图 5.11-21

【知识应用】

(3) 2010 年 4 月,我国西南地区出现了罕见的持续干旱现象.已知三村庄 A,B,C 构成了如图 5.11-22 所示的$\triangle ABC$(其中$\angle A$,$\angle B$,$\angle C$ 均小于 120°),现选取一点 P 在该处打水井,使从水井 P 到三个村庄 A,B,C 所铺设的输水管总长度最小,求输水管总长度的最小值.

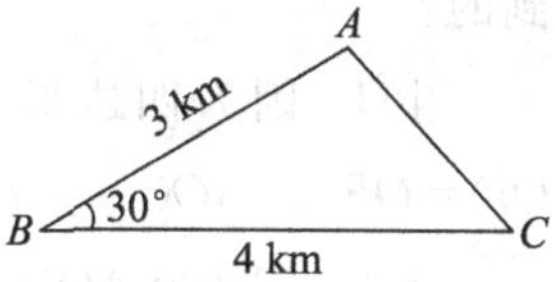

图 5.11-22

5.12 旋转的正方形

一、模式的构建与理解

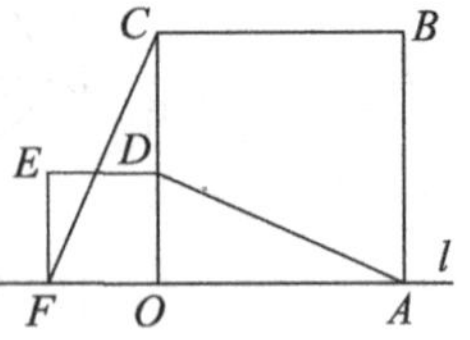

图 5.12-1

例 1 已知正方形 $ABCO$ 与正方形 $DEFO$ 如图 5.12-1 摆放，连接 AD 与 CF.

师：你可以得到哪些结论？你是怎样得到的？

生 1：因为四边形 $ABCO$ 和 $DEFO$ 是正方形，所以 $AO=CO$，$OD=OF$，$\angle AOC=\angle DOF=90°$，所以$\triangle AOD\cong\triangle COF$.

生 2：因为$\triangle AOD\cong\triangle COF$，可得 $AD=CF$.

生 3：延长 AD 交 FC 于点 H，由于$\triangle AOD\cong\triangle COF$，所以$\angle OAD=\angle FCO$，则易证$\angle OAD+\angle CFO=90°$，所以得到 $AD\perp CF$.

师：在以上的结论中，哪个结论是证明其他结论的条件？

生 4：$\triangle AOD\cong\triangle COF$.

【设计说明】 这是一个结论开放的问题，鼓励学生猜想和验证自己得到的结论，最后引导学生分析所有结论的共性——都是通过证明$\triangle AOD\cong\triangle COF$ 得到的，因而证明三角形全等是根本性的结论.

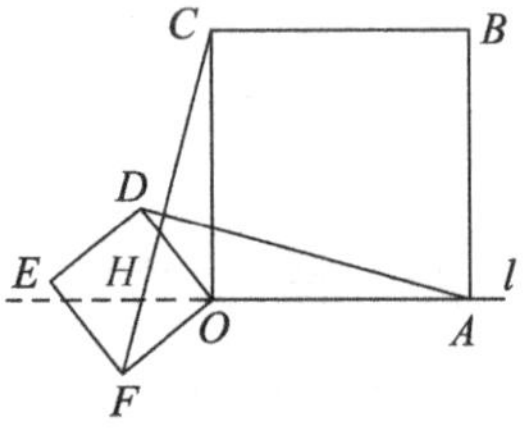

图 5.12-2

变式 1 如图 5.12-2，正方形 $ABCO$ 不动，将正方形 $DEFO$ 绕点 O 按逆时针方向旋转任意角度，所得的结论还成立吗？

生 5：结论"$AD=CF$ 且 $AD\perp CF$"仍然成立. 要证 $AD=CF$，只需要证明$\triangle AOD\cong\triangle COF$.因为四边形 $ABCO$ 和 $DEFO$ 是正方形，所以 $AO=CO$，$OD=OF$，$\angle AOC=\angle DOF=90°$，所以$\angle AOD=\angle COF$，所以$\triangle AOD\cong\triangle COF$.延长 AO，交 FC 于点 H.要证 $AD\perp CF$，只要证明$\angle OAD+\angle CHO=90°$即可.由$\triangle AOD\cong\triangle COF$，所以$\angle OAD=\angle FCO$，则易证$\angle OAD+\angle CHO=90°$.

师：根据上面例 1 和变式 1 的证明，你能发现证明方法有什么规律吗?

生6:变式1和例题1一样,证明$\triangle AOD \cong \triangle COF$是最根本的步骤.

【设计说明】　在正方形旋转的过程中,体会“变化中的不变性”,抓住解决问题的关键,从而掌握解决此类问题的基本方法和基本思想.

变式2　如图5.12-3,已知正三角形ABC与正三角形ADE,$\triangle ABC$不动,将$\triangle ADE$绕点A旋转.你有什么样的想法?

生7:连接EC,BD(图5.12-4),可以得到与例题类似的结论.因为在$\triangle ABC$与$\triangle ADE$中,$AB=AC$,$AD=AE$,$\angle BAC=\angle EAD=60°$,所以$\angle BAD=\angle CAE$,所以$\triangle BAD \cong \triangle CAE$.

生8:因为$\triangle BAD \cong \triangle CAE$,可得$BD=CE$.

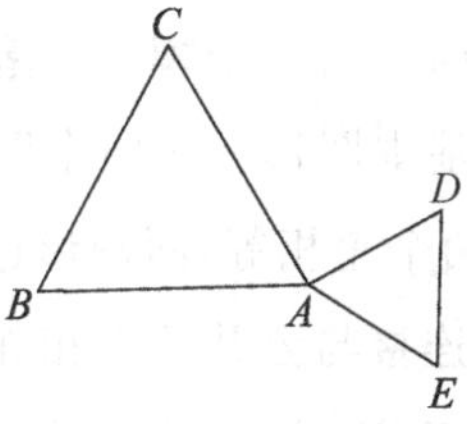

图5.12-3

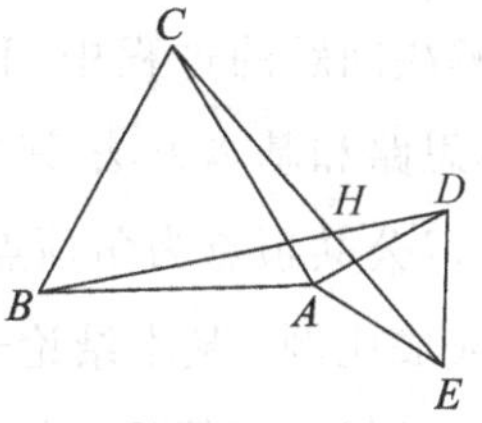

图5.12-4

生9:设直线BD与直线CE交于点H,由于$\triangle BAD \cong \triangle CAE$,所以$\angle BDA=\angle CEA$,易证$\angle DHE=\angle DAE=60°$,所以$BD$与$CE$的夹角为$60°$.

生10:解决这个问题与例1一样,证明$BAD \cong \triangle CAE$是最根本的步骤.

【设计说明】　本变式的基本图形由正方形变为等边三角形,进一步体会解决此类模型的基本方法、基本思想.

变式3　如图5.12-5,已知矩形$ABCO$与矩形$DEFO$,$\dfrac{OC}{OA}=\dfrac{OF}{OD}=2$,矩形$ABCO$不动,将矩形$DEFO$绕点$O$旋转,连接$AD$与$CF$.

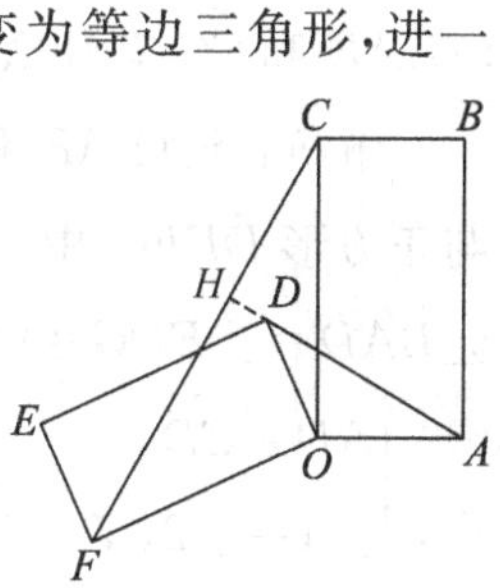

图5.12-5

师:你可以得到哪些结论?你是怎样得

到的？

生 11：因为在矩形 $ABCO$ 和矩形 $DEFO$ 中，$\frac{OC}{OA}=\frac{OF}{OD}=2$，$\angle AOC=\angle DOF=90^\circ$，所以$\triangle AOD\backsim\triangle COF$.

生 12：因为$\triangle AOD\backsim\triangle COF$，所以$\frac{CF}{DA}=\frac{OC}{OA}=2$.

生 13：延长 AD，交 FC 于点 H，由于$\triangle AOD\backsim\triangle COF$，所以$\angle AOD=\angle COF$，易证$\angle AHC=90^\circ$，所以 $AD\perp CF$.

师：在上面的结论中，哪个结论是证明其他结论的条件？

生 14：$\triangle AOD\backsim\triangle COF$.

【设计说明】 本变式的基本图形由正方形过渡到相似的矩形，图形的形状发生改变，代表了问题更一般的情况.

在上面解决问题的过程中，我们构建出一个模式：基本图形的基本结论、基本思路和基本方法.其中：基本图形——两个图形有一个共同的顶点，且以公共顶点为角顶点的两个角相等，两图形连接于公共顶点的边相等或成比例；基本结论——连接与公共顶点相邻的两图形的顶点得到的两条线段相等且(或)互相垂直；证明这一结论的基本思路和方法——全等三角形的判定和性质.

二、模式的识别与应用

1. 直接识别应用

例 2 如图 5.12-6，四边形 $ABCD$ 和 $DEFG$ 为正方形，将正方形 $DEFG$ 绕点 D 按顺时针方向旋转，使点 E 落在 BC 边上，连接 AE 和 CG.AE 和 CG 有什么关系？请说明理由.

解析：延长 AE 和 GC 交于点 H，如图 5.12-7.∵ 在正方形 $ABCD$ 与正方形 $DEFG$ 中，$AD=DC$，$DE=DG$，$\angle ADC=\angle DCB=\angle B=\angle BAD=\angle EDG=90^\circ$，∴ $\angle 1=\angle 2=90^\circ-\angle 3$.在$\triangle ADE$ 与$\triangle CDG$ 中，$\begin{cases}AD=CD,\\ \angle 1=\angle 2,\\ DE=DG,\end{cases}$ ∴ $\triangle ADE\cong\triangle CDG$，∴ $\angle 5=\angle 4$，$AE=CG$.又

$\because$ $\angle 5+\angle 6=90°$，$\angle 4+\angle 7=180°-\angle DCE=180°-90°=90°$，$\therefore$ $\angle 6=\angle 7$. $\because$ $\angle 6+\angle AEB=90°$，$\angle AEB=\angle CEH$，$\therefore$ $\angle CEH+\angle 7=90°$，$\therefore$ $\angle EHC=90°$，$\therefore$ $AE\perp GC$.

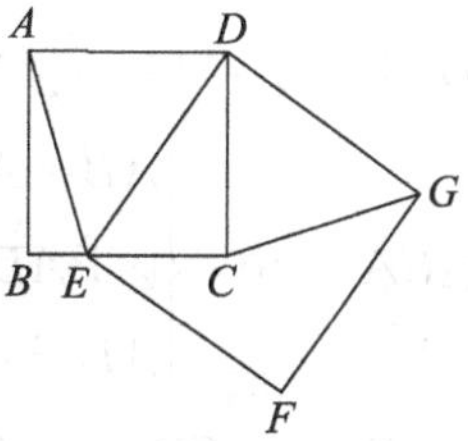

图 5.12-6

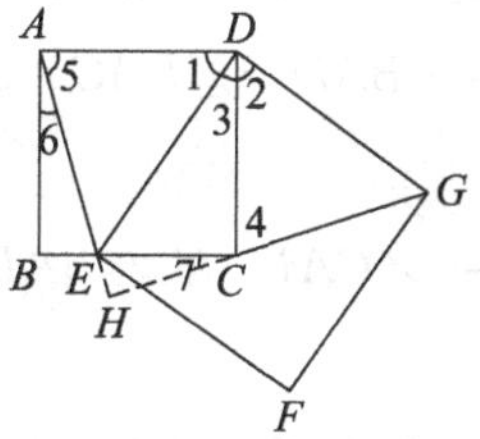

图 5.12-7

【设计说明】 本题是对模式的直接识别，解决本题的困难在于题中的两个正方形有重合的地方.

2. 间接识别应用

例 3 如图 5.12-8，在$\triangle ABC$ 中，$\angle BAC=90°$，$AB=AC$，点 D 为直线 BC 上一动点（点 D 不与 B，C 重合）. 以 AD 为边作正方形 $ADEF$，连接 CF.

（1）当点 D 在线段 BC 上时，求证：

① $BD\perp CF$；② $CF=BC-CD$.

（2）如图 5.12-9，点 D 在线段 BC 的延长线上，其他条件不变，请直接写出 CF，BC，CD 三条线段之间的关系.

（3）如图 5.12-10，点 D 在线段 BC 的反向延长线上，且点 A，F 分别在直线 BC 的两侧，其他条件不变.

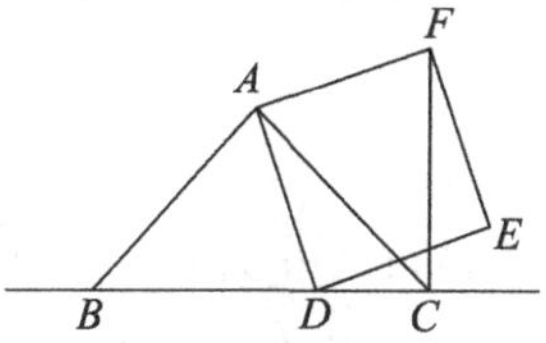

图 5.12-8

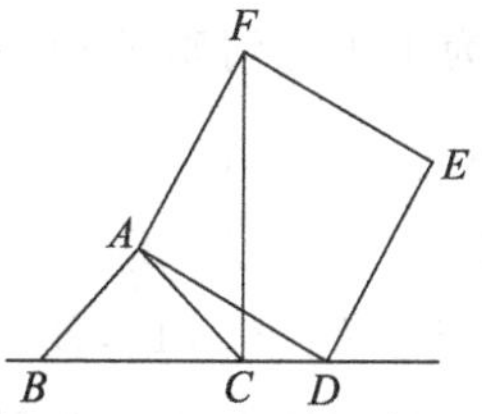

图 5.12-9

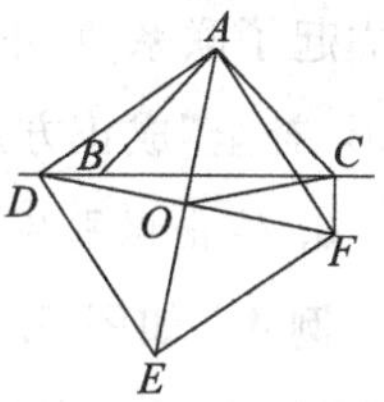

图 5.12-10

① 请直接写出 CF，BC，CD 三条线段之间的关系.

② 连接正方形的对角线 AE，DF，交点为 O，连接 OC，探究 $\triangle AOC$ 的形状，并说明理由.

解析：(1) ① $\because$ $\angle BAC=90°$，$AB=AC$，$\therefore$ $\angle ABC=\angle ACB=45°$. $\because$ 四边形 $ADEF$ 是正方形，$\therefore$ $AD=AF$，$\angle DAF=90°$. $\because$ $\angle BAC=\angle BAD+\angle DAC=90°$，$\angle DAF=\angle CAF+\angle DAC=90°$，

$\therefore$ $\angle BAD=\angle CAF$. 在 $\triangle BAD$ 和 $\triangle CAF$ 中，$\begin{cases}AB=AC,\\ \angle BAD=\angle CAF,\\ AD=AF,\end{cases}$

$\therefore$ $\triangle BAD\cong\triangle CAF$(SAS)，$\therefore$ $BD=CF$，$\angle ACF=\angle ABD=45°$，$\therefore$ $\angle ACF+\angle ACB=90°$，$\therefore$ $BD\perp CF$.

② 由①$\triangle BAD\cong\triangle CAF$，$\therefore$ $BD=CF$，$\therefore$ $CF=BC-CD$.

(2) $CF=BC+CD$.

(3) ① $CD=BC+CF$.

② $\triangle AOC$ 是等腰三角形. 理由：与(1)同法可证 $\triangle BAD\cong\triangle CAF$，可得 $\angle DBA=\angle FCA$. 又 $\because$ $\angle BAC=90°$，$AB=AC$，$\therefore$ $\angle ABC=\angle ACB=45°$，则 $\angle ABD=180°-45°=135°$，$\therefore$ $\angle ABD=\angle FCA=135°$，$\therefore$ $\angle DCF=135°-45°=90°$，$\therefore$ $\triangle FCD$ 为直角三角形. 又 $\because$ 四边形 $ADEF$ 是正方形，对角线 AE 与 DF 相交于点 O，$\therefore$ $OC=\frac{1}{2}DF$，$\therefore$ $OC=OA$，$\therefore$ $\triangle AOC$ 是等腰三角形.

【设计说明】 本题与模式的区别在于：本题的基本图形是正方形与等腰直角三角形，而模式中是正方形.但是仔细观察模式中的正方形可以发现，在运用的时候只与正方形的“一半”有关，这样本题与模式就建立起了联系.另外，为了更加清晰地利用模式，也可以将等腰直角三角形“补全”成正方形.

3. 转化识别应用

例 4 如图 5.12-11，$A(-1,1)$，$B(-1,4)$，$C(-5,4)$，点 P 是 $\triangle ABC$ 边上一动点，连接 OP，以 OP 为斜边在 OP 的右上方作直角三角形，其中 $\angle OQP=90°$，$\angle POQ=30°$. 当点 P 在 $\triangle ABC$ 的三条边上运动一周时，点 Q 运动的路径长为________.

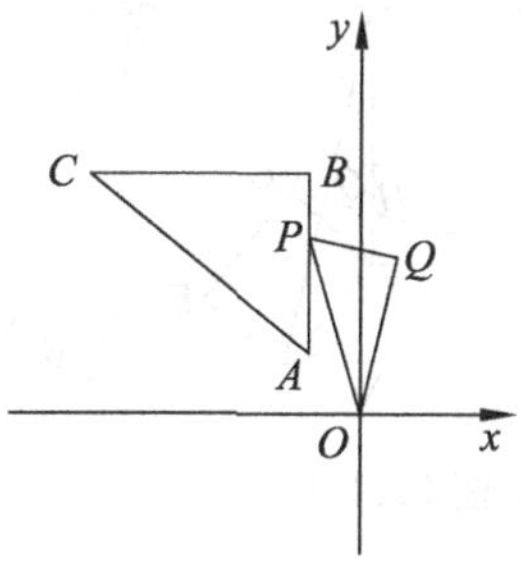

图 5.12-11

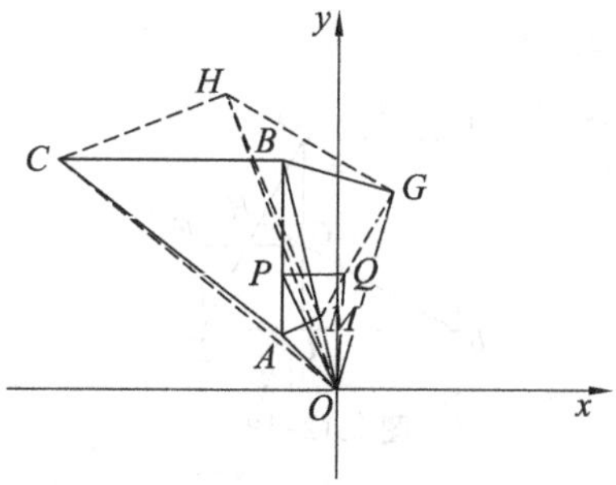

图 5.12-12

解析：如图 5.12-12，由题意，点 P 在 $\triangle ABC$ 的三条边上运动一周时，点 Q 运动的轨迹是 $\triangle MGH$. $\because A(-1,1), B(-1,4), C(-5,4)$，$\therefore AB=3, BC=4, AC=5$. $\because \dfrac{OM}{OA}=\dfrac{OG}{OB}=\dfrac{\sqrt{3}}{2}$，$\angle AOB=\angle MOG$，$\therefore \triangle AOB \backsim \triangle MOG$，$\therefore \dfrac{MG}{AB}=\dfrac{OM}{OA}=\dfrac{\sqrt{3}}{2}$，$\therefore MG=\dfrac{3\sqrt{3}}{2}$. 同法可得 $GH=\dfrac{\sqrt{3}}{2}BC=2\sqrt{3}$，$MH=\dfrac{\sqrt{3}}{2}AC=\dfrac{5\sqrt{3}}{2}$. $\therefore$ 点 Q 运动的路径长为 $\dfrac{3\sqrt{3}}{2}+2\sqrt{3}+\dfrac{5\sqrt{3}}{2}=6\sqrt{3}$.

【设计说明】 本题是一个动态问题，需要构造模型.

4. 变式识别应用

例 5 (1) 将例 1 中正方形改为矩形(图 5.12-13，图 5.12-14)，且 $AB=a, BC=b, CE=ka, CG=kb\ (a\neq b, k>0)$，例 1 中得到的结论哪些成立，哪些不成立？若成立，以图 5.12-13 为例简要说明理由.

(2) 在图 5.12-14 中，连接 BE，DG，且 $a=3$，$b=2$，$k=\dfrac{1}{2}$，求 BE^2+DG^2 的值.

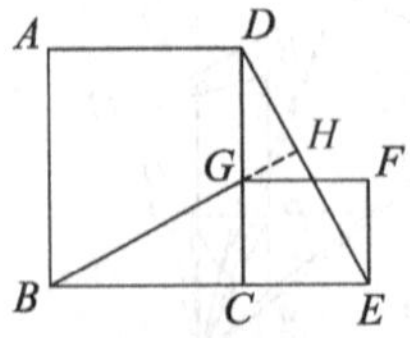

图 5.12-13

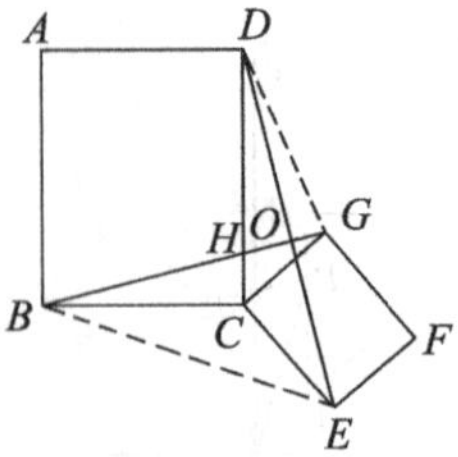

图 5.12-14

解析：(1) ∵ $AB=a, BC=b, CE=ka, CG=kb$，∴ $\frac{BC}{DC}=\frac{CG}{CE}=\frac{b}{a}$.又∵ $\angle BCG=\angle DCE$，∴ $\triangle BCG \backsim \triangle DCE$，∴ $\angle CBG=\angle CDE$.延长 BG，交 DE 于 H，∵ $\angle CDE+\angle CED=90°$，$\angle CDE=\angle CBG$，∴ $\angle CBG+\angle CED=90°$，∴ $\angle BHE=90°$，∴ $BG \perp DE$.

(2) 连接 BE，DG.根据题意，得 $AB=3$，$BC=2$，$CE=1.5$，$CG=1$. ∵ $BG \perp DE$，$\angle BCD=\angle ECG=90°$，∴ $BE^2+DG^2=BO^2+OE^2+DO^2+OG^2=BC^2+CD^2+CE^2+CG^2=4+9+2.25+1=16.25$.

【设计说明】 将本题与模式进行比较，发现本题的基本图形由模式中的正方形变为长方形，但是图形位置以及构成仍然与模式中基本图形一致.

三、总体设计说明

本节从旋转的正方形入手，得到线段之间的数量关系与位置关系，初步感受模式的条件及对应关系，明晰模式的基本图形、基本方法.

四、模式识别练习摘选

如图 5.2-15，已知四边形 $ABCD$ 和 $AEFG$ 为正方形，正方形 $AEFG$ 绕点 A 旋转一周.

(1) 连接 BG，CF，求 $\frac{CF}{BG}$ 的值.

(2) 当正方形 $AEFG$ 旋转至图 5.12-16 位置时，连接 BE，分别取 CF，BE 的中点 M，N，连接 MN.试探究 MN 与 BE 的关系，并说明

理由.

(3) 连接 BE，BF，分别取 BE，BF 的中点 N，Q，连接 QN，若 $AE=6$.请直接写出线段 QN 扫过的面积.

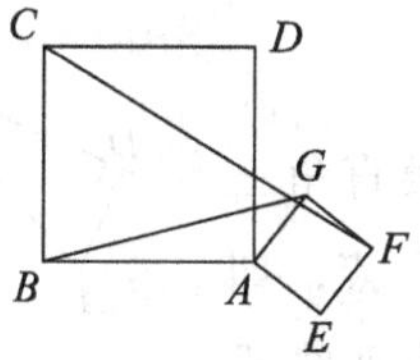

图 5.12-15

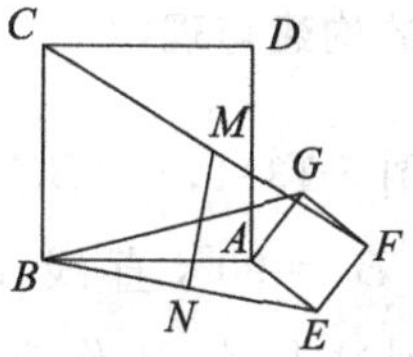

图 5.12-16

5.13 "一线三等角"模式

一、模式的构建与理解

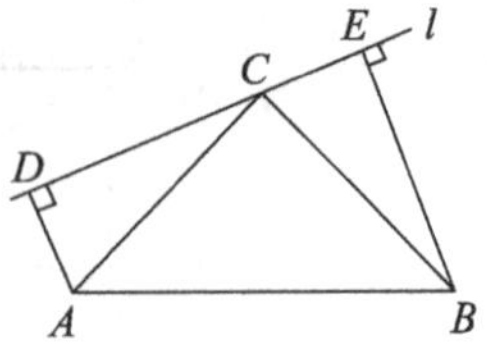

图 5.13-1

例 1 如图 5.13-1，$\triangle ABC$ 是等腰直角三角形，且 $\angle ACB=90°$，直线 l 过 C 点. 如图 5.13-1，分别过点 A，B 作直线 l 的垂线段 AD，BE，垂足分别为 D，E.

师：你可以得到哪些结论？你是怎样得到的？

生 1：由同角的余角相等可得出 $\angle CAD=\angle BCE$.

生 2：由 $\triangle ABC$ 是等腰直角三角形可得出 $AC=BC$ 及 $\angle CAD=\angle BCE$，结合 $\angle ADC=\angle CEB=90°$ 即可证出 $\triangle ACD\cong\triangle CBE$(AAS).

生 3：因为 $\triangle ACD\cong\triangle CBE$(AAS)，由全等三角形的性质可得出 $DC=EB$，$AD=CE$.

生 4：再结合 $DE=DC+CE$ 即可得出 $DE=AD+BE$.

师：在得到以上结论的过程中，哪些是关键条件？

生 5：$AC=BC$，$\angle CAD=\angle BCE$，$\angle ADC=\angle CEB$.

【设计说明】 通过开放性的问题，学生体会几何问题中的图象与图象之间的数量与位置关系的研究过程，归纳问题的关键条件，能够从复杂的图形中抽象出基本图形.

变式 1

师：当直线 l 绕点 C 旋转到如图 5.13-2 所示的位置时，以上结论还成立吗？

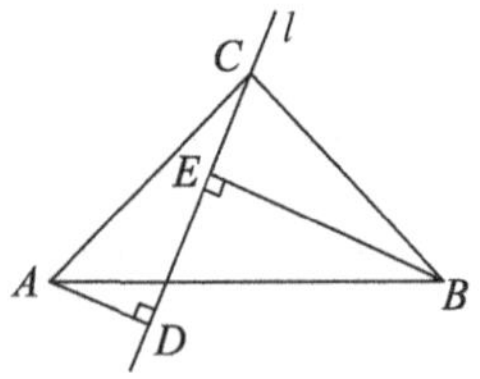

图 5.13-2

生 6：同理可得出 $\triangle ACD\cong\triangle CBE$(AAS)，由全等三角形的性质可得出 $DC=EB$，$AD=CE$，再结合 $DE=DC-CE$ 即可得出 $DE=BE-AD$.

师：在以上的结论中，哪个结论是证明其他结论的条件？

生 7：$\triangle ACD\cong\triangle CBE$.

【设计说明】 直线 l 的位置发生改变，但是关键条件（$AC=BC$，$\angle CAD=\angle BCE$，$\angle ADC=\angle CEB$）仍然成立，仍然可利用例1中的方法解决，这是“变化中的不变性”.因为直线 l 的位置发生改变，相关线段之间的数量关系从和（$DE=AD+BE$）变成差（$DE=BE-AD$）.

变式2 如图5.13-3，$\triangle ABC$ 是直角三角形，且$\angle ACB=90°$，直线 l 过 C 点，分别过点 A，B 作直线 l 的垂线段 AD，BE，垂足分别为 D，E.

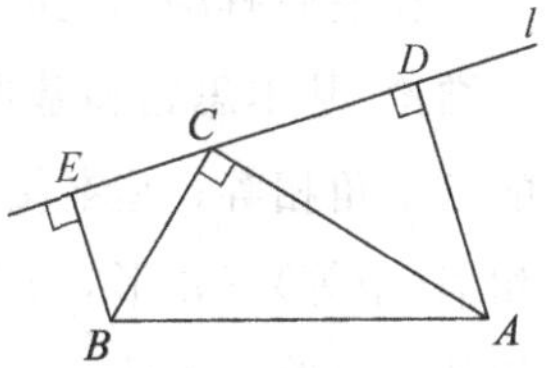

图5.13-3

师：与例1相比，变式2发生了哪些变化？这些变化对结论有哪些影响？还可以用研究例题的方法研究吗？

生8：由同角的余角相等可得出$\angle CAD=\angle BCE$，结合$\angle ADC=\angle CEB=90°$，即可证出$\triangle ACD\backsim\triangle CBE$，由三角形相似可以得到对应边成比例.问题中的条件从“$\triangle ABC$ 是等腰直角三角形”变化成“$\triangle ABC$ 是直角三角形”，少了边相等的条件，所以$\triangle ACD\cong\triangle CBE$这个结论不会一定成立.

师：在得到三角形相似这个结论的过程中，关键的结论是什么？

生9：由“同角的余角相等”可得出$\angle CAD=\angle BCE$.

【设计说明】 与例1相比，变式2弱化了$\triangle ABC$ 的条件，最后的结论从全等变成相似，但是研究方法类似.

变式3

师：如果对例1中$\triangle ABC$ 的条件进一步弱化，$\triangle ABC$ 变成任意一个三角形，还有类似的结论吗？如果不行，怎样修改问题中的条件呢？

生10：$\triangle ABC$ 变成任意一个三角形不可以.根据例1以及变式1、变式2的证明过程可知，需要$\angle BEC=\angle ADC=\angle ACB$才可以（图5.13-4）.同变式的方法可证得$\triangle ACD\backsim\triangle CBE$.

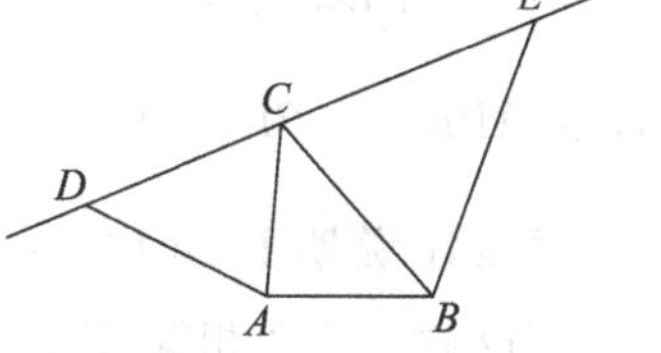

图5.13-4

师：回顾变式 2，问题中的关键条件是什么？

生 11：$\angle ADC=\angle BEC=\angle ACB=90°$.

【设计意图】 通过对条件一步一步地弱化，学生在证明的过程中体会得到“模型”的一般条件.

在上面解决问题的过程中，我们构建出一个模式：基本图形的基本结论、基本思路和基本方法.其中：基本图形——顶点在一条直线上的三个角相等；基本结论——三组对应角相等（“一线三等角”），一组相似（全等）三角形，一些对应线段之间成比例（相等）；证明这些结论的基本思路和方法——证明三角形相似，利用相似三角形的对应边成比例来证明线段之间的数量关系.

二、模式的识别与应用

1. 直接识别应用

例 2 如图 5.13-5，等边三角形 ABC 的边长为 3，点 P 为 BC 上一点，且 $BP=1$，点 D 为 AC 上一点，$\angle APD=60°$.

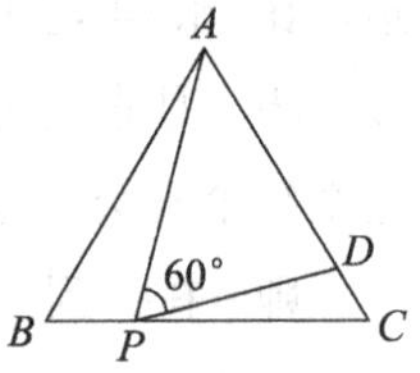

图 5.13-5

(1) 求 CD 的长.

(2) PD 可以和 AC 垂直吗？如果不可以，请说明理由；如果可以，请求出 BP 的长.

解析：(1) ∵ $\triangle ABC$ 为等边三角形，∴ $\angle B=\angle C=60°$. ∵ $\angle APD=60°$，∴ $\angle APB+\angle CPD=120°$. ∵ $\angle B=60°$，∴ $\angle BAP+\angle APB=120°$，∴ $\angle BAP=\angle CPD$，∴ $\triangle ABP \backsim \triangle PCD$，∴ $\dfrac{AB}{BP}=\dfrac{PC}{CD}$，∴ $\dfrac{3}{1}=\dfrac{3-1}{CD}$，∴ $CD=\dfrac{2}{3}$.

(2) 可以.当 $PD\perp AC$ 时，$\angle PDC=90°$. ∵ $\triangle ABP \backsim \triangle PCD$，∴ $\angle APB=\angle PDC=90°$. ∵ $\triangle ABC$ 是等边三角形，∴ $BP=\dfrac{1}{2}AB=\dfrac{3}{2}$.

【设计说明】 (1) 顶点在一条直线上的三个角：$\angle B$，$\angle C$，$\angle APD$.这三个角相等，符合模式的条件.利用两个角相等可证 $\triangle ABP \backsim \triangle PCD$，得 $\dfrac{AB}{BP}=\dfrac{PC}{CD}$，代入即可解决问题.

(2) 由$\triangle ABP \backsim \triangle PCD$,得$\angle APB=\angle PDC=90^\circ$,再利用含 30° 角的三角形的性质即可.

2. 间接识别应用

例 3 如图 5.13-6,已知相邻两条平行直线间的距离相等,若等腰直角三角形 ABC 的三个顶点分别在这三条平行直线上,则 $\sin\alpha$ 的值是________.(直接写出结果)

解析:如图 5.13-7,过点 A 作 $AD\perp l_1$ 于 D,过点 B 作 $BE\perp l_1$ 于 E.设 l_1,l_2,l_3 相邻两条间的距离为 1,$\because$ $\angle CAD+\angle ACD=90^\circ$,$\angle BCE+\angle ACD=90^\circ$,$\therefore$ $\angle CAD=\angle BCE$.在等腰直角三角形 ABC 中,$AC=BC$.在 $\triangle ACD$ 和 $\triangle CBE$ 中,$\begin{cases}\angle CAD=\angle BCE,\\ \angle ADC=\angle BEC=90^\circ,\\ AC=BC,\end{cases}$

$\therefore$ $\triangle ACD\cong\triangle CBE$(AAS),$\therefore$ $CD=BE=1$.在 Rt$\triangle ACD$ 中,$AC=\sqrt{AD^2+CD^2}=\sqrt{2^2+1^2}=\sqrt{5}$.在等腰直角三角形 ABC 中,$AB=\sqrt{2}AC=\sqrt{2}\times\sqrt{5}=\sqrt{10}$,$\therefore$ $\sin\alpha=\dfrac{1}{\sqrt{10}}=\dfrac{\sqrt{10}}{10}$.

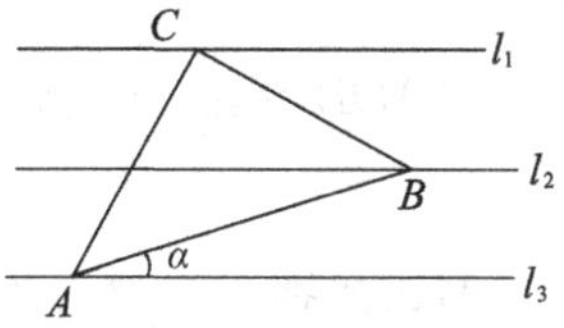

图 5.13-6

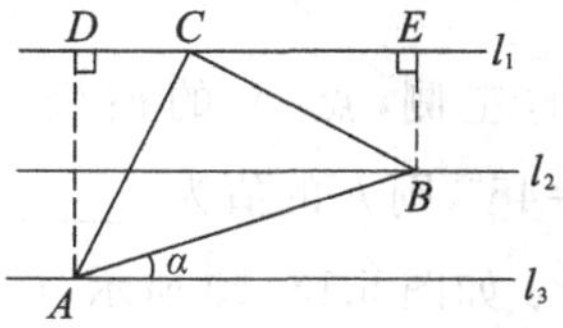

图 5.13-7

【设计说明】 本题通过构造“一线三等角”模型即可解决问题.

3. 转化识别应用

例 4 如图 5.13-8,在矩形 $ABCD$ 中,E 是 AD 上的一点,将$\triangle CDE$ 沿 CE 对折,点 D 刚好落在 AB 边的点 F.

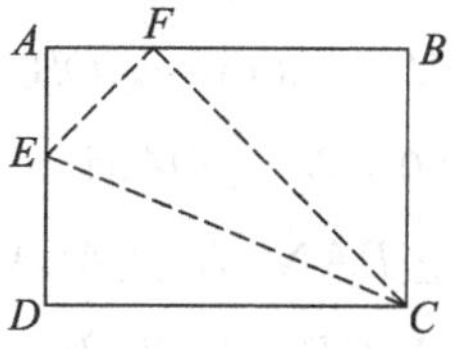

图 5.13-8

(1) 求证:$\triangle AEF\backsim\triangle BFC$.

(2) 若 $AB=20$ cm,$BC=16$ cm,求 $\tan\angle DCE$.

解析:(1) $\because$ 在矩形 $ABCD$ 中,将$\triangle CDE$ 沿 CE 对折,点 D 刚好

落在 AB 边的点 F，∴ $\triangle CDE \cong \triangle CFE$，∴ $\angle EFC=\angle D=90°$，∴ $\angle AFE+\angle BFC=90°$. ∵ $\angle A=90°$，∴ $\angle AEF+\angle AFE=90°$，∴ $\angle AEF=\angle BFC$.又∵ $\angle A=\angle B$，∴ $\triangle AEF \backsim \triangle BFC$.

(2) ∵ 四边形 $ABCD$ 为矩形，$AB=20$ cm，$BC=16$ cm，∴ $CD=20$ cm，$AD=16$ cm. ∵ $\triangle CDE \cong \triangle CFE$，∴ $CF=CD=20$ cm.在 Rt$\triangle BCF$ 中，由勾股定理得 $BF=\sqrt{20^2-16^2}=12$(cm)，∴ $AF=AB-BF=8$ cm. ∵ $\triangle AEF \backsim \triangle BFC$，∴ $\frac{AE}{BF}=\frac{AF}{BC}$，∴ $\frac{AE}{12}=\frac{8}{16}$，∴ $AE=6$，∴ $DE=AD-AE=16-6=10$(cm).∴ 在 Rt$\triangle DCE$ 中，$\tan\angle DCE=\frac{DE}{DC}=\frac{10}{20}=\frac{1}{2}$.

【设计说明】 这是矩形折叠问题中的一种特殊情况：顶点 D 折叠到边 AB 上，得到模式，再运用模式中的基本思想与方法解决问题.本题是模式的转化识别应用.

4. 变式识别应用

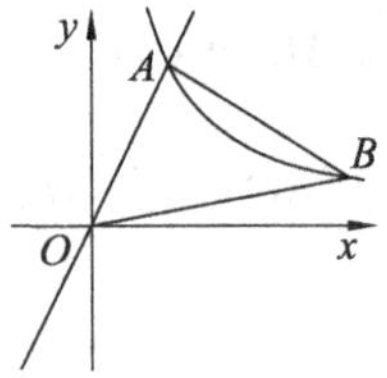

图 5.13-9

例 5 如图 5.13-9，在平面直角坐标系中，经过点 A 的双曲线 $y=\frac{k}{x}(x>0)$ 同时经过点 B，且点 A 在点 B 的左侧，点 A 的横坐标为 1，$\angle AOB=\angle OBA=45°$，则 k 的值为________.

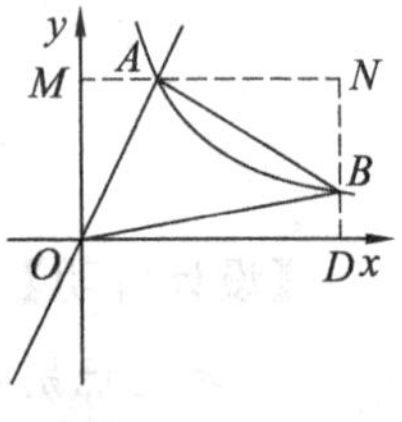

图 5.13-10

解析：如图 5.13-10 所示，过 A 作 $AM\perp y$ 轴于 M，过 B 作 $BD\perp x$ 轴于 D，直线 BD 与 AM 交于点 N，则 $OD=MN$，$DN=OM$，$\angle AMO=\angle BNA=90°$，∴ $\angle AOM+\angle OAM=90°$. ∵ $\angle AOB=\angle OBA=45°$，∴ $OA=BA$，$\angle OAB=90°$，∴ $\angle OAM+\angle BAN=90°$，∴ $\angle AOM=\angle BAN$，∴ $\triangle AOM \cong \triangle BAN$. ∴ $AM=BN=1$，$OM=AN=k$，∴ $OD=1+k$，$BD=OM-BN=k-1$，∴ $B(1+k,k-1)$. ∵ 双曲线 $y=\frac{k}{x}(x>0)$ 经过点 B，∴ $(1+k)(k-1)=k$，整理得 $k^2-k-1=0$，

解得 $k=\frac{1+\sqrt{5}}{2}$（负值已舍去）.

【设计说明】 过 A 作 $AM\perp y$ 轴于 M，过 B 作 $BD\perp x$ 轴于 D，构造“一线三等角”模型，直线 BD 与 AM 交于点 N，由等腰三角形的判定与性质得出 $OA=BA$，$\angle OAB=90°$，证出 $\angle AOM=\angle BAN$.由“AAS”证明 $\triangle AOM\cong\triangle BAN$，得出 $AM=BN$，$OM=AN$，即可得到 B 的坐标，把它代入反比例函数即可得一元二次方程，解方程即可得到 k 的值.

三、模式识别练习摘选

【发现】 如图 5.13-11①，已知等边三角形 ABC，将直角三角板的 $60°$ 角的顶点 D 任意放在 BC 边上（点 D 不与点 B，C 重合），使其两边分别交线段 AB，AC 于点 E，F.

（1）若 $AB=6$，$AE=4$，$BD=2$，则 $CF=$________；

（2）求证：$\triangle EBD\backsim\triangle DCF$.

【思考】 若将图 5.13-11①中的三角板的顶点 D 在 BC 边上移动，保持三角板与边 AB，AC 的两个交点 E，F 都存在，连接 EF，如图 5.13-11②所示.问：点 D 是否存在某一位置，使 ED 平分 $\angle BEF$ 且 FD 平分 $\angle CFE$？若存在，求出 $\frac{BD}{BC}$ 的值；若不存在，请说明理由.

【探索】 如图 5.13-11③，在等腰三角形 ABC 中，$AB=AC$，点 O 为 BC 边的中点，将三角形透明纸板 MON 的一个顶点放在点 O 处（其中 $\angle MON=\angle B$），使其两条边分别交边 AB，AC 于点 E，F（点 E，F 均不与 $\triangle ABC$ 的顶点重合），连接 EF.设 $\angle B=\alpha$，则 $\triangle AEF$ 与 $\triangle ABC$ 的周长之比为________.（用含 α 的表达式表示）

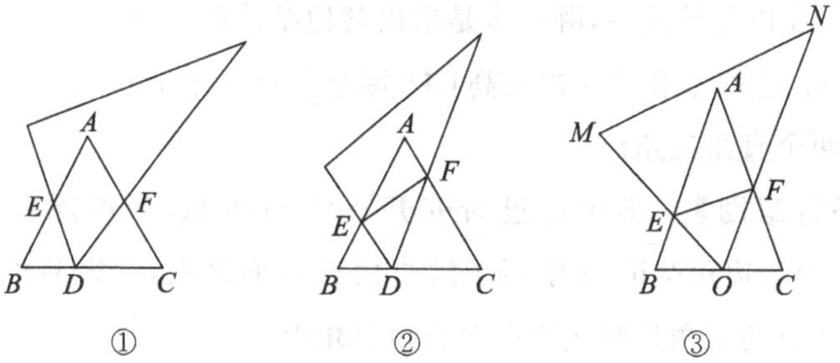

图 5.13-11

5.14 解直角三角形中的双直角三角形问题

一、模式的构建与理解

例 1 如图 5.14-1，在$\triangle ABC$中，$\angle B=30°$，$\angle C=105°$，$AC=6$.

师：通过已知条件，可以求出哪些量？

生 1：在$\triangle ABC$中，$\angle B=30°$，$\angle C=105°$，所以$\angle A=180°-\angle B-\angle C=45°$.

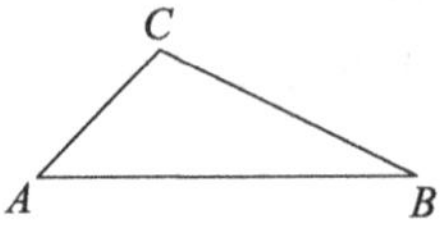

图 5.14-1

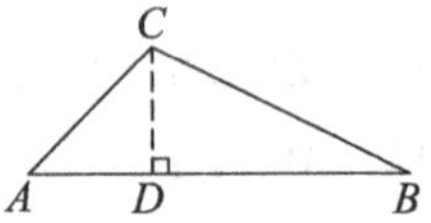

图 5.14-2

生 2：过 C 点作 AB 边上的高 CD（图 5.14-2），得到了两个特殊的直角三角形，分别是等腰直角三角形和含有 30°角的直角三角形.

生 3：在 $\mathrm{Rt}\triangle ADC$ 中，$\angle ADC=90°$，$\sin A=\dfrac{CD}{AC}$，即 $\sin 45°=\dfrac{CD}{6}=\dfrac{\sqrt{2}}{2}$，所以 $CD=3\sqrt{2}$. $\tan A=\dfrac{CD}{AD}$，即 $\tan 45°=\dfrac{3\sqrt{2}}{AD}=1$，所以 $AD=3\sqrt{2}$. 在 $\mathrm{Rt}\triangle BDC$ 中，$\angle BDC=90°$，$\tan B=\dfrac{CD}{BD}$，即 $\tan 30°=\dfrac{3\sqrt{2}}{BD}=\dfrac{\sqrt{3}}{3}$，所以 $BD=3\sqrt{6}$. 所以 $AB=AD+BD=3\sqrt{2}+3\sqrt{6}$.

师：在以上结论中，哪一步是求出其他结论的关键？

生 4：过 C 点作 AB 边的高 CD. 将非直角三角形转化成有公共直角边的两个直角三角形.

【设计意图】 学生通过研究开放性的问题，尽可能多地探究$\triangle ABC$中的边角结论. 在学习了解直角三角形之后，很容易想到通过作高将非直角三角形转化成两个直角三角形.

变式 如图 5.14-3，在$\triangle ABC$中，$\angle B=30°$，$\angle A=135°$，$AB=6$.

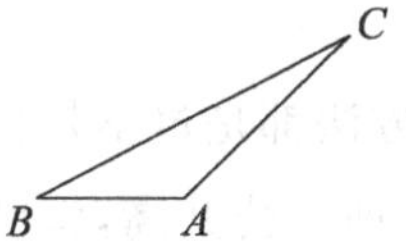

图 5.14-3

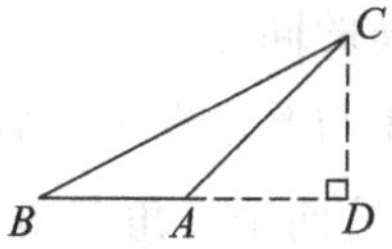

图 5.14-4

师：通过已知条件，可以求出哪些量？

生 5：在$\triangle ABC$中，$\angle B=30^\circ$，$\angle A=135^\circ$，所以$\angle C=180^\circ-\angle B-\angle A=15^\circ$.

生 6：过 C 点作 AB 边上的高 CD(图 5.14-4)，得到了两个特殊的直角三角形，分别是等腰直角三角形和含有 30°角的直角三角形.

生 7：设 $CD=x$.在 $\text{Rt}\triangle ADC$ 中，$\angle ADC=90^\circ$，$\tan\angle CAD=\dfrac{CD}{AD}$，即 $\tan 45^\circ=\dfrac{x}{AD}=1$，所以 $AD=x$.在 $\text{Rt}\triangle BDC$ 中，$\angle BDC=90^\circ$，$\tan B=\dfrac{CD}{BD}$，即 $\tan 30^\circ=\dfrac{x}{BD}=\dfrac{\sqrt{3}}{3}$，所以 $BD=\sqrt{3}x$.所以 $AB=BD-AD=\sqrt{3}x-x=6$，解得 $x=3\sqrt{3}+3$，所以 $AC=\sqrt{2}AD=3\sqrt{6}+3\sqrt{2}$.

师：在以上结论中，哪一步是求出其他结论的关键？

生 8：过 C 点作 AB 边上的高 CD，将非直角三角形转化成有公共直角边的两个直角三角形.

师：在解题方法上，本题和例 1 有无异同？

生 9：都是过 C 点作 AB 边上的高 CD，但是所作的高线一个在三角形的内部，一个在三角形的外部.

师：可以将变式中的高也作在三角形的内部吗？

生 10：可以，但是不方便求解，因为对于 15°角的三角函数值我们不熟悉，而且计算也比较复杂，不利于求解.所以我们作高要考虑所得到的直角三角形是否方便求解.

【设计意图】 这里主要是利用两个基本图形——双直角三角形来解决实际问题.学生总结思路得到：(1) 解决有关这两个基本图形的问题的一般方法是作高(原则是不破坏已知的特殊角，如 30°，45°和 60°)，构造两个特殊的直角三角形；(2) 找到这两个基本图形的不同点——一个图形是两个直角三角形在公共高的两旁，另一个图形是两个直角三角形在公共高的同旁.

基本图形 1 与基本图形 2 解决的方法都是过不是特殊角的顶点作三角形的高，构造两个直角三角形都是通过公共高，将已知条件从一个三角形过渡到另一个三角形中，运用锐角三角函数建立直角三角形边与角之间的关系来解决问题.

(1) 高已知(可以通过锐角三角函数或者其他边角之间的关系直接求出)与高未知(不能通过锐角三角函数或者其他边角之间的关系直接求出)问题处理方法的区别.高已知情况：利用三角函数，寻找边与边之间的关系；高未知情况：一般设高，再利用三角函数与一元一次方程解决问题，体现了方程思想.

(2) 作三角形的高，基本图形 1 的高在三角形的内部(高在形内)，基本图形 2 的高在三角形的外部(高在形外).所以基本图形 1 的底可以通过两个直角三角形的两个直角边的和来建立等量关系；基本图形 2 的底可以通过两个直角三角形的两个直角边的差来建立等量关系.

通过这两个基本图形及解决这两个基本图形的方法和思路，建立起解决类似实际问题的模式.

二、模式的识别与应用

1. 直接识别应用

例 2 如图 5.14-5，AB 和 CD 是同一地面上的两座相距 36 m 的楼房，在楼 AB 的楼顶 A 点测得楼 CD 的楼顶 C 的仰角为 $45°$，楼底 D 的俯角为 $30°$，求楼 CD 的高.

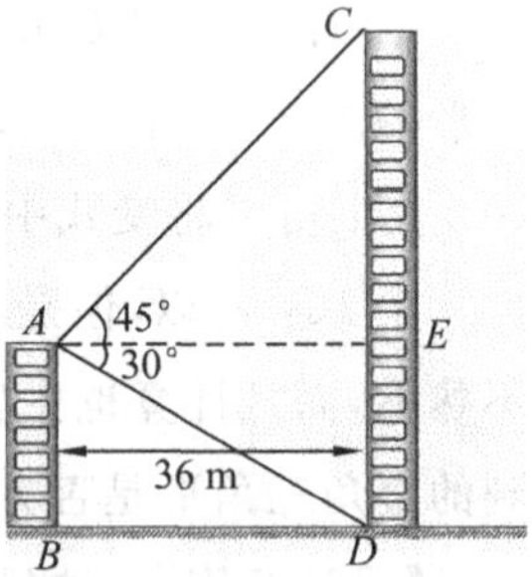

图 5.14-5

解析：过点 A 作 $AE\perp CD$，由题意可得 $\angle EAC=45°$，$\angle EAD=30°$.在 Rt$\triangle AEC$ 中，$\angle AEC=90°$，所以 $\angle ACE=90°-\angle EAC=45°$，所以 $CE=AE=36$ m.在 Rt$\triangle AED$ 中，$\angle AED=90°$，$\tan\angle EAD=\dfrac{DE}{AE}$，即 $\tan 30°=\dfrac{DE}{36}=\dfrac{\sqrt{3}}{3}$，所以 $DE=12\sqrt{3}$ m.所以 $CD=CE+DE=(36+12\sqrt{3})$ m.

【设计说明】 过点 A 作 $AE\perp CD$，构造出“双直角三角形”模式. 在 $\mathrm{Rt}\triangle AEC$ 中，求得 $CE=AE=36$ m. 再在 $\mathrm{Rt}\triangle AED$ 中，运用 $\angle EAD$ 的正切函数构造方程求解 DE. 这里求 CE 的方法与求 DE 的方法不同，求 CE 运用的是三角形等角对等边的性质. 我们在关注问题的共性的同时还要关注问题本身的特殊性，寻求更加简便的方法，但是这些都是在“双直角三角形”这一模式下进行的.

2. 间接识别应用

例 3 飞机在距地面 9 km 的高空飞行，先在 A 处测得其正前方某小岛 C 的俯角为 30°，飞行一段距离后，在 B 处测得其前方小岛的俯角为 60°，求飞机的飞行距离.

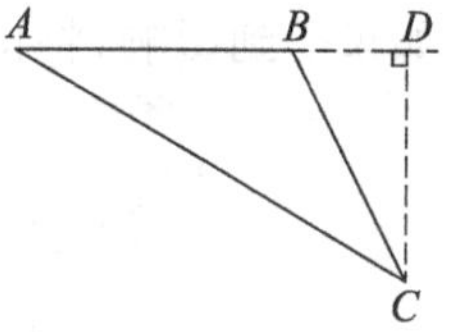

图 5.14-6

解析：根据题意作图，如图 5.14-6，过点 C 作 $CD\perp AB$，交 AB 的延长线于 D 点. ∵ $\angle BAC=30°$，$\angle ADC=90°$，∴ $\angle ACD=60°$. ∵ $\angle DBC=60°$，∴ $\angle BCD=30°$，∴ $\angle BCA=30°$. ∵ $CD=9$ km，∴ $AC=2CD=18$ km，∴ $BD=\tan 30°CD=3\sqrt{3}$ km，∴ $AD=\sqrt{AC^2-CD^2}=9\sqrt{3}$ km，∴ $AB=AD-BD=9\sqrt{3}-3\sqrt{3}=6\sqrt{3}$(km).

【设计说明】 解决本题首先要根据实际问题的题意画出几何图形，将实际问题转化成数学问题. 过点 C 作 AB 边上的高 CD，构造出基本模式即可解决问题.

3. 转化识别应用

例 4 大海中某小岛 A 的周围 10 km 范围内有暗礁. 一海轮在该岛的南偏西 60° 方向的 B 处，由西向东行驶了 20 km 后到达该岛的南偏西 30°方向的 C 处. 如果该海轮继续向东行驶，会有触礁的危险吗？(精确到 0.1 km)

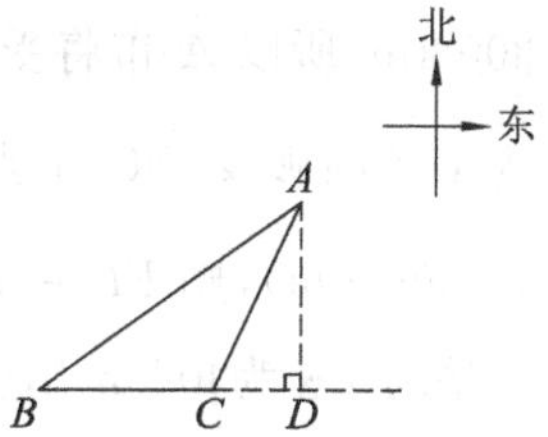

图 5.14-7

解析：如图 5.14-7，海轮在 B 处时位于 A 岛的南偏西 60°方向，在 C 处时位于 A 岛的南偏西 30°方向，作 $AD\perp BC$ 于点 D. ∵ $\angle BAD=60°$，$\angle CAD=30°$，∴ $\angle BAC=30°$. 又 ∵ $\angle ABC=30°$，∴ $AC=BC=$

20 km，∴ $CD=\frac{1}{2}AC=\frac{1}{2}\times 20=10$(km)，$AD=\sqrt{20^2-10^2}=10\sqrt{3}(km)>$10 km.因为 A 岛到海轮的航线的最短距离大于 10 km，所以该海轮不可能触礁.

【设计说明】 解决本题要首先理解题意，会将生活中的语言与数学的元素对应.

4. 变式识别应用

例 5 气象局发出预报：如图 5.14-8，沙尘暴在 A 市的正东方向 400 km的 B 处以 40 km/h 的速度向北偏西 60°的方向转移，距沙尘暴中心 300 km 的范围内将受到影响.A 市是否受到这次沙尘暴的影响？如果受到影响，将持续多长时间？

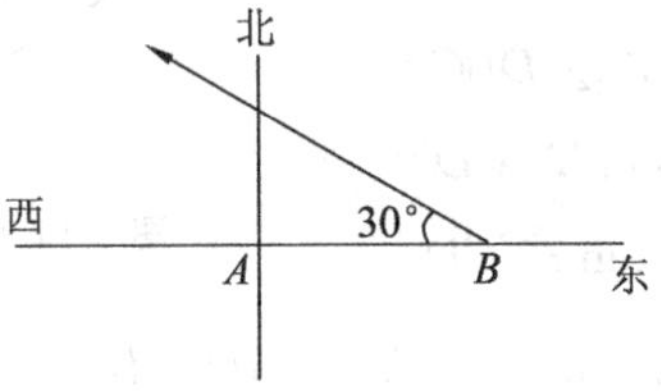

图 5.14-8

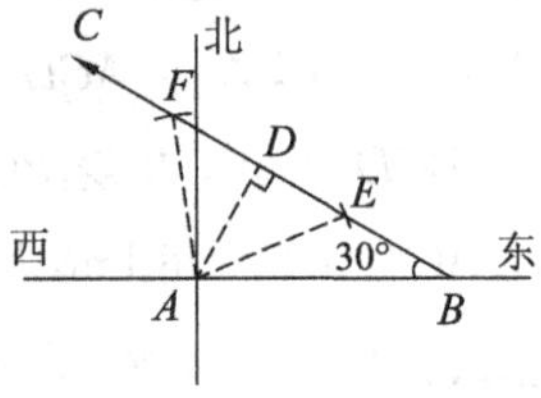

图 5.14-9

解析：如图 5.14-9，过 A 作 $AD\perp BC$ 于 D，由题意得 $AB=400$ km，$\angle DBA=30°$，所以 $AD=\frac{1}{2}AB=200$ km. 因为 200 km$<$300 km，所以 A 市将受到这次沙尘暴的影响.以 A 为圆心，以 300 km 为半径画弧交 BC 于点 E，F，$DE=\sqrt{AE^2-AD^2}=\sqrt{300^2-200^2}=100\sqrt{5}$(km)，则 $EF=2DE=2\times 100\sqrt{5}=200\sqrt{5}(km)\approx$447 (km).因为沙尘暴的风速为40 km/h，所以 A 市受影响的时间为 $447\div 40\approx 11$(h).

【设计说明】 本题考查解直角三角形的应用，把实际问题转化为数学问题，利用解直角三角形的知识解决实际问题.

三、总体设计说明

本模式研究如何将非直角三角形转化成直角三角形来求解图形中

角与边的大小.通过作高线将三角形转化成共直角边的两个直角三角形.三角形有三条高线,如何选择合适的高线是本模式研究的主要内容,选择的原则是不破坏特殊角.在本模式的学习过程中,学生逐渐体会什么样的角是特殊角,作高线不再受限于三角形摆放的位置(学生往往习惯于作水平边的高线),进一步体会解决问题时应该把握问题的本质,抓住主要矛盾.

四、模式识别练习摘选

1. 如图 5.14-10,某校组织学生乘车到玉屏山(用 C 表示)开展研学实践活动,车到达 A 地后,发现 C 地恰好在 A 地的正南方向,且距离 A 地 26 km.导航显示车辆应沿东南方向行驶至 B 地,再沿南偏西 30°方向行驶一段距离才能到达 C 地.求 B,C 两地的距离.

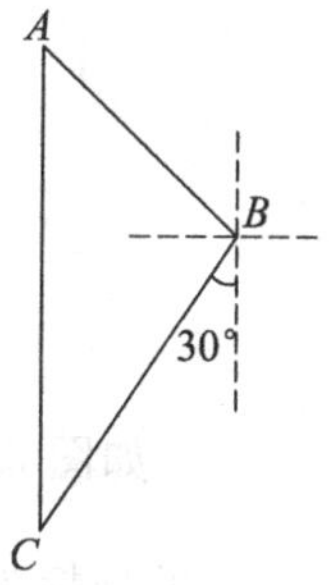

图 5.14-10

2. 如图 5.14-11，某天然气公司的主输气管道途经 A 小区，继续沿 A 小区的北偏东 60°方向往前铺设，测绘员在 A 处测得另一个需要安装天然气的 M 小区位于北偏东 30°方向.测绘员从 A 处出发，沿主输气管道步行到达 C 处，此时测得 M 小区位于北偏西 60°方向.

(1) 求$\angle AMC$与$\angle ACM$的度数；

(2) 现要在主输气管道 AC 上选择一个支管道连接点 N，使从 N 处到 M 小区铺设的管道最短，且 $AC=2\ 000$ m，求 A 小区与支管道连接点 N 的距离.

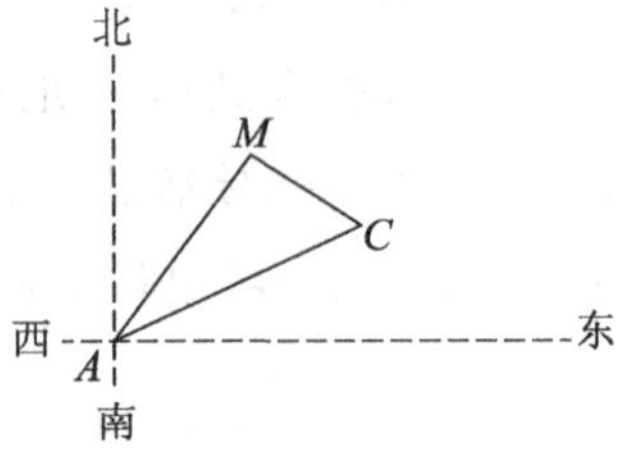

图 5.14-11

3. 如图 5.14-12，在平面直角坐标系中，$OB=5$，$\sin\angle AOB=\frac{3}{5}$，点 A 的坐标为(10,0)，求：

(1) 点 B 的坐标；

(2) $\sin\angle OAB$ 的值.

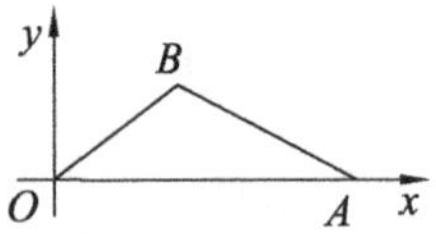

图 5.14-12

5.15 圆外定点到圆上动点的距离

一、模式的构建与理解

例1 如图5.15-1，$\odot O$的半径为2，点A是$\odot O$上的动点，点P是$\odot O$外一点，且$OP=3$，连接AP.

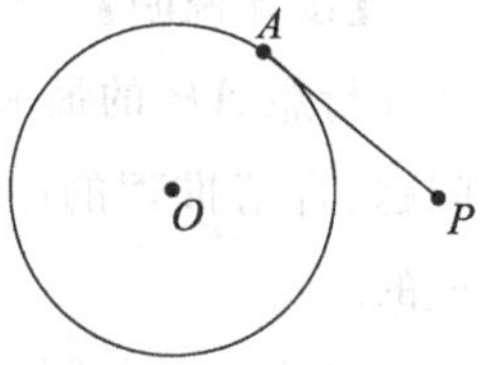

图5.15-1

师：你可以得到哪些结论？你是怎样得到的？

生1：AP的长随着点A的运动而变化.

生2：如图5.15-2，连接OP，在点A运动的过程中，当点A为$\odot O$与OP交点时，AP的值最小，此时$AP=3-2=1$.在$\odot O$上任意取一个异于点A的点，记为点A'，连接OA'，$A'P$.根据“两点之间线段最短”这一基本事实，$OA'+A'P>OP$，即$OA'+A'P>OA+AP$.又因为$OA'=OA$，得到$A'P>AP$.这样得到当点A为$\odot O$与OP的交点时，AP的值最小.

生3：如图5.15-3，连接OP，反向延长OP.在点A运动的过程中，当点A为$\odot O$与OP反向延长线的交点时，AP的值最大，此时$AP=3+2=5$.在$\odot O$上任意取一个异于点A的点，记为点A'，连接OA'，$A'P$.根据“两点之间线段最短”这一基本事实，$OA'+OP>A'P$.又因为$OA'=OA$，得到$AP>A'P$.这样得到当点A为$\odot O$与OP反向延长线的交点时，AP的值最大.

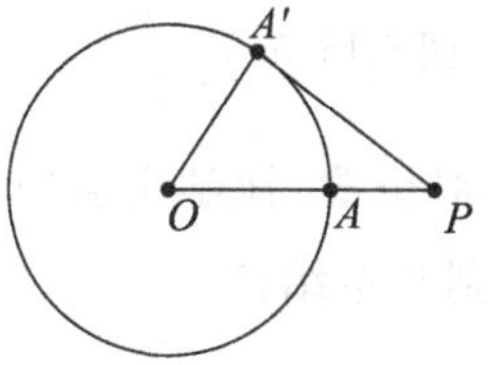

图5.15-2

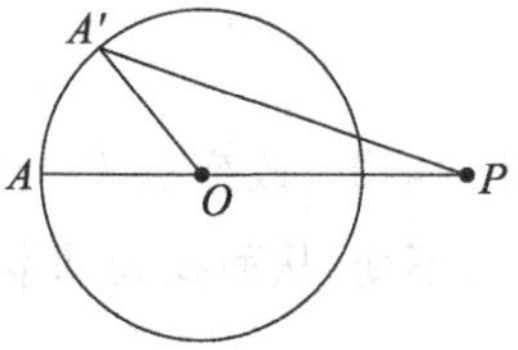

图5.15-3

师：通过例题，可以得到什么样的结论？

生 4：连接圆外一点与圆心并延长，与圆有两个交点，该点与远交点的距离就是该点与圆的距离的最大值，与近交点的距离就是该点与圆的距离的最小值，据此来构造数学模型解决动点最值问题.

师：在解决问题的过程中，重要的依据是什么？

生 5：两点之间线段最短.

【设计说明】 本例从具体的问题出发，在点 A 运动的过程中，观察并猜想 AP 的最大值与最小值，发展学生的几何直观，提高他们发现问题、合情推理的能力，让他们体会到合情推理与演绎推理是相辅相成的.

变式 1 如图 5.15-4，$\odot O$ 的半径为 2，点 A 是 $\odot O$ 上的动点，点 P 是 $\odot O$ 上一点，连接 AP.

师：你可以得到哪些结论？你是怎样得到的？

生 6：AP 的最小值为 0，此时点 A 与点 P 重合.与例 1 类似，如图 5.15-5，连接 OP，反向延长 OP.在点 A 运动的过程中，当点 A 为 $\odot O$ 与 OP 反向延长线的交点时，AP 的值最大，此时 $AP=2r=4$.在 $\odot O$ 上任意取一个异于点 A 的点记为点 A'，连接 OA'，$A'P$.根据“两点之间线段最短”这一基本事实，$OA'+OP>A'P$.又因为 $OA'=OA$，得到 $AP>A'P$，这样得到当点 A 为 $\odot O$ 与 OP 反向延长线的交点时，AP 的值最大.

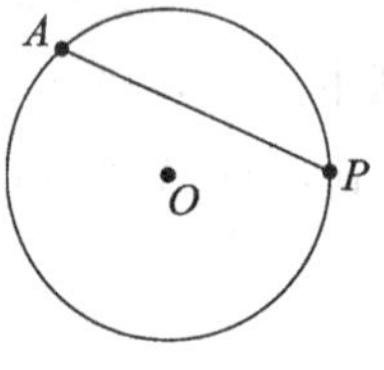

图 5.15-4

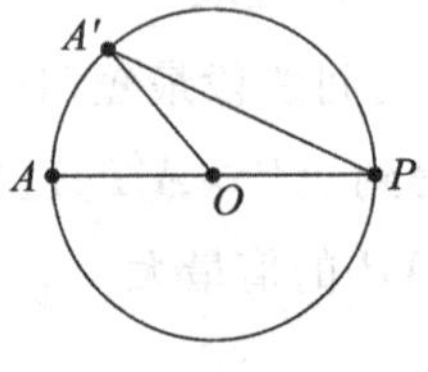

图 5.15-5

【设计说明】 改变点 P 与 $\odot O$ 的相对位置，让学生从中发现解决问题的方法不变，从而找到基本方法，得到基本结论.

变式 2

师：由例 1 与变式 1，还可以怎样改变条件，使得也可以用类似的方法得到类似的结论呢？

生7：例1中点 P 在⊙O 外，变式1中点 P 在⊙O 上，改变点 P 使得点 P 在⊙O 内：⊙O 的半径为2，点 A 是⊙O 上的动点，点 P 是⊙O 内一点，且 $OP=1$，连接 AP.可以用类似的方法求 AP 的最大值与最小值.

生8：连接 OP，在点 A 运动的过程中，当点 A 为⊙O 与射线 OP 的交点时，AP 的值最小，此时 $AP=2-1=1$.在⊙O 上任意取一个异于点 A 的点，记为点 A'，根据"两点之间线段最短"这一基本事实，得到 $A'P>AP$，这样得到当点 A 为⊙O 与 OP 的交点时，AP 的值最小.

生9：连接 OP，反向延长 OP.在点 A 运动的过程中，当点 A 为⊙O 与 OP 反向延长线的交点时 AP 的值最大，此时 $AP=1+2=3$.在⊙O 上任意取一个异于点 A 的点，记为点 A'，连接 OA'，$A'P$.根据"两点之间线段最短"这一基本事实，可得到 $AP>A'P$，这样得到当点 A 为⊙O 与 OP 反向延长线的交点时，AP 的值最大.

师：通过例1、变式1、变式2，同学们可以得到什么一般结论？

生10：可以利用点与圆的距离的最值来研究动点问题.这个点可以是在圆外、圆上、圆内.不管点在哪里，只要连接该点与圆心并延长，与圆有两个交点，该点与远交点的距离就是该点与圆的距离的最大值，与近交点的距离就是该点与圆的距离的最小值.据此来构造数学模型解决动点最值问题.

【设计说明】 通过例1以及变式1，学生感受到可以根据点 P 与⊙O 的相对位置进行分类，在分类过程中感受方法的一致性.具体分类情况如表5.15-1.

表5.15-1

点的位置	数学模型	点与圆上的点的距离的最大值	点与圆上的点的距离的最小值
点 P 在圆外	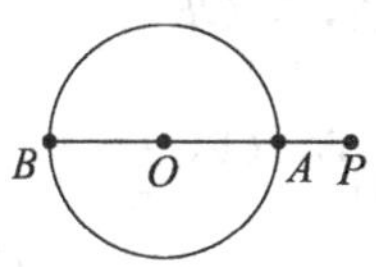	BP	AP

续表

点的位置	数学模型	点与圆上的点的距离的最大值	点与圆上的点的距离的最小值
点 P 在圆上	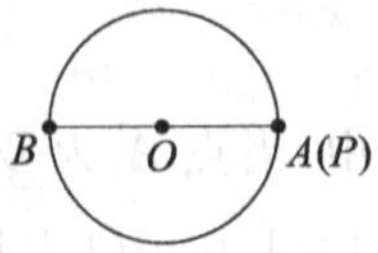	BP（$\odot O$ 的直径的长度）	$AP=0$
点 P 在圆内（P 在 OA 上）	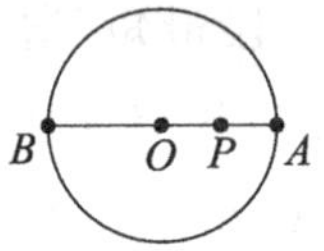	BP	AP

在上面解决问题的过程中，我们构建出一个模式：基本图形的基本结论、基本思想和基本方法.其中：基本图形——连接点与圆上的一点；基本结论——连接点与圆心并延长，与圆有两个交点，该点与远交点的距离就是该点与圆的距离的最大值，与近交点的距离就是该点与圆的距离的最小值；基本思想——构造三角形；证明这一结论的基本方法——利用基本事实“两点之间线段最短”.

二、模式的识别与应用

1. 直接识别应用

例 2 如图 5.15-6，在 Rt$\triangle ABC$ 中，$\angle ACB=90°$，$AC=BC=2$，以 BC 为直径的半圆交 AB 于点 D，点 P 是$\overset{\frown}{CD}$上的一个动点，连接 AP，则 AP 的最小值是________.

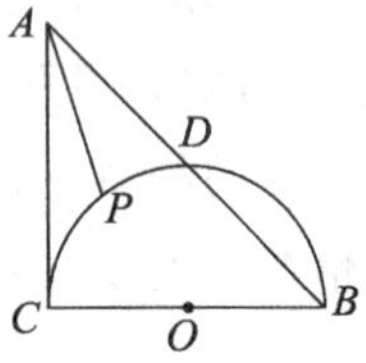

图 5.15-6

解析：当点 P 在 OA 上时，AP 最短，最小值为 $\sqrt{5}-1$.连接 OA，交半圆于点 P'，连接 OP，如图 5.15-7 所示.$\because$ $AC=BC=2$，BC 为半圆的直径，$\therefore$ $OP=OC=\dfrac{1}{2}BC=1$. $\because$ $\angle ACB=90°$，$\therefore$ $OA=\sqrt{AC^2+OC^2}=\sqrt{2^2+1^2}=\sqrt{5}$. $\because$ $AP\geqslant OA-OP$，$\therefore$ $AP\geqslant\sqrt{5}-1$. $\therefore$ 当点 P 在 OA 上时，AP 最短，最

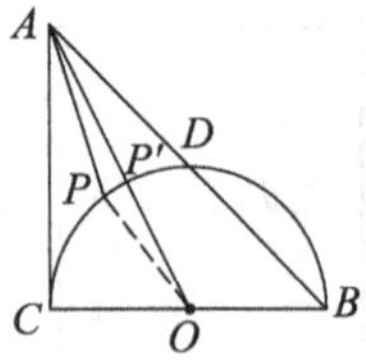

图 5.15-7

小值为$\sqrt{5}-1$.

【设计说明】 点A是$\odot O$外一定点,点P是$\odot O$上一动点,符合模式的特点,是对模式的直接识别应用.

2. 间接识别应用

例3 如图5.15-8,在矩形$ABCD$中,$AB=4$,$BC=6$,点E是矩形内部的一个动点,且$AE\perp BE$,则线段CE的最小值为________.

解析:如图5.15-9,$\because AE\perp BE$,$\therefore$点E在以AB为直径的半圆$\odot O$上,连接CO,交$\odot O$于点E',$\therefore$当点E位于点E'位置时,线段CE取得最小值.$\because AB=4$,$\therefore OA=OB=OE'=2$.$\because BC=6$,$\therefore OC=\sqrt{BC^2+OB^2}=\sqrt{6^2+2^2}=2\sqrt{10}$,则$CE'=OC-OE'=2\sqrt{10}-2$.

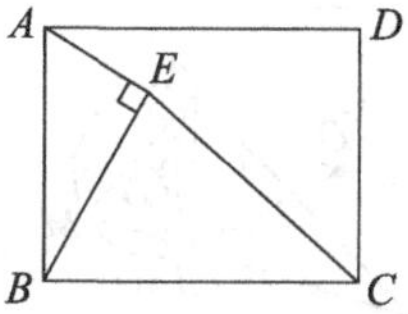

图 5.15-8

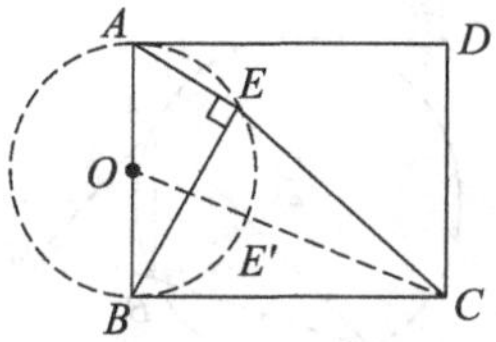

图 5.15-9

【设计说明】 由$AE\perp BE$知点E在以AB为直径的半圆上,点O为AB的中点,符合模型中的基本图形.找出隐圆,间接识别模式,应用模式解决问题.

3. 转化识别应用

例4 如图5.15-10,在Rt$\triangle ABC$中,$\angle ACB=90°$,$\angle BAC=30°$,$BC=2$,线段BC绕点B旋转到BD,连接AD,点E为AD的中点,连接CE,则CE的长不可能是 ( )

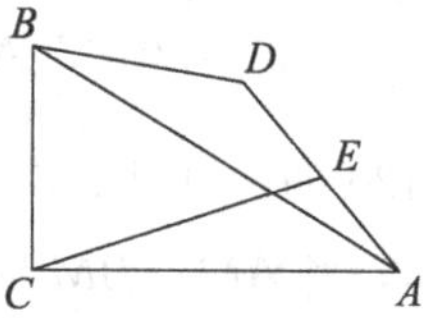

图 5.15-10

A. 1.2　　B. 2.05

C. 2.7　　D. 3.1

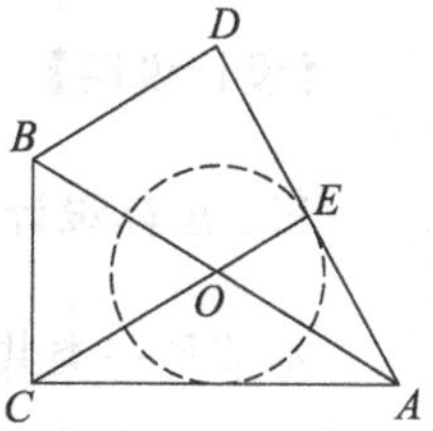

图 5.15-11

解析:取AB的中点O,连接OE,如图5.15-11,由题意知$BD=BC=2$.$\because$点E为AD的中点,点O为AB的中点,$\therefore OE=\frac{1}{2}BD=1$,

∴ 点 E 的轨迹是以 O 为圆心、1 为半径的圆.∴ 当点 E 在 CO 延长线上时，CE 最大.而由 $\angle ACB=90°$，$\angle BAC=30°$，$BC=2$ 可得 $AB=4$. ∵ 点 O 为 AB 的中点，∴ $OC=\frac{1}{2}AB=2$，∴ CE 的最大值为 $OC+OE=2+1=3$，∴ CE 的长度不能是 3.1.

【设计说明】 本题解题的关键是取 AB 的中点，从而由已知条件得出点 E 的轨迹.

4. 变式识别应用

例 5 如图 5.15-12，$\odot O$ 的半径为 4，弦 $AB=4$，点 C 为优弧 AB 上一动点，$AM\perp AC$，交直线 CB 于点 M，则 $\triangle ABM$ 的面积的最大值是________.

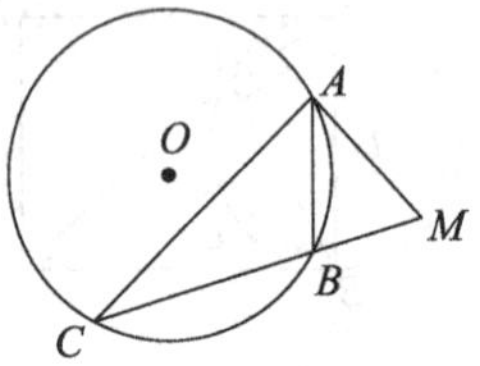

图 5.15-12

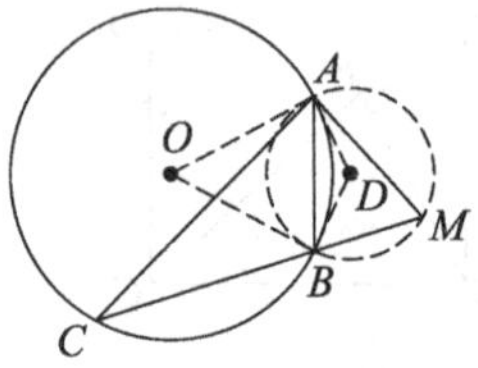

图 5.15-13

解析：连接 OA，OB，如图 5.15-13 所示.∵ $OA=OB=4=AB$，∴ $\triangle AOB$ 是等边三角形，∴ $\angle AOB=60°$，∴ $\angle ACB=\frac{1}{2}\angle AOB=\frac{1}{2}\times 60°=30°$.∵ $AM\perp AC$，∴ $\angle M=60°$，∴ 点 M 在圆心角 $\angle ADB=120°$的 $\odot D$ 上.∵ $AB=4$，$S_{\triangle ABM}$ 最大，则点 M 到 AB 的距离最大，∴ 当 $AM=BM$ 时，点 M 到 AB 的距离最大，∴ $\triangle ABM$ 是等边三角形，∴ $S_{\triangle ABM}=\frac{1}{2}AB\times\frac{\sqrt{3}}{2}AB=\frac{1}{2}\times 4\times\frac{\sqrt{3}}{2}\times 4=4\sqrt{3}$.

【设计说明】 本题是对模式的变式识别应用.

三、总体设计说明

本节是一类共端点的线段和最值问题.在此之前学生已经学习了“将军饮马”问题——动点在一条直线上的线段和最值问题，本节内容是对“两点之间线段最短”这一基本事实的加深应用，也是对“将军饮马”问题的延续.

四、模式识别练习摘选

1. 如图 5.15-14，在边长为 2 的菱形 $ABCD$ 中，$\angle A=60^\circ$，M 是 AD 边的中点，N 是 AB 边上一动点.将$\triangle AMN$ 沿 MN 所在的直线翻折得到$\triangle A'MN$，连接 $A'C$.请求出 $A'B$ 长度的最小值.

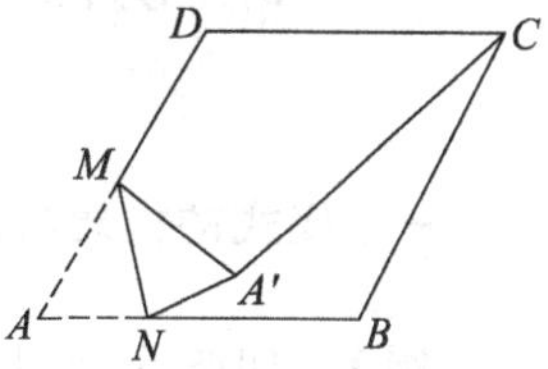

图 5.15-14

2. 如图 5.15-15，E，F 是正方形 $ABCD$ 的边 AD 上的两个动点，满足 $AE=DF$.连接 CF，交 BD 于点 G，连接 BE，交 AG 于点 H.若正方形的边长为 2，求线段 DH 的最小值.

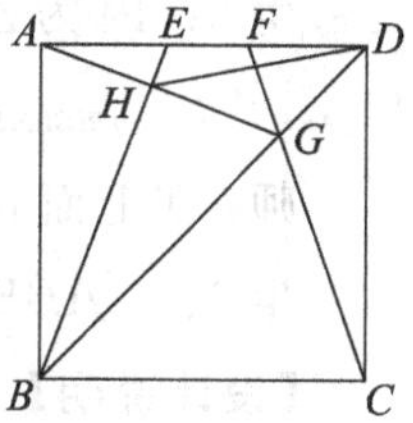

图 5.15-15

3. 如图 5.15-16，在平面直角坐标系中，分别以点 $A(-2,3)$，$B(3,4)$ 为圆心，以 1，2 为半径作 $\odot A$，$\odot B$，M，N 分别是 $\odot A$，$\odot B$ 上的动点，P 为 x 轴上的动点，则 $PM+PN$ 的最小值等于________.

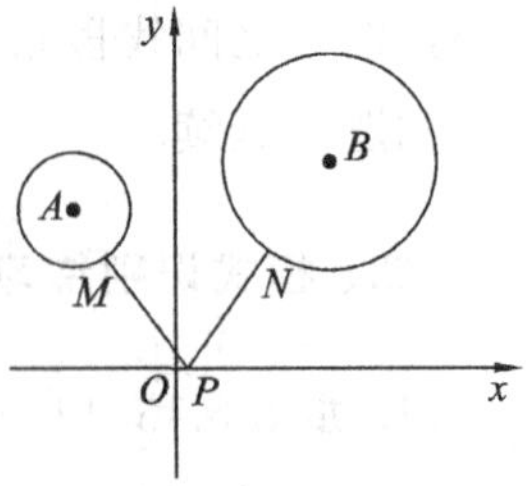

图 5.15-16

5.16 正方形中的互垂线段

一、模式的构建与理解

例 1 如图 5.16-1，在正方形 $ABCD$ 中，点 E，F 分别在 BC，CD 上，且 $BE=CF$，连接 AE，BF，交于点 H.

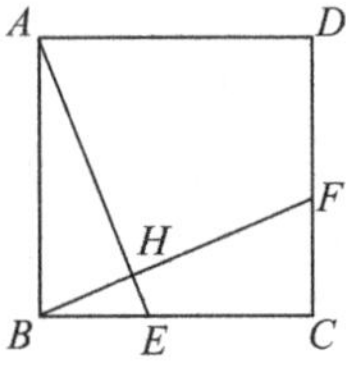

图 5.16-1

师：你可以得到哪些结论？你是怎样得到的？

生 1：根据正方形的性质可以得到 $AB=BC$，$\angle ABC=\angle BCF=90°$，结合 $BE=CF$ 可以得到 $\triangle ABE \cong \triangle BCF$，所以 $AE=BF$，$\angle BAE=\angle CBF$.由 $\angle ABC=90°$ 可知 $\angle CBF+\angle ABH=90°$，所以 $\angle BAE+\angle ABH=90°$，所以 $\angle AHB=90°$，所以 $AE \perp BF$.

生 2：因为 $\triangle ABE \cong \triangle BCF$，所以 $S_{\triangle ABE}=S_{\triangle BCF}$，进而可得 $S_{\triangle ABH}=S_{四边形CEHF}$.

师：在上面的结论中，哪个结论是证明其他结论的条件？

生 3：$\triangle ABE \cong \triangle BCF$.

【设计说明】 这是一个结论开放的问题，鼓励学生猜想和验证自己得到的结论，最后引导学生分析所有结论的共性——都是通过 $\triangle ABE \cong \triangle BCF$ 得到的，因而证明三角形全等是根本性的结论.

变式 1

师：将部分结论与题设交换，你可以得到什么命题？是真命题吗？如何证明？

生 4：若 $AE=BF$，则$\triangle ABE\cong\triangle BCF$，$BE=CF$，$AE\perp BF$，$S_{\triangle ABH}=S_{四边形CEHF}$. 运用正方形的性质得到 $AB=BC$，$\angle ABC=\angle BCF=90°$，结合 $AE=BF$，可以根据“HL”证明$\triangle ABE\cong\triangle BCF$，然后和例 1 的解法一样得到其他的所有结论.

生 5：若 $AE\perp BF$，则$\triangle ABE\cong\triangle BCF$，$BE=CF$，$AE=BF$，$S_{\triangle ABH}=S_{四边形CEHF}$.可以运用“AAS”证明$\triangle ABE\cong\triangle BCF$，然后和例 1 的解法一样得到其他的所有结论.

生 6：若 $S_{\triangle ABH}=S_{四边形CEHF}$，则$\triangle ABE\cong\triangle BCF$，$BE=CF$，$AE=BF$，$AE\perp BF$.因为 $S_{\triangle ABH}=S_{四边形CEHF}$，所以 $S_{\triangle ABE}=S_{\triangle BCF}$.由于$AB=BC$，所以 $BE=CF$，所以$\triangle ABE\cong\triangle BCF$.进一步可以证明出其他结论.

师：根据以上的变式及其证明，你发现证明方法有什么规律吗？

生 7：和例 1 一样，证明$\triangle ABE\cong\triangle BCF$ 是最根本的步骤.

【设计说明】 通过命题的变式，学生体会“一题多变”，在诸多的变式中寻求解决问题的一般规律，逐步感悟“多题归一”.

变式 2 在正方形 $ABCD$ 中，点 E，F，G 分别在边 BC，CD，AD 上，连接 BF，EG，交于点 H.

师：和例 1 及变式 1 进行类比，你能提出什么问题吗？如何解决呢？

生 8：如图 5.16-2，若 BF 与 EG 垂直，则 BF 与 EG 相等.过点 A 作 $AP\parallel GE$，交 BC 于点 P，如图 5.16-3 所示.证明四边形 $APEG$ 为平行四边形，将 GE 转化为 AP，得到与例 1 一样的图形，再证明$\triangle ABP\cong\triangle BCF$ 即可解决问题.

师：在这个特定的条件下，可不可以用简洁的语言来描述 BF 与 EG 之间的关系？

生 8：若垂直，则相等.

生 9：如图 5.16-2，若 BF 与 EG 相等，则 BF 与 EG 垂直.过点 A 作 $AP\parallel GE$，交 BC 于点 P，如图 5.16-3 所示.证明四边形 $APEG$ 为平行四边形，将 GE 转化为 AP，得到与例 1 一样的图形，再证明$\triangle ABP\cong\triangle BCF$ 即可解决问题.

师：在这个特定的条件下，可不可以用简洁的语言来描述 BF 与 EG 之间的关系？

生 9：若相等，则垂直.

生 10：如图 5.16-4 所示，当 BF 与 EG 相等时，BF 与 EG 不垂直.

师：那刚才的结论还成立吗？

生 10：不成立，但是“若垂直，则相等”依然是成立的.

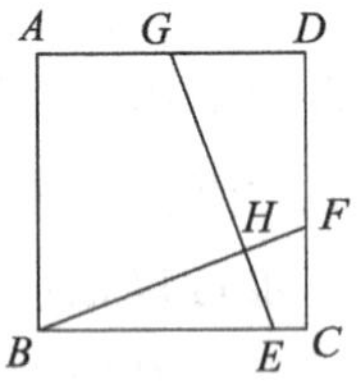

图 5.16-2

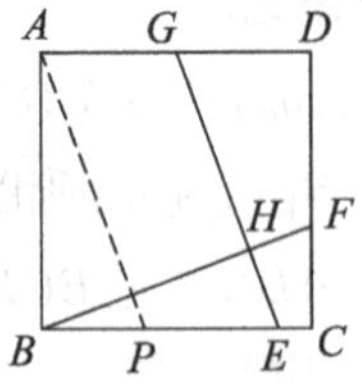

图 5.16-3

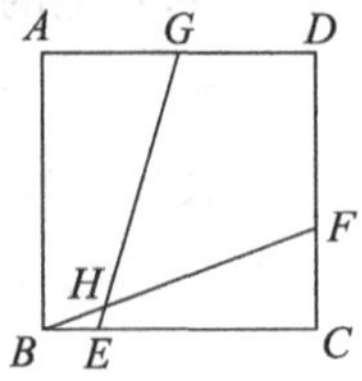

图 5.16-4

变式 3 如图 5.16-5，在正方形 $ABCD$ 中，点 E，F，G，M 分别在边 BC，CD，AD 和 AB 上，连接 MF，EG，交于点 H.

师：和例 1 及变式进行类比，你能提出什么问题吗？如何解决呢？

生 11：若 MF 与 EG 垂直，则 MF 与 EG 相等.过点 A 作 $AP\parallel GE$，交 BC 于点 P，过点 B 作 $BQ\parallel MF$，交 CD 于点 Q，如图 5.16-6 所示.证明四边形 $APEG$ 和 $BQFM$ 均为平行四边形，将 GE 转化为 AP，将 MF 转化为 BQ，得到与例 1 一样的图形，再证明 $\triangle ABP\cong\triangle BCQ$ 即可解决问题.

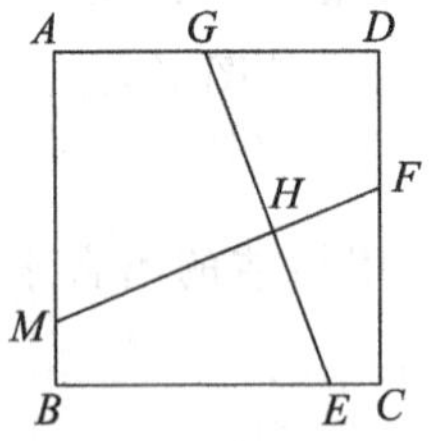

图 5.16-5

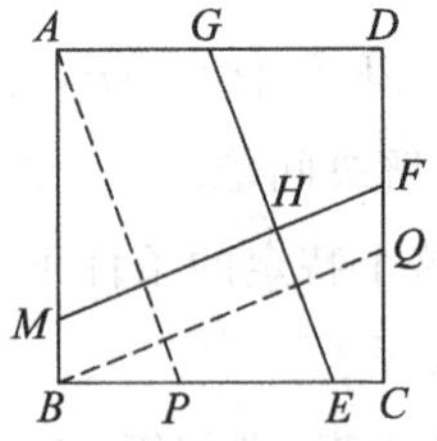

图 5.16-6

师：在这个特定的条件下，可不可以用简洁的语言来描述 MF 与 EG 之间的关系？

生 11：若垂直，则相等.

生12：若 MF 与 EG 相等，则同变式2一样，所以不能判定 BF 与 EG 垂直.

【设计说明】 变式2和变式3是正方形的形内变式.通过变式，学生逐渐得到这样的结论：在这个特定的结构中，$BF(MF)$ 与 EG 若垂直，则相等.在学习的过程中，引导学生进行类比学习.

变式4 如图5.16-7，如果点 G，E 分别在 AD，BC 的延长线上，点 F 在 CD 上，BF 的延长线交 GE 于点 M.

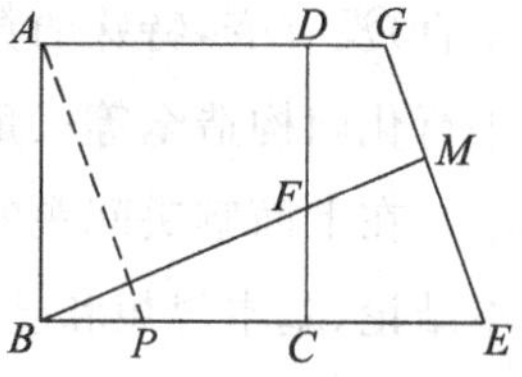

图5.16-7

师：上述结论是否存在？如何说明？

生13：若 BF 与 EG 垂直，则 BF 与 EG 相等是成立的.过点 A 作 $AP\parallel GE$，交 BC 于点 P.先证明四边形 $APEG$ 为平行四边形，将 GE 转化为 AP，得到与例1一样的图形，再证明 $\triangle ABP\cong\triangle BCF$ 即可解决问题，所以上述的结论“若垂直，则相等”依然是成立的.而 BF 与 EG 相等时，依然不能够判定出 BF 与 EG 垂直，所以“若相等，则垂直”不成立.

师：你还能做出其他的变式吗？

生14：如图5.16-8，如果直线 $a\perp b$，垂足为 M，直线 a 与 AB，DC 的延长线分别交于点 H，F，直线 b 与 AD，BC 的延长线分别相交于点 G，E.若 HF 与 GM 垂直，则 HF 与 GM 相等是成立的，还是可以通过平行化归证全等来得到结论.所以“若平行，则相等”依然存在.

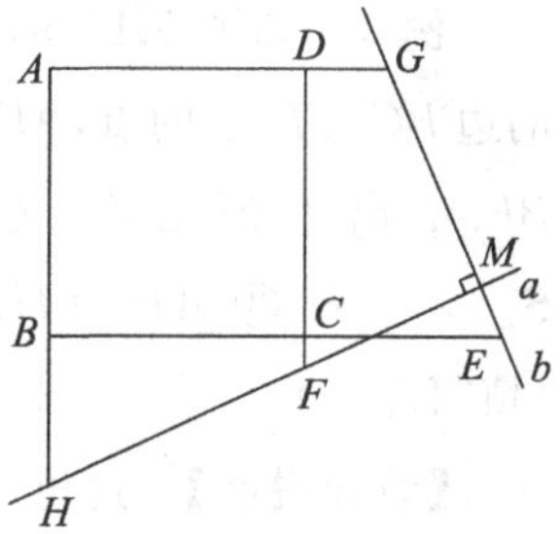

图5.16-8

师：既然每一个变式中两条线段“若垂直，则相等”都成立，那么我们来研究一下两条线段有什么特点.

生15：变式2和变式3中的两条线段的端点分别在正方形两组对边上，变式4中的两条线段的端点分别在正方形两组对边所在直线上.

师：你能用简洁的语言叙述一下这个命题吗？

生15：端点分别在正方形两组对边上的两条线段若垂直，则相等.

师：上面每种情况下的证明之间有什么共同的地方吗？

生 15：都是通过作平行线，将图形转化为基本图形，再证明三角形全等来解决问题的.

【设计说明】 变式 4 是在正方形的形外变式，得到的结论与前面的变式一样.在这个特定的结构中，HF 与 GM 若垂直，则相等.这也是一个“变化中的不变性”：线段的位置在变，但是特殊的位置关系（互相垂直）没有变，特殊的数量关系（相等）没有变，证明的方法没有变（通过平行化归构造全等三角形）.

在上面解决问题的过程中，我们构建出一个模式：基本图形的基本结论、基本思想和基本方法.其中：基本图形——端点分别在正方形两组对边所在直线上且互相垂直的两条线段；基本结论——这两条线段相等；基本思想——通过平行化归得到基本图形；证明这一结论的基本方法——借助正方形的边和直角构造出全等的直角三角形，再运用全等三角形的对应边相等来证明.

二、模式的识别与应用

1. 直接识别应用

例 2 如图 5.16-9，E，F 分别是正方形 $ABCD$ 的边 BC，CD 上的点，AE，BF 相交于点 H，且 $AE\perp BF$.给出下列结论：① $AE=BF$；② $S_{\triangle AHB}=S_{\text{四边形}CEHF}$；③ $AH=HF$.其中正确的有________.（填写序号）

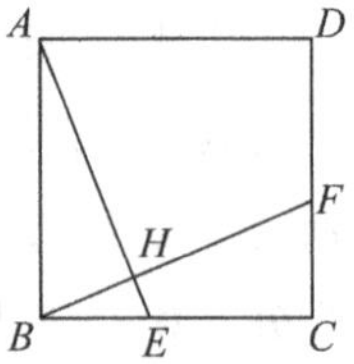

图 5.16-9

【设计说明】 这里可以直接识别出该图形就是模式中的基本图形，可以直接得出结论 $AE=BF$，再通过证明三角形全等就可以对另外两个结论的正确性做出判断.

2. 间接识别应用

例 3 如图 5.16-10，将正方形纸片 $ABCD$ 沿 MN 折叠，使点 D 落在边 AB 上，对应点为 D'，点 C 落在 C' 处.若 $AB=6$，$AD'=2$，则折痕 MN 的长为________.

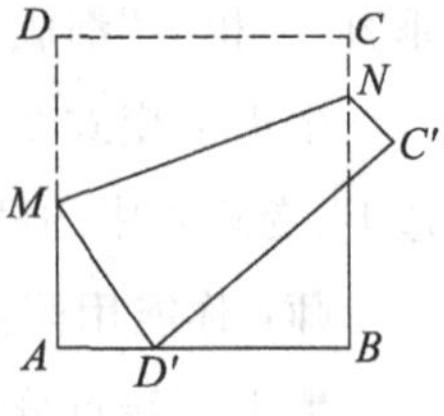

图 5.16-10

【设计说明】 连接 DD'.根据轴对称的性质

得到 $DD' \perp MN$，线段 DD' 和 MN 的端点均在正方形 $ABCD$ 的两组对边上，间接地识别出正方形中的互垂模式，进而运用模式得到结论 $DD' = MN$，再运用勾股定理求出 DD' 的值即可解决问题.

3. 转化识别应用

例 4　如图 5.16-11，已知四边形 $ABCD$ 是正方形，点 P 在直线 BC 上，点 G 在直线 AD 上（P，G 不与正方形的顶点重合，且在 CD 的同侧），$PD = PG$，$DF \perp PG$ 于点 H，交直线 AB 于点 F. 将线段 PG 绕点 P 逆时针旋转 90°得到线段 PE，连接 EF.

(1) 当点 P 与点 G 分别在线段 BC 与线段 AD 上时，线段 DP 与 EF 有什么关系？

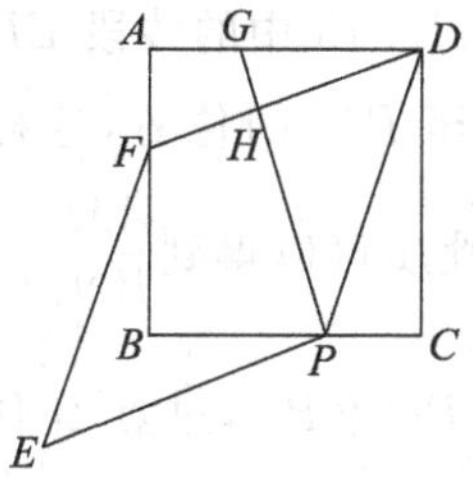

图 5.16-11

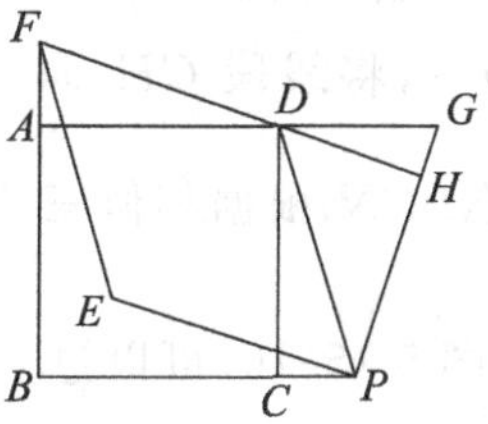

图 5.16-12

(2) 如图 5.16-12，当点 P 与点 G 分别在线段 BC 与线段 AD 的延长线上时，请猜想四边形 $PEFD$ 是什么特殊四边形，并证明你的猜想.

【设计说明】　(1) 由点 P 在直线 BC 上，点 G 在直线 AD 上且 $DF \perp PG$，可以识别出是图 5.16-3 中的正方形互垂模式，因而通过平行化归证全等后，结合图形旋转的性质得到 $PE = PG = DF$. 再证明 $PE \parallel DF$，转化为证明四边形 $PEFD$ 是平行四边形，因而 $DP = EF$ 且 $DP \parallel EF$.(2) 由点 P 与点 G 分别在线段 BC 与线段 AD 的延长线上，且 $DF \perp PG$，可以识别出是图 5.16-8 中的正方形互垂模式. 同(1)证明出四边形 $PEFD$ 是平行四边形，结合 $PD = PG = DF$，所以四边形 $PEFD$ 是菱形.

4. 变式识别应用

例 5　(1) 如图 5.16-13，点 G，F，H，E 分别在矩形 $ABCD$ 的四条边上，且 $EF \perp GH$. 若 $AB = m$，$BC = n$，求 $\frac{GH}{EF}$ 的值.

(2) 如图 5.16-14，在四边形 $ABCD$ 中，点 E，F 分别在 BC，CD 上，且 $AE \perp BF$. 若 $\angle BCD=90^\circ$，$AB=BC=10$，$AD=CD=5$，求 $\frac{AE}{BF}$ 的值.

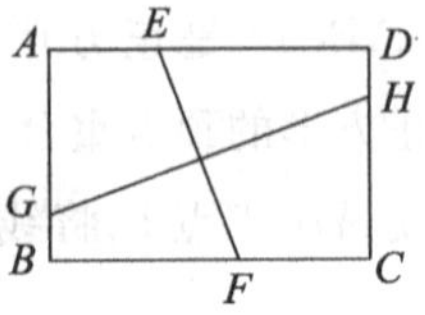

图 5.16-13

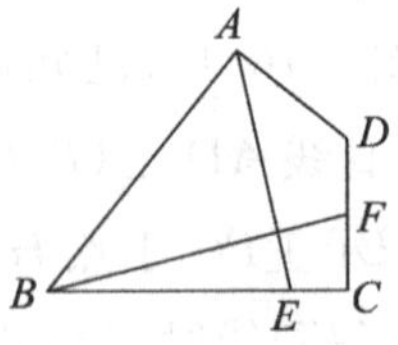

图 5.16-14

【设计说明】 这是一个矩形背景下的互垂线段问题.(1) 可以运用变式 3 的方法，如图 5.15-15，将图 5.16-13 中的线段 EF 向左平移至 AM 的位置，将线段 GH 向下平移至 BN 的位置，这样便构造出 $\triangle ABM \backsim \triangle BCN$. 根据相似三角形的性质可以得到 $\frac{AM}{BN}=\frac{AB}{BC}=\frac{m}{n}=\frac{EF}{GH}$.(2) 如图 5.15-16，可以过点 A 作 $PQ /\!/ BC$，过点 B 作 $BP \perp PQ$ 于点 P，延长 CD 交 PQ 于点 Q，构造出矩形 $BCQP$，运用(1)的结论，结合几何图形的其他性质来解决问题. 此处正方形变为矩形，全等也变成了相似，线段相等随之变为线段成比例，这是模式的变式. 我们用到的不再是模式中的结论，而是解题的思想和方法. 这是将多个问题的共性抽取出来，形成“一解”，探究出解决此类问题的通法，并运用通法来解决类似的问题.

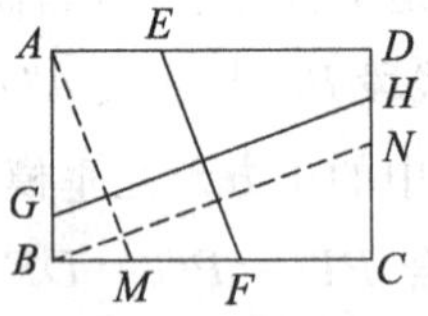

图 5.16-15

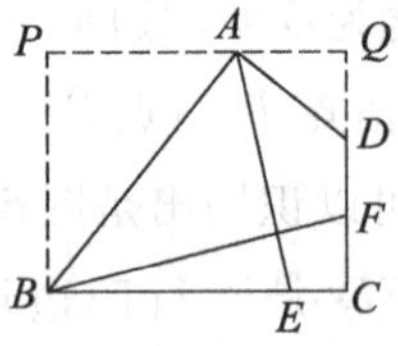

图 5.16-16

三、模式识别练习摘选

1. 如图 5.16-17，在正方形 $ABCD$ 中，E 是边 BC 上的点，将线段

DE 绕点 E 逆时针旋转 90° 得到 EF. 过点 F 作 $FG /\!/ BE$，交 BA（或其延长线）于点 G，连接 DF，CG.

(1) FG 与 CE 的数量关系是________，位置关系是________.

(2) 如图 5.16-18，若点 E 是 CB 延长线上的点，其他条件不变.

① (1)中的结论是否仍然成立？请作出判断，并给予证明.

② DE，DF 分别交 BG 于点 M，N，若 $BC=2BE$，求 $\frac{MN}{BC}$.

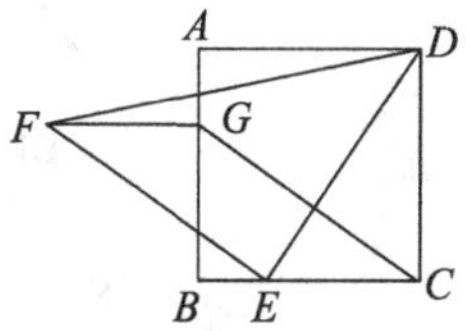

图 5.16-17

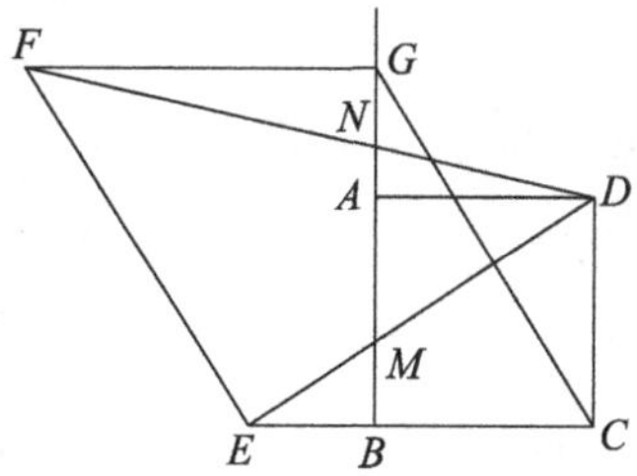

图 5.16-18

2. 如图 5.16-19，在 Rt△ABC 中，$\angle ACB=90^\circ$，$AC=6$ cm，$BC=8$ cm，动点 P 从点 B 出发，在 BA 边上以每秒 5 cm 的速度向点 A 匀速运动，同时动点 Q 从点 C 出发，在 CB 边上以每秒 4 cm 的速度向点 B 匀速运动，运动时间为 t s$(0<t<2)$，连接 AQ，CP. 若 $AQ\perp CP$，求 t 的值.

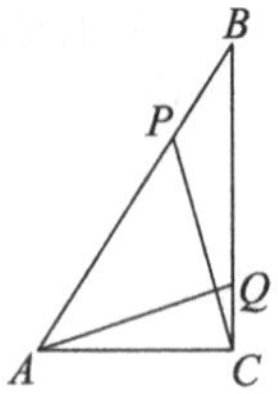

图 5.16-19

5.17 有公共边的相似三角形

一、模式的构建

例 1 如图 5.17-1，在△ABC 中，$\angle BAC=90^\circ$，$AD\perp BC$.

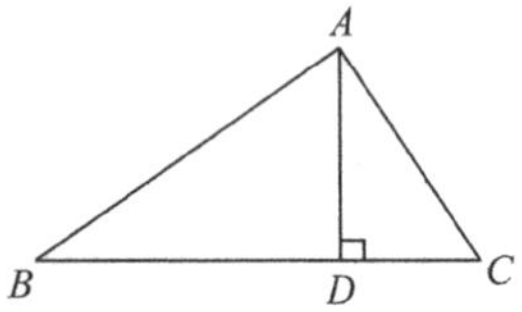

图 5.17-1

师：你能从题中得出哪些与角有关的结论？是如何得出的？

生 1：$\angle BAC=\angle ADB=\angle ADC=90^\circ$，根据已知条件和垂直的定义得到 $\angle BAD=\angle C$，$\angle CAD=\angle B$. 根据同角的余角相等得到.

师：△ABC 被 AD 所截得到的两个三角形之间有什么关系？你是如何得到的？

生 2：△ABD∽△CAD，根据两角对应相等，两三角形相似得到.

师：由这两个三角形相似，可以得到哪些线段之间特殊的数量关系？

生2：由$\triangle ABD\backsim\triangle CAD$可以得到$\frac{AD}{CD}=\frac{BD}{AD}$，根据比例的基本性质进一步得到$AD^2=BD\cdot CD$.显然，$AD$是$BD$和$CD$的比例中项.

师：根据上面的探究，你还能得出什么类似的结论？你是如何得到的？

生3：$AB^2=BD\cdot BC$.根据“两角相等的两三角形相似”得到$\triangle ABD\backsim\triangle CBA$，所以$\frac{AB}{BC}=\frac{BD}{AB}$，再根据比例的基本性质进一步得到$AB^2=BD\cdot BC$，所以$AB$是$BD$和$BC$的比例中项.同理，还可以得到$AC^2=CD\cdot BC$，即$AC$是$CD$和$BC$的比例中项.

【设计说明】 在这一问题中，先是判定两三角形相似，再根据相似三角形对应边成比例来得到比例式，最后根据比例的基本性质将比例式转化为等积式来解决问题.

在上面的问题中，先由图形的特殊结构得到有公共边的三组相似三角形，再根据相似三角形的性质得到比例式，进而根据比例的基本性质得到三组等积式：$AD^2=BD\cdot CD$，$BA^2=BD\cdot BC$，$CA^2=CD\cdot CB$.这样，我们根据基本图形得到了上述的三个基本结论.而我们得到这些基本结论的思路和方法，都是通过证明两个三角形相似解决问题的.这样，我们就构造出一个基本的模式.

二、模式的应用

1. 直接识别应用

例2 如图5.17-2，在$\triangle ABC$中，$AB=AC$，$AD\perp BC$，$DE\perp AB$，$AC=10$，$AE=8$，求CD的长.

解析：在图中，有$Rt\triangle ABD$及其斜边上的高DE，显然是上述模式中的基本图形，故运用两角相等可以证明$\triangle BDE\backsim\triangle BAD$，进而得到$\frac{BD}{BA}=\frac{BE}{BD}$，所以$BD^2=BE\cdot BA$，而$AB=AC$，$AD\perp BC$，可以证明出$CD=BD=2\sqrt{5}$.

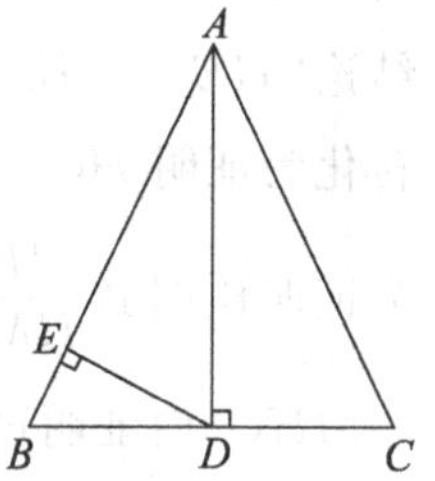

图5.17-2

【设计说明】 此题的结构本质上是将模式

嵌入等腰三角形，根据等腰三角形的轴对称性，将已知条件中的线段长度转化到模式中的基本图形，再运用模式中的基本思想方法求得基本结论.

本题是对模式的直接识别应用.只要学生能够快速准确地识别出模式，便可以轻松解决问题.

例 3 如图 5.17-3，在$\triangle ABC$中，$AD\perp BC$，$DE\perp AB$，$DF\perp AC$，求证：$\triangle AEF\backsim\triangle ACB$.

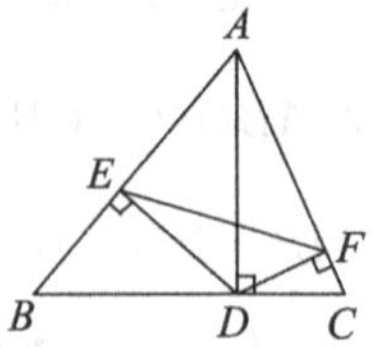

图 5.17-3

解析：不难识别出图 5.17-3 是 Rt$\triangle ADB$ 与 Rt$\triangle ADC$ 两个模式的组合，都是通过证明两三角形相似得到比例式，进而得到结论 $AD^2=AE\cdot AB=AF\cdot AC$，再将等积式化为比例式$\dfrac{AE}{AC}=\dfrac{AF}{AB}$，最后结合夹角相等证明$\triangle AEF\backsim\triangle ACB$.

【设计说明】 本例的设计旨在引导学生分析图形的特征，从整体上去认识和把握图形的结构，并将它们与已有的模式进行比照和识别.从思维的角度看，这里体现了思维正迁移的积极作用，在当前问题与头脑中已有的知识、经验、解决问题的方法之间建立联系，来诱发有积极意义的思维定式，完成知识和方法的正迁移.

2. 转化识别应用

例 4 如图 5.17-4，在$\triangle ABC$中，BD，CE是高，$EH\perp BC$于点H，分别交BD，CA的延长线于点G，M. 求证：$HE^2=HG\cdot HM$.

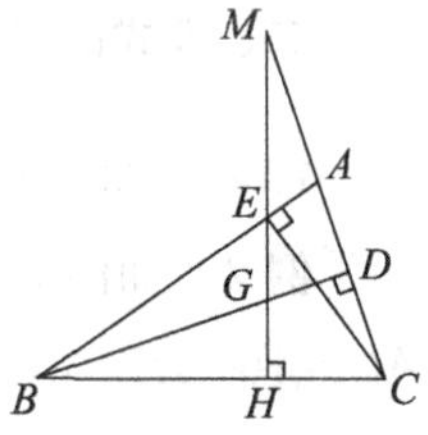

图 5.17-4

解析：在图 5.17-4 中，首先识别存在模式中的 Rt$\triangle BEC$，其斜边上的高 EH，可以得到基本结论“$HE^2=HB\cdot HC$”，这样就将原来的问题转化为证明 $HG\cdot HM=HB\cdot HC$，进一步转化为证明比例式$\dfrac{HB}{HM}=\dfrac{HG}{HC}$.要得到这个比例式，需要证明$\triangle BHG\backsim\triangle MHC$，而证明这两个三角形相似的方法依然是“两角对应相等的两三角形相似”.

【设计说明】 这里的模式识别策略体现了化归的思想，既有化生为熟的“熟悉化原则”，也有分解为若干基本问题的“简单性原则”.

3. 变式识别使用

模式只是提供了一种相对稳定的样本，即非万能又非一成不变.当遇到一个新的、更深刻或者非常规的问题时，我们需要转化或者分解问题，还需要对模式加以补充，创造出更多或者更高层次的模式，逐渐进入得心应手的境界.

例5 如图5.17-5，在$\triangle ABC$中，$\angle CAD=\angle B$，$BD=6$，$CD=2$，求CA的长.

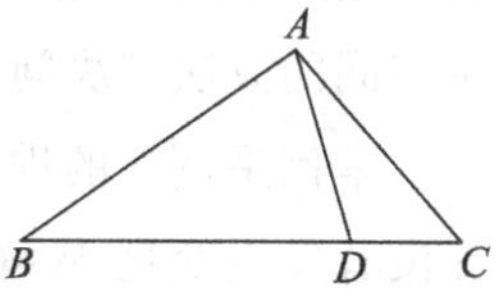

图5.17-5

解析：在$\triangle CAD$与$\triangle CBA$中，$\angle C$是公共角，$\angle CAD=\angle B$，可以证明这两个三角形相似.这与模式中证明两个三角形相似的方法相同.然后得到比例式$\frac{CA}{CB}=\frac{CD}{CA}$，由此又可以得到以公共边$CA$为比例中项的比例式$CA^2=CD\cdot CB$，进而可以求解.

显然，例5是例1的变式.虽然它们的图形不完全相同，例5更加一般化，但是它们解题的思路、方法和结论均是相似的.

【设计说明】 本题在模式的基础上将直角三角形变为一般三角形，虽然图形的形状发生了变化，但是解决问题的思路和方法没有变.本题是模式的一般化，是对模式的完善和升华.

教学中，我们要引导学生不仅要对图形的外形进行分析，还应该对试题的结构进行分析，而且要注意理解内容，能够从一个孤立、静止的数学形式中找出关联的数学内容.所谓的变式，只是形式上的变式，其解题的本质并没有发生变化.

例6 如图5.17-6，$\triangle ADE$为等边三角形，点B，C在直线DE上，且$\angle BAC=120°$.

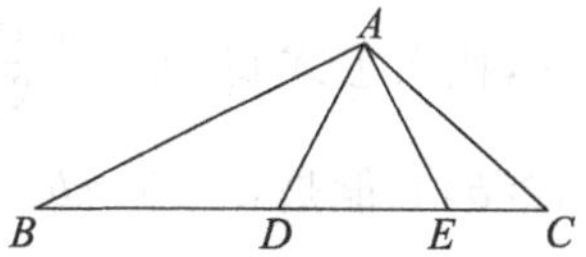

图5.17-6

(1) 图中一定相似的三角形有几组？

(2) 哪条线段是另外两条线段的比例中项？

解析：由$\angle BAC=120°$和$\triangle ADE$为等边三角形可得$\angle BAD+$

$\angle CAE=60°$，而$\angle ADE=\angle BAD+\angle B=60°$，所以$\angle CAE=\angle B$.再结合$\angle C=\angle C$，可以证明出$\triangle CAE\backsim\triangle CBA$，得到$\dfrac{CA}{CB}=\dfrac{CE}{CA}$，所以$CA^2=CE\cdot CB$.同理可以得到$BA^2=BD\cdot BC$.

【设计说明】 图 5.17-6 与图 5.17-5 相比较，中间多了一个等边三角形.虽然图形不是很一样，但是等边三角形是一个特殊的三角形，其三边相等，三个内角都是 60°，这与已知条件$\angle BAC=120°$有一定的关联.根据前面解题过程中积累的经验，不妨从找到相等的两个角入手运用相同的方法解决问题.

本例是例 5 的进一步变式，同样只是形式上的变式，其解题的本质并没有发生变化.从解题思路、方法以及思维视角上来说，都是一种正迁移.

4. 迁移识别应用

例 7 如图 5.17-7，已知 AB 为圆 O 的直径，C 为圆周上一点，D 为线段 OB 上一点（不是端点），满足 $CD\perp AB$，$DE\perp CO$，垂足为 E.若 $CE=10$，且 AD 与 DB 的长均为正整数，求线段 AD 的长.

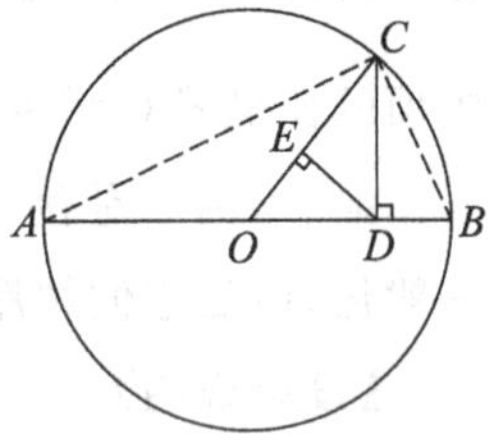

图 5.17-7

解析：连接 AC，BC，则$\angle ACB=90°$.又 $CD\perp AB$，$DE\perp CO$，由 $\mathrm{Rt}\triangle CDE\backsim\mathrm{Rt}\triangle COD$，可得 $CD^2=CE\cdot CO$.由 $\mathrm{Rt}\triangle ACD\backsim\mathrm{Rt}\triangle CBD$，可得 $CD^2=AD\cdot BD$，所以 $CE\cdot CO=AD\cdot BD$①.设 $AD=a$，$DB=b$，a，b 为正整数，则在 $\mathrm{Rt}\triangle ABC$ 中，$CO=\dfrac{1}{2}AB$，可得 $CO=\dfrac{a+b}{2}$.又 $CE=10$，代入①式得 $10\times\dfrac{a+b}{2}=ab$，整理得$(a-5)(b-5)=25$.考虑到 $a>b$，只能是 $a-5>b-5>0$，得 $a-5=25$，$b-5=1$.因此 $AD=a=30$.

【设计说明】 本例是圆的背景，运用圆的性质得到直角三角形，进而识别出模式，运用基本图形的基本结论、基本思想和基本方法来解决问题.

三、总体设计说明

在模式构建的过程中，不仅要对基本图形进行分析，还要探究解决基本图形中基本问题的基本方法.在这一探究的过程中，积累解决基本问题的经验，并且将其迁移到解相近的、类似的问题中去，这样才能凸显模式中基本活动经验积极的正向迁移作用.

在教学中，教师要引导学生体会模式中基本图形的结构及其应用过程中的组合与变化、诸多图形之间的内在关联，以及图形从特殊到一般的不断变化过程，从而让学生领略数学的美妙，激发他们探索数学的整体结构之美.

四、模式识别练习选摘

1. 如图 5.17-8，在锐角三角形 ABC 中，$BD \perp AC$ 于 D，$DE \perp BC$ 于 E，$AB=14$，$AD=4$，$BE : EC=9 : 2$，求 CD 的长.

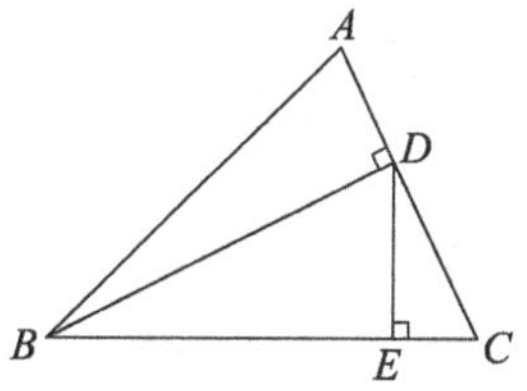

图 5.17-8

2. 如图 5.17-9，AB 是半圆 O 的直径，C 是半圆上的一点，过点 C 作 $CD \perp AB$ 于 D，$AC=2\sqrt{10}$ cm，$AD : DB=4 : 1$，求 CD 的长.

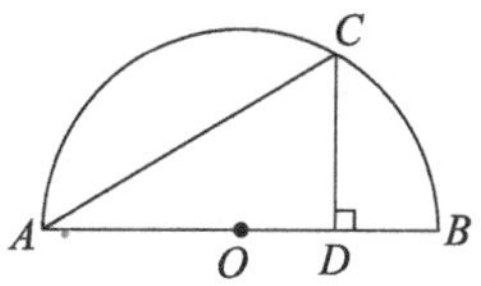

图 5.17-9

3.【问题情境】 如图 5.17-10，在 Rt△ABC 中，$\angle ACB=90^\circ$，$CD\perp AB$，我们可以利用△ABC 与△ACD 相似证明 $AC^2=AD\cdot AB$，这个结论我们称为射影定理，试证明这个定理.

【结论运用】 如图 5.17-11，正方形 $ABCD$ 的边长为 6，点 O 是对角线 AC，BD 的交点，点 E 在 CD 上，过点 C 作 $CF\perp BE$，垂足为 F，连接 OF.

(1) 试利用射影定理证明△BOF∽△BED；

(2) 若 $DE=2CE$，求 OF 的长.

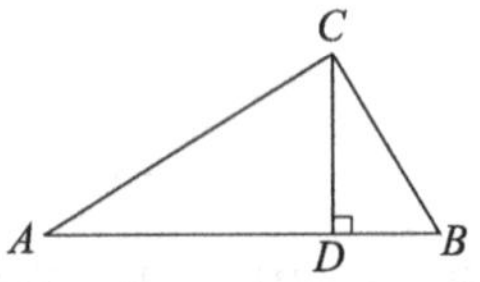

图 5.17-10

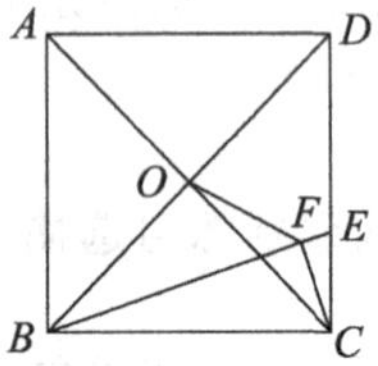

图 5.17-11

第 6 章

模式识别教学的部分研究成果

6.1　运用模式识别，探寻数学之美

在初中几何解题教学中，模式识别是一种很有效的策略．我们在解决数学问题的过程中，所积累的知识和经验经过加工，会得到有长久保存价值或基本重要性的经典结构与重要类型——模式．将其有意识地记忆下来，当遇到一个新问题时，我们联想起已经解决的问题，进而在记忆中提取相应的方法解决．在教学中，我们要注意引导学生抓住基本图形的基本结构，通过解决基本问题，得到基本结论，然后对原命题进行逆向变式、深度研究，得到基本思路和方法，即“基本图形的基本结论、基本思路和基本方法”，构建出一个解决与基本图形相关的问题的基本模式．在解决相同、相近、相关的问题时，我们引导学生把这些问题与前面构建出的模式进行识别，运用模式中解决问题的策略、方法来解决新的问题．

这种解题策略，不仅可以缩短学生的思维路径，还可以让学生获得成就感，产生满足感，这本身就是一种美的享受．法国著名数学家庞加莱认为，数学的优美感，不过是问题的解答适应我们心灵需要而产生的满足感．

一、模式识别

1. 模式的构建

例1　在正方形 $ABCD$ 中：

(1) 如图6.1-1，点 E，F 分别在 BC，CD 上，且 $AE \perp BF$，垂足为 M，那么 AE 与 BF 相等吗？证明你的结论．

(2) 如图6.1-2，如果点 E，F，G 分别在 BC，CD，DA 上，且 $GE \perp BF$，垂足为 M，那么 GE 与 BF 相等吗？证明你的结论．

(3) 如图6.1-3，如果点 E，F，G，H 分别在 BC，CD，DA，AB 上，且 $GE \perp HF$，垂足为 M，那么 GE 与 HF 相等吗？证明你的结论．

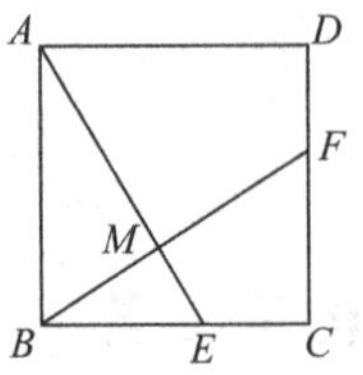

图 6.1-1

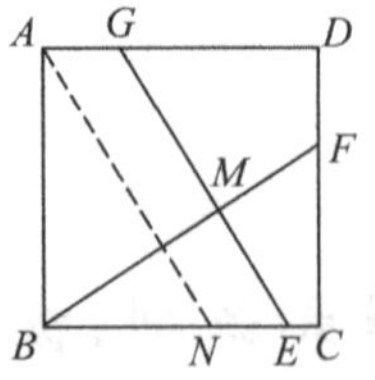

图 6.1-2

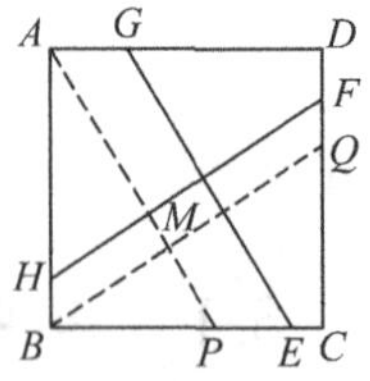

图 6.1-3

解析：本题主要考查正方形的性质、全等三角形的判定与性质.

(1) 根据正方形的性质，得到$\angle ABE=\angle BCF=90°$，$AB=BC$.根据“同角的余角相等”可以得到$\angle BAE=\angle CBF$，则$\triangle ABE\cong\triangle BCF$，进一步根据全等三角形的对应边相等得到$AE=BF$.

(2) 过点A作$AN\parallel GE$，交BC于点N，可证四边形$ANEG$是平行四边形.根据平行四边形的对边相等可得$AN=GE$，由①的结论可知$AN=BF$，所以$GE=BF$.

(3) 分别过点A，B作$AP\parallel GE$，$BQ\parallel HF$，可证四边形$APEG$和四边形$BQFH$均为平行四边形，根据“平行四边形的对边相等”可得$AP=GE$，$BQ=HF$，由(1)的结论可知$AP=BQ$，所以$GE=HF$.

评析：在上面解决问题的过程中，问题(1)是基础.由已知条件，借助正方形的性质，构造出全等的直角三角形$\triangle ABE$和$\triangle BCF$，再运用全等三角形的性质来判断线段相等($AE=BF$).而问题(2)和问题(3)则是通过平行移动转化为问题(1)，依然是通过证明全等三角形，应用全等三角形的对应边相等来解决问题.

在上面解决问题的过程中，我们构建出一个模式：基本图形的基本结论、基本思路和基本方法.其中：基本图形——端点分别在正方形两组对边上且互相垂直的两条线段；基本结论——这两条线段相等；证明这一结论的基本思路和方法——借助正方形的性质构造出全等的直角三角形，再运用全等三角形的性质来证明线段相等.

在以后解决有关正方形中线段相等的具体问题时，遇到与模式相同或相近的结构，便可以运用模式中的基本结论、基本思路和基本方法来解决.在解决问题时，注意将问题与已有知识和经验发生联系，将问题归类，使其与自己认知结构中的某种数学模式相匹配，从而可以利用自己熟悉的解题思路来解决问题.

2. 模式的使用

1°　直接识别使用

例 2　如图 6.1-4,将正方形纸片 $ABCD$ 沿 MN 折叠,使点 D 落在边 AB 上,对应点为 D',点 C 落在 C' 处.若 $AB=6$,$AD'=2$,求折痕 MN 的长.

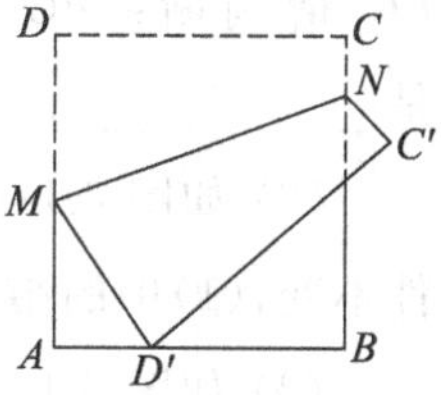

图 6.1-4

解析：在这一问题中,直接求出 MN 的长比较烦琐.通过观察可以发现,线段 MN 的端点分别在正方形的一组对边上,如果有另一条线段,它的端点在正方形的另外一组对边上,且与 MN 垂直,则可以利用例 1 构建的模式来解决问题.由题中“将正方形纸片 $ABCD$ 沿 MN 折叠,使点 D 落在边 AB 上,对应点为 D'”可知这是一个轴对称的问题,根据轴对称的性质“对称轴垂直平分对应点的连线”可得 $DD'\perp MN$,因而连接 DD'可以得到例 1 中的模式,于是我们便完成了对模式的识别.运用模式中基本图形的基本结论,将求 MN 的长转化为求 DD'的长,再运用勾股定理可以计算出 $MN=DD'=2\sqrt{10}$.

通过添加辅助线识别出模式,具体解决问题的思路和方法与模式中的思路与方法一致.将问题转化为已经解决的问题,体现了模式识别中蕴含的化归思想.这是“化生为熟”的熟悉化原则,也是分解为基本问题的简单化原则.

波利亚在《怎样解题》中指出：题目一旦获解,就立刻产生情感上的满足,这恰好错过了提高的机会.事实上没有一道题可以解决得十全十美,总剩下一些工作要做,经过充分的探讨与总结,总会有点滴的发现,而且在任何情况下,我们总能提高自己对这个问题的解答水平.

显然,在解决上面问题的过程中,学生在孤立的数学图形中找到关联的图形,并借此找到解决问题的方法、思路,这有利于他们建立图形整体结构,体会到这些图形之间的内在联系,从而丰富了模式,并推进了模式的进一步构建.

2° 转化识别使用

例 3 (1) 如图 6.1-5,在正方形 $ABCD$ 中,点 E,F 分别是边 BC,AB 上的点,且 $CF\perp DE$.过点 E 作 $EG\perp DE$,使 $EG=DE$,连接 FG,FC.请判断:FG 与 CE 的数量关系是__________,位置关系是__________.

(2) 如图 6.1-6,若点 E,F 分别是 CB,BA 延长线上的点,其他条件不变,(1)中的结论是否仍然成立?请作出判断并给予证明.

(3) 如图 6.1-7,若点 E,F 分别是 BC,AB 延长线上的点,其他条件不变,(1)中的结论是否仍然成立?请直接写出你的判断.

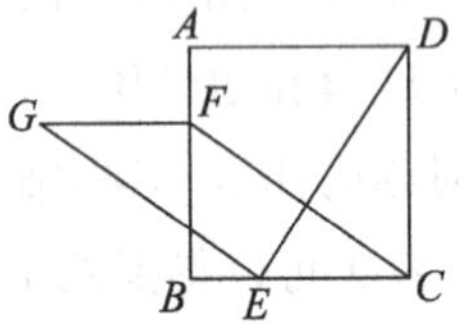

图 6.1-5

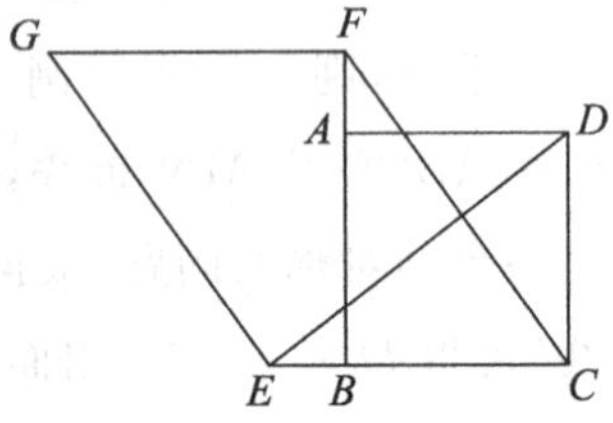

图 6.1-6

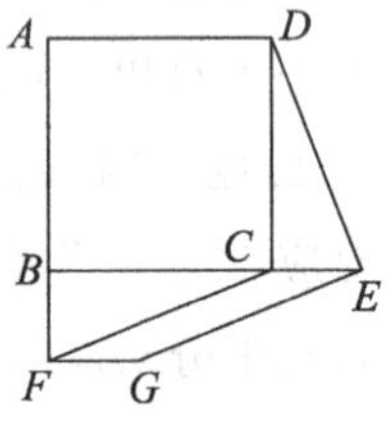

图 6.1-7

解析:(1)中的"$CF\perp DE$,且线段 CF 和 DE 的端点分别位于正方形 $ABCD$ 的两组对边上",恰好是例 1 中构建的模式,故可以得到结论 $CF=DE$.证明的方法与模式中一样,都是先根据"同角的余角相等"得到 $\angle BCF=\angle CDE$,证明出 $\triangle BCF\cong\triangle CDE$.结合已知条件 $EG=DE$ 可以得到 $CF=EG$.再根据 $CF\perp DE$,$EG\perp DE$ 可以证明出 $CF/\!/EG$,得到平行四边形 $CFGE$,则 $FG=CE$ 且 $FG/\!/CE$.

(2)和(3)中的 $CF\perp DE$,且线段 CF 和 DE 的端点分别位于正方形 $ABCD$ 的两组对边所在的直线上,此时依然运用模式中的方法,证明出 $\triangle BCF\cong\triangle CDE$,得到 $CF=DE$.再结合已知条件证明出四边形 $CFGE$ 为平行四边形,得到 $FG=CE$ 且 $FG/\!/CE$.

解决以上问题,都是先识别出模式,再运用模式中的基本方法解决问题,这实际上是"一法多用".

在教学中,运用模式识别这一策略解决问题时,要注意引导学生分析问题的特征,从整体上去认识、把握问题的结构,对已有的模式进行识别.从思维的角度看，这里体现了思维正迁移的积极作用."遇新思陈，推陈出新"就是为了让学生在当前问题与头脑中已有的知识、经验、解决问题的方法之间建立联系，完成知识、方法的正迁移.

3°　变式识别使用

例 4　如图 6.1-8，在 $Rt\triangle ABC$ 中，$\angle ACB=90°$，$AC=6$ cm，$BC=8$ cm，动点 P 从点 B 出发，在 BA 边上以每秒 5 cm 的速度向点 A 匀速运动，同时动点 Q 从点 C 出发，在 CB 边上以每秒 4 cm 的速度向点 B 匀速运动，运动时间为 t s($0<t<2$)，连接 AQ，CP.若 $AQ\perp CP$，求 t 的值.

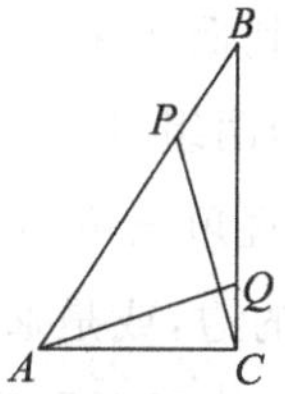

图 6.1-8

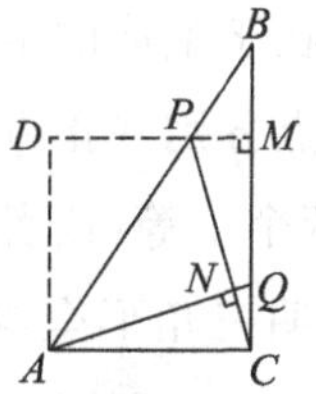

图 6.1-9

解析：这是一个几何图形中的双动点问题.要求 t 的值，需要构造出线段之间的相等关系，列出方程求解.而线段之间的相等关系多数需要通过勾股定理、全等三角形和相似三角形得到.这里给出了 $\angle ACB=90°$ 和 $AQ\perp CP$ 的条件.联想到例 1 中构建的模式，过点 P 作 $PM\perp BC$ 于点 M，过点 A 作 $AD\perp MP$，交 MP 的延长线于点 D，构造出如图 6.1-9 所示的矩形 $ACMD$.运用模式中的方法证明 $\angle ACQ=\angle CMP$，得到 $\triangle ACQ\backsim\triangle CMP$，则 $\frac{AC}{CM}=\frac{CQ}{PM}$.在 $Rt\triangle PMB$ 中，$PB=5t$，$PM=PB\sin B=3t$，则 $CM=BC-BM=8-4t$，代入得 $\frac{6}{8-4t}=\frac{4t}{3t}$，解得 $t=\frac{7}{8}$.

我们不妨将本题与例 1 的(1)做比较.本题由正方形变为矩形，而全等也变成了相似，线段相等随之变为线段成比例.代入数据后，得到方程，依然可以解决问题.这是模式的变式应用.我们用到的不再是模式中的结论，而是模式中解题的思路和方法.这是将多个问题的共性抽取出来，形成"一解"，是在模式中探究出解决此类问题的"通法"，并运用"通法"来解决类似的问题.所以，我们在解题教学中，要突出数学思想方法的归纳和总结，要充分展示模式的作用，并且在解题学习中注意概括解题模式.当然，我们也不能受模式的约束，而应该借助模式，找到其中蕴含的思想方法，这才是模式中的一般方法，也是模式中蕴含的智慧.

二、美在其中

1. 欣赏整体结构的美观

数学之美还在于整体的结构.从例 1 到例 4，题目的结构上有一个共性——通过端点分别在正方形(或矩形)两组对边上的两条互相垂直的线段，构造出两个全等(或者是相似)的直角三角形.而解决问题的方法则都是通过证明三角形全等得到相等的边，或是通过证明三角形相似得到成比例线段，进而构造出方程求解.从正方形到矩形，从全等到相似，是一个从特殊到一般的过程.既有外部的美观，又有内容与方法上的统一.不仅注意外形上的分析，而且注意内容上的理解.能从一个孤立、静止的数学形式中找出关联活动的数学内容，体现了整体结构的美观.

从模式的构建到模式的运用，我们基于习题自身的特征以及解题方法的内在联系，构造出了一个 CPFS 结构(概念域、概念系、命题域、命题系形成的结构称为 CPFS 结构).这不仅让学生深刻理解了数学知识，而且能够引导学生灵活运用数学知识；既训练了学生思维的深度和广度，又提高了他们发现问题、提出问题、分析问题和解决问题的能力.

张奠宙先生说过，数学欣赏正在从外部的美观，不断地升级到数学概念和命题的内涵深处.欣赏外表直观之秀、内涵深刻之慧、文化底蕴之浓、理性思考之精，也许这就是数学欣赏的普遍规律.

2. 领略内涵智慧的美妙

重视基本图形的基本结论、基本思路和基本方法，体现出对模式的积极积累.数学大师陈省身教授说过，一个好的数学家与一个蹩脚的数学家,差别在于前者有很多具体的例子,后者则只有抽象的理论.

由于数学是一门演绎推理的学科,所以任何一个已经被证实的结论都可以成为推断其他结论的依据.例2和例3是化归为基本模式,在相同或者相近的结构中揭示题目的内涵.其实模式识别过程就是先将感觉信息与长时记忆中的有关信息进行比较,再决定它与哪个信息匹配最佳的过程.这个自觉使用模式的过程也是一种智慧.例4则是对模式的转化和分解,是对模式的重组和创新,是"化有形为无形".这充分说明模式不应该是束缚思想的框架,而应该是思维腾飞的跑道.这也充分体现了模式识别的内涵中蕴含的智慧.

3. 感悟理性思考的美感

从例1到例4模式的构建、识别与运用过程,从思考方式看,是用模式中简洁的方法去解决问题,将复杂的问题化归为模式来解决.这种由浅入深的过程,体现了自然之美和艺术之美.在欣赏数学之美时,不应停留在感官的刺激上,而要用理性的思考去品味.所以在解决问题之后,教师也应该引导学生去反思.主要从以下两个方面反思:

一方面,对解决问题的行为进行反思:我的答案是否正确?我的方法是否唯一?解决这个问题的关键在哪里?解决这一类问题的思路是什么?

另一方面,对问题本身进行反思:这个问题的逆命题成立吗?将条件适当变化后会有什么不同的结论?这一结论与原结论之间有什么关系?这个问题如何推广?这种基于问题的反思蕴含着一种批判性的思维方式,同时也是一种发散性思维,这本身也是一种实践智慧.

张文俊教授在《数学欣赏》一书中指出:数学的美就是数学问题的结论或解决过程适应人类的心理需要而产生的一种满足感,简洁的表现形式,精细的思考方法,处处充满着理性、高雅、和谐之美,这是真与善的客观表现.

4. 满足心灵需要的美满

在解决例1到例4的过程中,学生会获得一种成功的体验,这满足了学生自我实现的需要,同时他们也获取了一种积极的情绪.积极心理学认为:积极情绪扩大了一个人在特定情境条件下瞬间的思想和行为指令系统,能在当时特定的情境下促使人们冲破一定的限制而产生更多的思想,出现更多的行为或者行为倾向.显然,基于这种积极情绪,学生能够在学习数学和愉快情绪之间建立稳定的联系,激发学习的兴趣.

法国数学家笛卡尔说过,一般地说,所谓美和愉快,所指的不过是我们的判断和对象之间的一种关系.凡是能使大多数人感到愉快的东西就可以说是最美的.学生探究成功之后的喜悦,会是一种愉悦的心情与体验,会激发他们学习数学的兴趣,增强他们学习数学的信心,当然也是一种满足心灵需要后的美满.

本文作者刘志昂,原文发表于《中国数学教育(初中版)》2019 年第 7 期

6.2 在模式中渗透思想,在迁移中积累经验

著名的数学教育家波利亚就曾强调指出:中学数学教学的首要任务就是加强解题训练.

在数学问题解决中,具有共同结构的一类问题或具有相同解法的一类问题称为一种模式.当主体接触到数学问题后,首先辨别题目的类型,将它与已有知识和经验发生联系,并将该问题归类,使其与自己认知结构中的某种数学模式相匹配,这样的过程称为模式识别.

一、模式的构建

例 1 如图 6.2-1,在$\triangle ABC$中,$\angle BAC=90°$,$AD\perp BC$.思考:

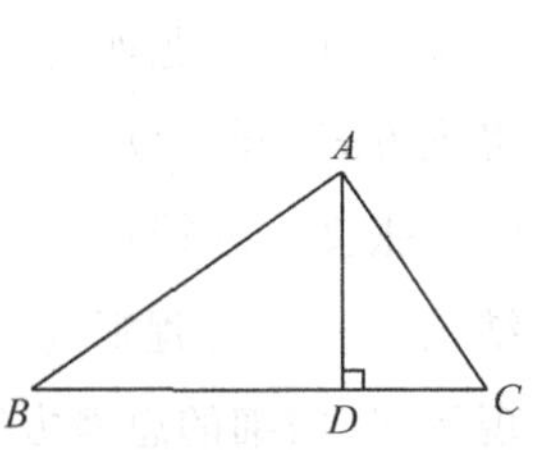

图 6.2-1

(1) 你能从题中得出哪些与角有关的结论?

(2) 能否说明 $AD^2=BD\cdot CD$?

(3) 图中还有哪条线段是另外两条线段的比例中项?

在这一问题中,首先判定两三角形相似,再根据“相似三角形对应边成比例”来得到比例式,最后根据比例的基本性质将比例式转化为等积式来解决问题.

在上面的问题中，由三组相似三角形得到三组等积式：$AD^2=BD\cdot CD$，$BA^2=BD\cdot BC$，$CA^2=CD\cdot CB$.这样，我们根据基本图形得到了上述三个基本结论.而得到这些基本结论的思路和方法，则都是通过证明两个三角形相似解决问题的.这样，我们就构造了一个基本的模式.

二、模式的应用

1. 直接识别，直接应用

1°　模式的嵌入

例 2　如图 6.2-2，在$\triangle ABC$ 中，$AB=AC$，$AD\perp BC$，$DE\perp AB$，$AC=10$，$AE=8$，求 CD 的长.

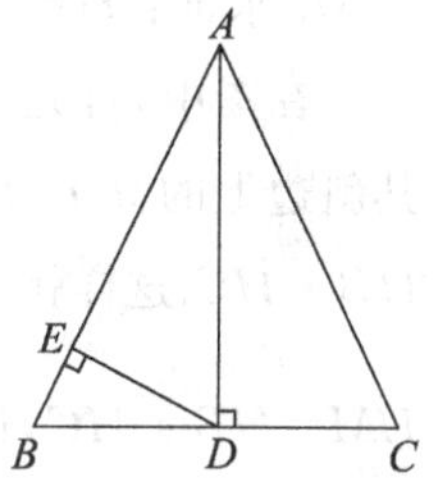

图 6.2-2

在图 6.2-2 中，有 Rt$\triangle ABD$ 及其斜边上的高 DE，显然是上述基本模式.故运用两角相等可以证明$\triangle BDE\backsim\triangle BAD$，进而得到$\frac{BD}{BA}=\frac{BE}{BD}$，所以 $BD^2=BE\cdot BA$，而 $AB=AC$，$AD\perp BC$，可以证明出 $CD=BD=2\sqrt{5}$.

本例是对模式的直接识别与应用，这是一种直觉思维.在上述思维过程中，虽然需要进行一定量的逻辑推理，但是当主体接触到新的数学问题时，只需从长期记忆中提取信息并做出各种可能的新组合，就可以找到解决问题的办法.

2°　模式的组合

例 3　如图 6.2-3，在$\triangle ABC$ 中，$AD\perp BC$，$DE\perp AB$，$DF\perp AC$，求证：$\triangle AEF\backsim\triangle ACB$.

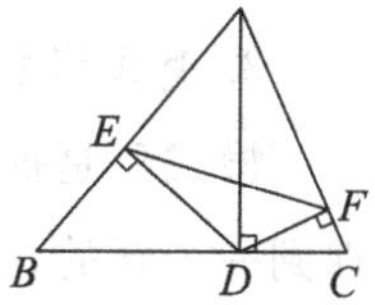

图 6.2-3

不难识别出图 6.2-3 是两个基本模式组合在一起的，因而可以得到结论 $AD^2=AE\cdot AB=AF\cdot AC$，进而得到$\frac{AE}{AC}=\frac{AF}{AB}$，再结合夹角相等即可证明$\triangle AEF\backsim\triangle ACB$.

在解题教学中，我们要有效地运用模式识别这一策略，注意引导学生分析问题的特征，从整体上去认识、把握问题的结构，将其与已有的模式进行识别.从思维的角度看，这里体现了思维正迁移的积极作用."遇新思陈，推陈出新"就是为了在当前问题与头脑中已有的知识、经验、解决问题的方法之间建立联系，以完成知识、方法的正迁移.要让学生清醒地认识到，无论在什么情况下，所积累的知识、经验和方法都是解决问题的依据.

2. 转化识别，化归使用

例 4 如图 6.2-4，在△ABC 中，BD，CE 是高，$EH\perp BC$ 于 H，交 BD 于 G，交 CA 的延长线于 M. 求证：$HE^2=HG\cdot HM$.

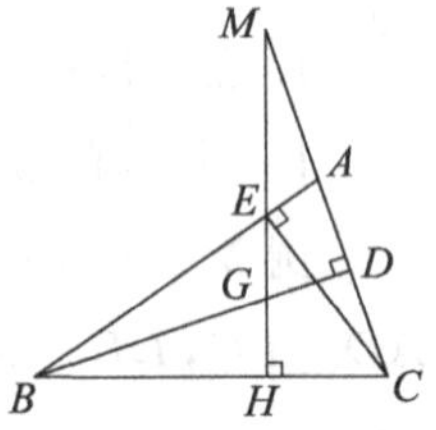

图 6.2-4

在图中，首先识别出基本模式"Rt△BEC 及其斜边上的高 EH"，可以得到基本结论 $HE^2=HB\cdot HC$.这样就将原来的问题转化为证明 $HG\cdot HM=HB\cdot HC$，进一步转化为证明比例式$\dfrac{HB}{HM}=\dfrac{HG}{HC}$.要得到这个比例式，需要证明△$BHG$∽△$MHC$，而证明这两个三角形相似的方法依然是"两角对应相等的两三角形相似".

这里的模式识别策略体现了化归的思想：既有化生为熟的"熟悉化原则"，也有分解为若干基本问题的"简单性原则".由于数学是一门演绎推理的学科，所以任何一个已经被证实了的结论都可以作为推断其他结论的依据.在解决问题时，不必事事都回到原始概念或者始端公式上去.因此，将问题化归为基本模式，就是解题的一个可靠又有效的策略.

3. 变式识别，迁移使用

模式只是提供了一种相对稳定的样本，即非万能又非一成不变.当遇到一个新的、更深刻或者非常规的问题时，我们需要转化或者分解问题，还需要对模式加以补充，创造出更多或者更高层次的模式.

在例 1 中的基本图形是一个特殊的图形：一个直角三角形被其斜边上的高分成了两个直角三角形，这三个直角三角形相似.究其本质来说，每对三角形的相似都有如下特征：

(1) 都有一个公共角和另外一个角对应相等；

(2) 都有一条公共边，且结论中都是以这条公共边为比例中项的比例式.

在这两个条件下，也可以有如下的变式.

1° 直接变式

例 5 如图 6.2-5，在△ABC 中，∠CAD=∠B，$BD=6$，$CD=2$，求 CA 的长.

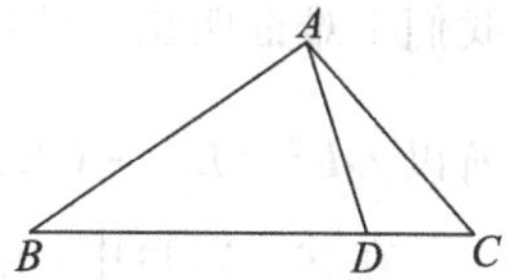
图 6.2-5

在图 6.2-5 中的△CAD 与△CBA 中，∠C 是公共角，∠CAD=∠B.这与例 1 中模式的特征(1)相同，可以证明这两个三角形相似，得到比例式$\frac{CA}{CB}=\frac{CD}{CA}$，由此又可以得到以公共边 CA 为比例中项的比例式 $CA^2=CD\cdot CB$，进而可以求解.

显然，例 5 是例 1 的变式，虽然它们的图形不是完全相同，但是其解题的思路、方法和结论均是相似的.

在用模式识别来解决数学问题时，不仅要注意分析题目的外形，还应该对题目的结构进行分析，而且要能够从孤立、静止的数学形式中找出关联的数学内容.在解题过程中，不仅要注意方法、技巧和已有数学结论的应用，而且要揭示数学内容上的转化，注意从内容的联系上去寻找解题思路.

2° 间接变式

例 6 如图 6.2-6，△ADE 为等边三角形，点 B，C 在直线 DE 上，且∠BAC=120°.

(1) 图中一定相似的三角形有几组？

(2) 哪条线段是另外两条线段的比例中项？

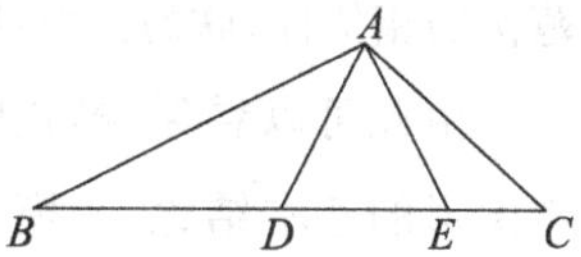
图 6.2-6

图 6.2-6 与图 6.2-5 相比，中间多了一个等边三角形.虽然图形不一样，但是等边三角形是一个特殊的三角形，其三边相等、三个内角都是 60°，这与已知条件∠BAC=120°有一定的关联.根据前面解题过程

中积累的活动经验，不妨从两角对应相等入手证明三角形全等.显然，在$\triangle CAE$与$\triangle CBA$中，$\angle C$是公共角，且$\angle CAE+\angle BAE=120°$，$\angle B+\angle BAE=120°$，故$\angle CAE=\angle B$.这样便可以证明$\triangle CAE\backsim\triangle CBA$，得到$\frac{CA}{CB}=\frac{CE}{CA}$，所以$CA^2=CE\cdot CB$. 同理可以得到$BA^2=BD\cdot BC$. 而且我们不难证明出$\triangle CAE\backsim\triangle ABD$，得到$\frac{CE}{AD}=\frac{AE}{BD}$，而$AE=DE=AD$，所以$DE^2=BD\cdot CE$.

在这个题目中，由于直接或间接地存在着如例1和例5中的两个特征，故解题的思路、方法以及结论都是相近的.

希尔伯特曾经说过，数学学科是一个不可分割的有机整体，它的生命力在于各个部分之间的联系.的确，数学最为迷人之处是其不同分支之间有许多相互影响、预想不到的联系，有时会奇迹般地展现在你的面前.

三、几点感悟

1. 在迁移中积累经验

在模式识别中，一种模式可以解决一类问题.在这一系列问题中，有些问题具有典型性，它们是模式应用的典型范例.在解题教学中，教师应充分展示范例的作用，在学生的头脑中建立模式的“代表”.这样，学生在遇到新问题时，典型范例起到诱导的作用，由当前的问题与典型范例的相似性，联想到解决这类问题的模式，从而提取模式来解决问题.

由此可以看到，模式的建立显得特别重要.它不仅仅是记住一个基本图形的基本结论.在模式构建的过程中，不仅要对基本图形进行分析，同时还要探究解决基本图形中的基本问题的基本方法.在探究的过程中，积累解决基本问题的经验，并且将其迁移到解相近的、类似的问题中去，这样才能凸显模式中基本活动经验的积极的正向迁移作用.

2. 在模式中渗透思想

模式的产生往往源于对某个具体问题的解答，解答这个具体问题的方法具有一种相对的普遍意义.因而在模式中会蕴含着诸多的数学思想，它对于解题者的思维起着导向的作用，这些思想方法也沟通了知识之间的联系.同时，数学思想方法与数学自身发展也是相辅相成的，解决问题更是离不开方法.

在解决上述例题的过程中，将基本模式中的结论应用于后续问题的解决中；将复杂的图形进行识别，得到基本模式中的图形，化归为基本模式来解决问题；将基本模式进行变式、转化，来解决新的问题.这些都是在模式中渗透思想方法，形成基本图形的基本结论、基本思路和基本方法，并将其迁移到后面的变式中.这本身就是一个数学抽象的过程，也相当于建立了一个数学模型——解题模式，并运用这一模式来解决相关的问题.这样我们既做到了培养学生数学学科素养的基本保障——抓基础，即促使学生掌握基本知识和基本技能，又做到了培养学生数学学科素养的高层次目标——发展能力，即积累基本活动经验，体验基本思想方法，因而也做到了在变式中提升学生的数学核心素养.

3. 在解题中体验美学

在模式识别中，我们还应该引导学生欣赏数学之美.例如，模式中基本图形的结构及其应用过程中的组合与变化，诸多图形之间的内在关联，从例 1 到例 6 的图形的从特殊到一般的过程不断变化.这些都体现了数学的整体结构之美.学生在教师引导下，观察、发现、思考、归纳、应用、发现问题、提出问题、分析问题和解决问题，这一“悟”的过程，就是数学之美的欣赏过程.

张奠宙先生说过，数学欣赏正在从外部的美观，不断升级到数学概念和命题的内涵深处.欣赏外表直观之秀、内涵深刻之慧、文化底蕴之浓、理性思考之精，也许这就是数学欣赏的普遍规律.

本文作者童玉峰，原文发表于《中学数学》2017 年第 18 期

6.3　统整核心内容，落实核心素养

——以“一次函数背景下的三角形面积”单元专题复习课为例

不久前，我校陆一老师开设了公开课“一次函数背景下的三角形面积”，收到了很好的效果，受到了听课老师的一致好评.整个教学设计统

整了一次函数及其性质、三角形的面积、图形变换等核心内容，以数学知识为载体，以能力培养为目标，很好地落实了数学学科核心素养.

一、教学片段与点评

例 1 一次函数 $y=2x-4$ 的图象如图 6.3-1 所示，求△OAB 的面积.

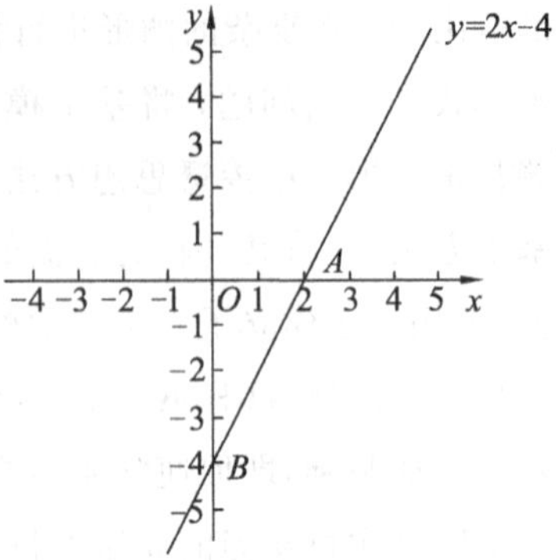

图 6.3-1

问题 1：三角形的面积公式是什么？△OAB 是什么三角形？它的底和高分别是什么？如何求 OA 和 OB 的长？如何求点 A 和点 B 的坐标？

【点评】 本例从三角形的面积公式入手，设置一个问题串：从要解决的问题"求△OAB 的面积"出发，采用"分析法"，一路追问下去，到达最基本的问题——求点 A 和点 B 的坐标. 解决问题的过程是：先运用方程思想求出 A，B 两点的坐标，进一步求出 OA，OB 的长，然后运用三角形的面积公式求解.

本例的设计，复习了数学知识（三角形的面积公式，一次函数图象与两坐标轴交点的坐标，数轴上两点之间的距离），充分运用一次函数的相关性质，将一个几何问题转化为代数问题.在此基础上，又介绍了基本的分析问题的方法（分析综合法），同时还渗透了数形结合思想、方程思想、转化思想等数学思想方法，为后续问题的解决提供了最基本的范式.

例 2 将图 6.3-1 中的直线 $y=2x-4$ 围绕着点 A 按照逆时针方向旋转（图 6.3-2），交 y 轴于点 $C(0,2)$.

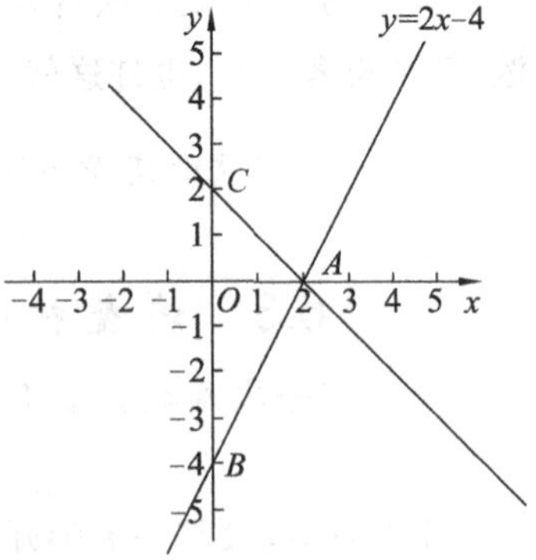

图 6.3-2

问题 2：图中有几个三角形？它们可以如何分类？面积分别是多少？

【点评】 学生很容易就看出是三

个三角形.引导学生对它们进行分类：$\triangle OAB$ 和$\triangle OAC$ 是同一类三角形，都是一条直线与两坐标轴相交所形成的三角形，都可以用上面的方法来解决；$\triangle ABC$ 是两条直线与一条坐标轴围成的三角形.求$\triangle ABC$ 的面积有两种方法：

① 根据三角形的面积公式，得 $S_{\triangle ABC}=\frac{1}{2}BC\cdot OA$；

② 根据图形之间的位置关系，得到三角形面积之间的数量关系，即 $S_{\triangle ABC}=S_{\triangle OAB}+S_{\triangle OAC}$.

本例的设计是在例 1 的基础上，将函数图象进行旋转变换，其解决方法也与例 1 有内在的联系(用例 1 的方法直接解决，或者转化为两个例 1 中的三角形来解决). 这样的设计，既考虑到知识之间的联系，又关注到方法之间的转化和迁移，同时还渗透了三角形的分类讨论及一题多解思想.

例 3　将图 6.3-2 中的直线 AC 沿着 x 轴的方向向左平移 3 个单位长度(图 6.3-3)，分别交 x 轴于点 D，交 y 轴于点 E.

问题 3：图中的三角形，哪些与前面的三角形不同？它们的面积分别是多少？求其面积的方法与前面有没有共性？

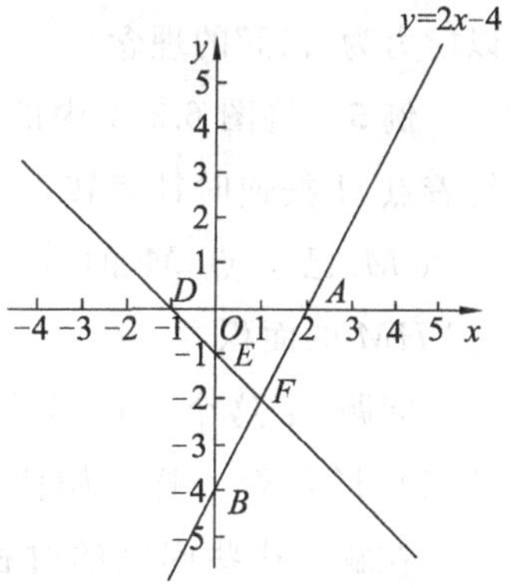

图 6.3-3

【点评】　本例题是在例 2 的基础上，通过一次函数图象的平移变换，构造出不同的三角形.解决问题的方法依然是借助坐标轴，运用三角形的面积公式来解决问题.在运用待定系数法求两条直线的交点 C 的坐标时，渗透了方程的思想.

最后一个问题的提出，揭示了其解决问题的方法与前面是有联系的.就是说通过解决前面的问题，既积累了一定的活动经验，又为后面解决其他问题提供了一个范例；既传授了知识，又关注了基本思想方法和基本活动经验的积累.这同时也是一个逐渐一般化的过程，故也是一个数学抽象的过程.

例 4 将图 6.3-3 中的 y 轴向右平移 4 个单位长度,分别与原来的两条直线交于点 G 和 H(图 6.3-4).

问题 4:是否存在与图 6.3-3 中不同的三角形?如何求它们的面积?

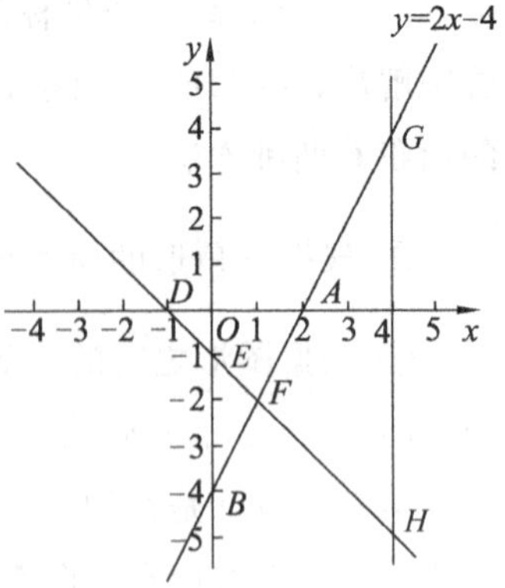

图 6.3-4

【点评】 本例再次通过平移变换得到不同的三角形,而根据三角形的面积公式求三角形面积的方法,则由借助坐标轴变成了借助和坐标轴平行的直线.显然,研究对象在变,但是研究的思想方法并没有改变,这也是思想方法的螺旋式上升.既是知识的迁移,更是思想方法和活动经验的迁移,这就很好地贯彻了"以知识为载体,以能力为目标"的理念.

例 5 将图 6.3-4 中的直线 GH 围绕着点 H 按逆时针旋转,与直线 AB 交于点 M.已知点 M 的纵坐标为 1,求 $\triangle FHM$ 的面积.

问题 5:这个三角形的构成与前面的三角形是否一样?如何去求其面积呢?在解决这些问题的过程中,你有哪些感悟和体会?

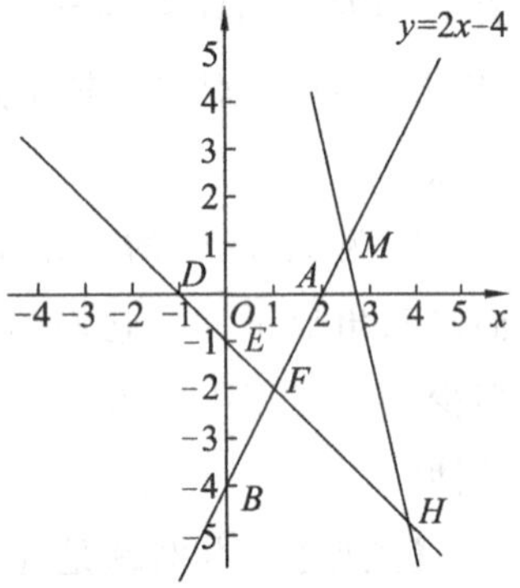

图 6.3-5

【点评】 通过旋转变换得到的 $\triangle FHM$ 与前面学习的所有的三角形都有着本质的区别,就其位置与形状来说,它是一个很具一般性的三角形.虽然求其面积的方法也不唯一,但是不论是"补"(分别过点 M,H 作 x 轴的平行线,过 F,H 作 y 轴的平行线,构造出矩形,然后用矩形的面积减去周边三个三角形的面积),还是"割"(过点 M 作 y 轴的平行线,交 FB 于一点,构造出两个三角形,求其面积之和.或者过点 F 作 x 轴的平行线,构造出两个三角形,求其面积之和),都是借助与坐标轴平行的直线来求其面积.这是对前面的方法的推广与应用，也是将该问题转化为前面的问题来解决.而最后的追问，则是对能力要求的提升与升华.

二、教学感悟与思考

1. 设置问题主线，统整核心内容

1°　设置问题链，形成问题主线

问题链是数学知识结构的表现形式.对数学问题进行深化、推广、引申、综合，探索出新的发展规律，找到问题与问题之间新的联系，这就是形成“问题链”的开始.通过这种过程不断深化和逐次推进而找到的、具有内在联系的若干问题，就形成了“问题链”.

上述设计的例题中，后一个例题可通过前一个例题经过某种图形变换而得到，是前一个例题的延续与提升.这样的构造就决定了它们之间内在的逻辑关系，也体现出整体设计构思之巧妙.

在每一个例题中，都精心设置了一个问题链，而每个问题链之间又有着内在的逻辑关系.例如，例1中的问题：三角形的面积公式是什么？$\triangle OAB$ 是什么三角形？它的底和高分别是什么？如何求 OA 和 OB 的长？如何求点 A 和点 B 的坐标？从要解决的问题——求三角形的面积开始，逐步追问，最终指向求一次函数图象与两坐标轴的交点坐标，以及交点到坐标原点的距离，逐渐揭示了知识之间的交叉联系.这是一种引申问题链.

从例1到例5，所要求的三角形面积，从一条直线与两条坐标轴相交所形成的三角形(一线两轴)，到两条直线与一条坐标轴相交所形成的直线(两线一轴)，再到三条直线两两相交所形成的三角形(三线无轴)，总是从一个问题过渡到研究包含这个问题的另一个问题，这是一种推广式问题链，形成了一个逐渐一般化的过程.

在上述的问题链的设置过程中，形成了问题主线，旨在使学生善于深入地思考问题，能抓住事物的本质规律，预见事物的发展规律，从而发展学生思维的深刻性.同时又培养学生能够依据条件的变化及时调整思维方向，善于发现新的条件和新的因素，从而发展学生思维的灵活性.

2° 聚焦核心内容,开展课程统整

奥苏伯尔认为,学习的实质就是学生认知结构的组织和重新组织.组织和重新组织的过程就是新旧知识相互联系、相互作用的过程.在以上教学设计中,以一次函数背景下三角形的面积为主线,复习了用待定系数法求一次函数的解析式、求一次函数图象与坐标轴的交点坐标、求数轴上两点之间的距离、求两条直线的交点坐标、求一次函数图象与坐标轴构成的三角形的面积等数学知识.这些都是一次函数的核心内容.这是一种以知识联系为纲的统整.这种以整体联系的眼光组织、设计和处理各知识点之间的关系的方式,打通了学科知识内部通道,让学生在整体中、在联系中、在比较中学习,从而帮助学生在头脑中将知识"竖成线,横成片",形成立体、开放、整体的知识结构.同时,这种整体把握教学内容的设计对促进数学学科核心素养连续性和阶段性发展具有重要意义.

本课例的设计为一次函数背景下的三角形面积的求法.从一线两轴到两线一轴,再到三线无轴.求面积的方法有着内在的联系,也是一个逐渐一般化的过程,而一般问题的解决,则需转化为特殊问题.这是从整体的视角设计的,整体即联系,整体即组织,整体即整合,这是一种方法上的统整,防止了知识、方法和能力的碎片化,改变了单个知识、方法从识记到理解,再到应用的认知途径,是学科知识与学科方法、能力的有机结合.

2. 构建解题模式,体验数学之美

罗增儒教授指出:在学习数学的过程中,所积累的知识经验经过加工,会得出有长久保存价值或基本重要性的典型结构与重要类型——模式,将其有意识地记忆下来,并做有目的的简单编码.当遇到一个新问题时,我们辨认它属于哪一类基本模式,联想起一个已经解决的问题,在记忆储存中提取相应的方法加以解决,这就是模式识别的解题策略.

本课例从例 1 到例 4,不仅仅是一个逐渐一般化的过程,在解决这些问题的过程中,也逐渐构建了一个解决问题的模式——充分利用坐标轴或与坐标轴平行的直线来求一次函数背景下的三角形的面积.而例 5 则需要通过作辅助线,用"割"或者"补"的办法,将问题转化为上述模式中的问题来解决，这是对上述模式的识别与应用.研究对象在变，但研究的思想和方法不变，这也是思想和方法的螺旋式上升.

这一解题模式的构建，为解决反比例函数及二次函数背景下的三角形面积问题提供了思想上和方法上的范式，并且现在积累的基本活动经验同样可以迁移到后续的解决问题的过程中.这也充分体现了对模式的积累与应用.

模式的构建、识别与运用，从思考方式看，是用模式中简洁的方法去解决问题，将复杂的问题化归为模式来解决.这种由浅入深的过程，体现了自然之美和艺术之美.在欣赏数学之美时，不应停留在感官的刺激上，而要用理性的思考去品味.模式识别缩短了学生的思维路径，不仅使问题很快解决，还可以使学生获得成就感，产生满足感.这本身就是一种美的享受.

3. 重视四基四能，落实核心素养

章建跃博士指出：理解知识，掌握技能，领悟数学基本思想；积累数学思维和解决问题的经验，提升与发展数学学科核心素养.

本课例注重使学生理解所学知识，关注所学知识之间的联系，很好地处理了局部知识与整体知识之间的关系，把整堂课的知识置于整个知识体系.

《义务教育数学课程标准》指出：数学思想蕴含在数学知识形成、发展和应用的过程中，是数学知识和方法在更高层次上的抽象与概括.本课例引导学生在积极参与教学活动的过程中，通过独立思考、合作交流，发现和提出问题，分析和解决问题，逐步感悟数学思想.其中积累的数学活动经验，不仅仅有助于例4、例5的解决，还有助于对反比例函数和二次函数背景下几何图形面积问题的解决.这是一种在“做”的过程和“思考”的过程中的积淀.

对于单元专题复习课的设计与教学，应在设计中统整核心内容，构建解题模式，在教学中落实四基四能，渗透数学之美，方可更好地培养学生的数学核心素养，彰显数学的育人价值.

本文作者刘志昂、陆一，原文发表于《中国数学教育(初中版)》2020年第11期

6.4 立足基本图形,追寻多题归一

——从一道教材习题及其变式说开去

在数学教学中,教材中习题是一个巨大的教学资源,是由许许多多的经典习题组成的.如何更有效地使用这些习题,增强学生对数学基本思想的理解,对基本活动经验的积累和迁移,提高他们"发现问题、提出问题、分析问题和解决问题的能力"便成为广大数学老师应该思考的问题.

本文从一道教材习题入手,对其进行变式练习,给学生的思维和推理搭"脚手架",为学生提供元认知方法,引导他们体会相关、相近习题之间的内在联系,在"基本图形的基本结论、基本思路和基本方法"的内在联系中,体现立足基本图形,追寻多题归一的理念,以促进学生数学核心素养的提升.

一、教材习题及解答

在正方形 $ABCD$ 中,

(1) 如图 6.4-1,点 E,F 分别在 BC,CD 上,且 $AE\perp BF$,垂足为 M,那么 AE 与 BF 相等吗?证明你的结论.

(2) 如图 6.4-2,如果点 E,F,G 分别在 BC,CD,DA 上,且 $GE\perp BF$,垂足为 M,那么 GE 与 BF 相等吗?证明你的结论.

(3) 如图 6.4-3,如果点 E,F,G,H 分别在 BC,CD,DA,AB 上,且 $GE\perp HF$,垂足为 M,那么 GE 与 HF 相等吗?证明你的结论.

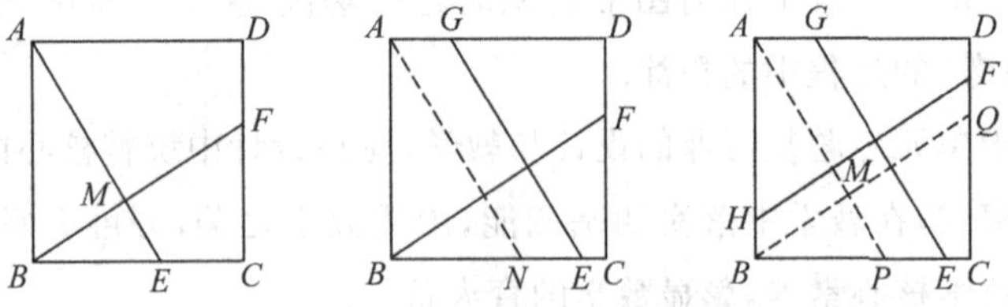

图 6.4-1　图 6.4-2　图 6.4-3

解析:本题主要考查正方形的性质、全等三角形的判定与性质.

(1) 根据正方形的性质,得到$\angle ABE=\angle BCF=90^\circ$,$AB=BC$,进而得到$\angle BAE=\angle CBF$,则$\triangle ABE\cong\triangle BCF$.进一步根据全等三角形的性质进行证明.

(2) 过点A作$AN/\!/GE$,可证四边形$ANEG$是平行四边形.根据平行四边形的对边相等可得$AN=GE$,由(1)的结论可知$AN=BF$,所以$GE=BF$.

(3) 分别过点A,B作$AP/\!/GE$,$BQ/\!/HF$,可证四边形$APEG$、四边形$BQFH$均为平行四边形.根据平行四边形的对边相等可得$AP=GE$,$BQ=HF$,由(1)的结论可知$AP=BQ$,所以$GE=HF$.

解答:(1) 证明:因为四边形$ABCD$是正方形,$AE\perp BF$,

所以$\angle BAE+\angle ABM=90^\circ$,$\angle CBF+\angle ABM=90^\circ$,

所以$\angle BAE=\angle CBF$.

因为在$\triangle ABE$和$\triangle BCF$中,$\begin{cases}\angle ABC=\angle C=90^\circ,\\ \angle BAE=\angle CBF,\\ AB=BC,\end{cases}$

所以$\triangle ABE\cong\triangle BCF$(AAS),

所以$AE=BF$.

(2) $GE=BF$.证明如下:

如图6.4-2,过点A作$AN/\!/GE$.

因为$AD/\!/BC$,所以四边形$ANEG$是平行四边形,

所以$AN=GE$.

因为$GE\perp BF$,所以$AN\perp BF$.

由(1)可得$\triangle ABN\cong\triangle BCF$,所以$AN=BF$,所以$GE=BF$.

(3) $GE=HF$.证明如下:

如图6.4-3,分别过点A,B作$AP/\!/GE$,$BQ/\!/HF$.

因为$AD/\!/BC$,$AB/\!/DC$,所以四边形$APEG$和四边形$BQFH$均为平行四边形,所以$AP=GE$,$BQ=HF$.

因为$GE\perp HF$,所以$AP\perp BQ$.

由(1)可得$\triangle ABP\cong\triangle BCQ$,所以$AP=BQ$,所以$GE=HF$.

评析:显然,问题(2)和问题(3)就是问题(1)的变式,都是通过平

行移动来完成条件的转化，最终化归为问题(1)来解决.解决问题的根本办法都是通过证明三角形全等，利用全等三角形的性质来证明.

这样，我们就运用化归的数学思想方法，对于问题的解决过程中积累的经验进行加工，得到一个有长久保存价值或基本重要的典型结构与重要类型——模式，即基本图形的基本结论、基本思路和基本方法.此时，我们应该引导学生有意识地记忆下来，并用来解决类似的问题.

二、其他形式的变式

波利亚在《怎样解题》中指出：题目一旦获解，就立刻产生情感上的满足，这恰好错过了提高的机会.事实上，没有一道题可以解决得十全十美，总剩下一些工作要做.经过充分的探讨与总结，总会有点滴的发现.我们应该引导学生进行如下变式的探究.

1. 在正方形内进行变式

变式1 在正方形 $ABCD$ 中：

(1) 如图6.4-1，点 E，F 分别在 BC，CD 上，且 $AE=BF$，那么 AE 与 BF 垂直吗？证明你的结论.

(2) 如图6.4-2，如果点 E，F，G 分别在 BC，CD，DA 上，且 $GE=BF$，那么 GE 与 BF 垂直吗？证明你的结论.

(3) 如图6.4-3，如果点 E，F，G，H 分别在 BC，CD，DA，AB 上，且 $GE=BF$，那么 GE 与 BF 垂直吗？证明你的结论.

解：略.

在原有图形不变的情况下，交换题设和结论，得到新题.这样处理可以使学生倍感新奇，有利于增强学生学习数学的自信心.同时，在解决这些问题的时候，用到了前面总结的模式中的通法，实则是“一法多用”，对前面解法的归纳、总结，形成技巧，并用以解决其他问题.通过这种变式，可以达到“多题归一”的目的，既有利于培养学生的迁移能力，又有利于学生提炼通性通法.

2. 在正方形外进行变式

变式2 (1) 如图6.4-4，如果点 G，E 分别在 AD，BC 的延长线上，点 F 在 CD 上，BF 的延长线交 GE 于点 M，且 $\angle BME=90°$，那么

GE，BF 相等吗？证明你的结论.

(2) 如图 6.4-5，如果直线 $a \perp b$，垂足为 M，直线 a 与 AB，DC 的延长线分别交于点 H，F，直线 b 与 AD，BC 的延长线分别相交于点 G，E，那么 GE，HF 相等吗？证明你的结论.

(3) 如图 6.4-6，如果点 E，F 分别在 BC，CD 的反向延长线上，BF 的反向延长线交 AE 于点 M，且 $\angle AMB = 90°$，那么 AE，BF 相等吗？证明你的结论.

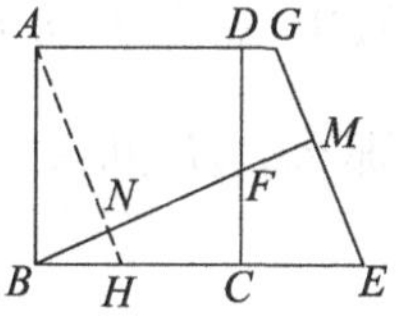

图 6.4-4

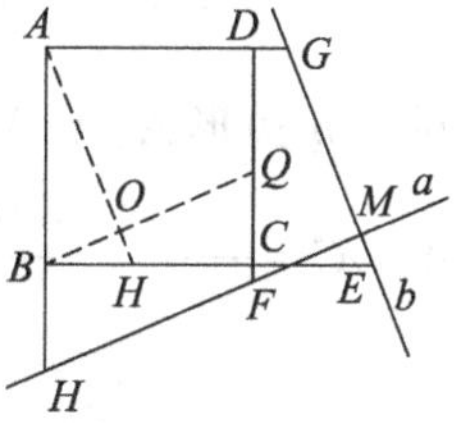

图 6.4-5

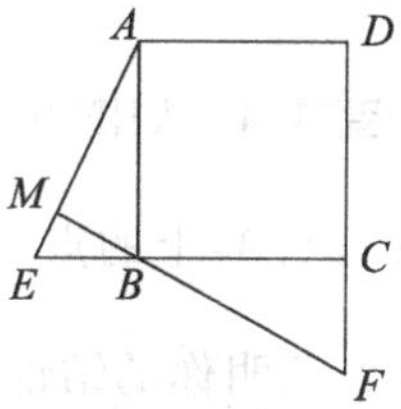

图 6.4-6

解：略.

显然，解决这几道题依然是通过平行移动，构造出全等三角形来求解.再次强化基本图形法，使其与学生头脑中已有的知识、经验建立联系.这是一种“化生为熟”的原则，体现了思维定式正迁移的积极作用.同时，给学生的思维和推理搭“脚手架”，为学生提供元认知方法.

3. 正多边形中进行变式

由于以上各题有着内在的联系，解题方法相似，所以会激起学生的兴趣，激发他们学习的兴奋点.在此基础上，教师应进一步引导学生把从以上各题的解答过程中获取的经验迁移到正五边形乃至正 n 边形中.

变式 3　在正五边形中的变式.

(1) 如图 6.4-7，在正五边形 $A_1A_2A_3A_4A_5$ 中，点 B，C 分别是 A_3A_4，A_4A_5 上的点，且 $\angle A_2DC = 108°$，那么 A_2B 和 A_3C 相等吗？证明你的结论.

(2) 如图 6.4-8，在正五边形 $A_1A_2A_3A_4A_5$ 中，点 B，C 分别是 A_4A_5，A_3A_4 反向延长线上的点，延长 BA_3，交 A_2C 于点 D，且 $A_3B=$

A_2C，那么$\angle A_2DA_3=108°$吗？证明你的结论.

解：略.

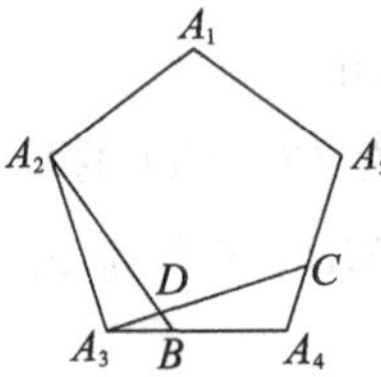

图 6.4-7

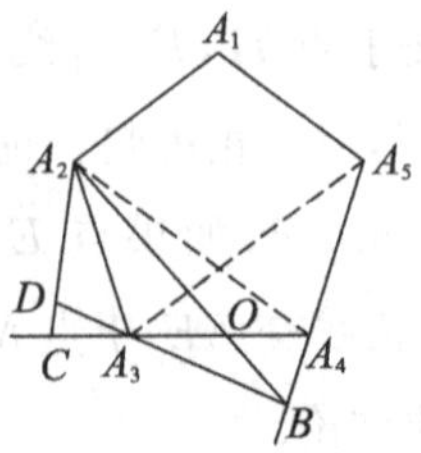

图 6.4-8

变式 4 如图 6.4-9，在正 n 边形 $A_1A_2A_3\cdots A_n$ 中，点 B，C 分别是 A_3A_4，A_4A_5 上的点，且$\angle A_2DC=\dfrac{(n-2)\cdot 108°}{n}$，那么 A_2B 和 A_3C 相等吗？证明你的结论.

解：略.

变式 4 是在变式 3 的基础上运用类比思想将问题迁移到正 n 边形中，再运用前面模型中的基本图形法来解决问题，旨在让学生体会从特殊到一般的变化过程.

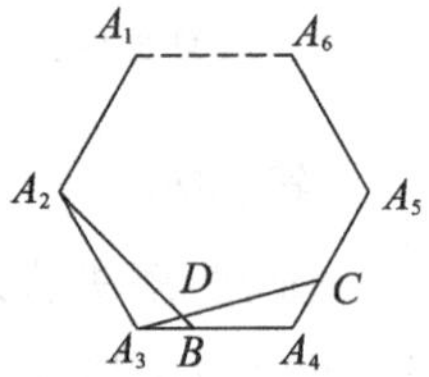

图 6.4-9

三、几点感悟

1. 在变式中促进学生的数学解题能力

一系列的变式练习、基于习题自身的特征以及解题方法的内在联系，构造出了一个 CPFS 结构（概念域、概念系、命题域、命题系形成的结构称为 CPFS 结构）.这不仅让学生深刻理解了数学知识，而且能够引导学生灵活运用数学知识；既训练了学生思维的深度和广度，又提高了学生发现问题、提出问题、分析问题和解决问题的能力.

多题一解的思维方式是一种收敛思维：遇到不同的问题，往一个目标思索，寻求统一的解决问题的工具.其实，多题一解的真正价值并不在于使用某种方法、模型或知识去解决一类问题，而在于如何将多个问题的共性抽取出来，形成"一解".对于基本图形法来说，通过基本图形探究出解决此类问题的通法，并运用通法来解决类似的问题，其本身也是一种解题迁移(先前的解题学习对后继的解题学习的积极的影响).所以,我们要充分展示典型范例的作用,并且在解题学习中要注意引导学生归纳和概括解题模式,增强他们对数学基本思想的理解,提高他们的数学解题能力.

2. 在变式中提高学生的数学欣赏水平

在变式练习中,我们还应该引导学生欣赏数学之美.例如,正方形及其他的正多边形本身就具有轴对称性的形状之美,这是几何图形的外表之美;将正方形推广到正 n 边形中去,这一从特殊到一般的过程正是数学内涵智慧之美;在以上一系列的变式中,形成了由正多边形这一整体构造出的一个 CPFS 结构,体现了数学的整体结构之美.学生在教师引导下,观察、发现、思考、归纳、应用、发现问题、提出问题、分析问题和解决问题,这一"悟"的过程,就是欣赏数学之美的过程.

3. 在变式中提升学生的数学核心素养

从教材习题出发,通过习题的自身变式,获取基本的活动经验和思想方法,即形成基本图形的基本结论、基本思路和基本方法,并将其迁移到后面的变式中.这本身就是一个数学抽象的过程,也相当于建立了一个数学模型——解题模式,并运用这一模式来解决相关的问题.这既做到了培养数学学科素养的基本保障——抓基础,即促使学生掌握基本知识和基本技能;又做到了培养数学学科素养的高层次目标——发展能力,即积累基本活动经验,体验基本思想方法.因而也做到了在变式中提升学生的数学核心素养.

本文作者刘志昂,原文发表于《中国数学教育(初中版)》2018 年第 6 期

6.5　关于初中几何解题方法的几点思考

一、一般问题的解决方法

一般问题是指比较基础的问题.解决一般几何问题通常的方法是:读题、读图,适当标记加联想."读题"是指逐字逐句地读题,要读出已知

条件和要解决的问题，读出关键词，读出已知条件和位置条件之间的联系等；“读图”是指每读到一个已知条件，都要在图形上找到它的相应位置；“适当标记”是指对于每一个已知条件都要在图上做出适当的标记，如相等的线段用条数相等的短线进行标记，相等的角用条数相等的短弧线进行标记等；“联想”是指每读出一个已知条件，都要联想到它可以推出什么结论，或者与已有其他已知条件一起，可以推出什么结论.

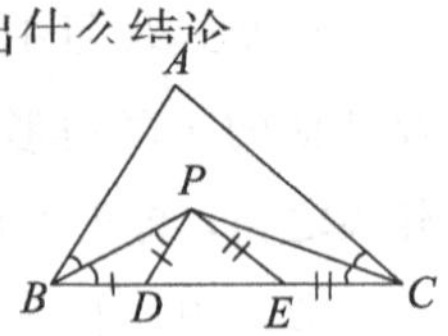

图 6.5-1

例 1 如图 6.5-1，在△ABC 中，BP 平分∠ABC，CP 平分∠ACB，且 PD∥AB，PE∥AC，$BC=5$，求△PDE 的周长.

分析：“BP 平分∠ABC”指向于“∠ABP=∠PBD”，“PD∥AB”指向于“∠ABP=∠BPD”，通过这两个条件可以得到∠PBD=∠BPD，再由“等角对等边”可以得到 $BD=PD$.同理得 $CE=PE$.这样△PDE 的周长就转化为线段 BC 的长.

如上题所述，一些简单的几何问题，运用此方法，可以直接得到解题的思路和方法.

二、复杂问题的解决方法

对于一些复杂的几何问题，运用上面的方法不能马上解决问题，需用“综合-分析法”，俗称“执果索因法”，即“缺谁证谁”.以下题为例：

例 2 如图 6.5-2，在△ABC 中，$AB=AC$，∠$BAC=90°$.过点 A 作直线 AP，点 C 关于直线 AP 的对称点为点 D，连接 BD，CD，直线 BD 交直线 AP 于点 E.

(1) 依题意补全图；

(2) 若直线 AP 旋转到如图 6.5-3 所示的位置，请用等式表示线段 EB，ED，BC 之间的数量关系，并证明.

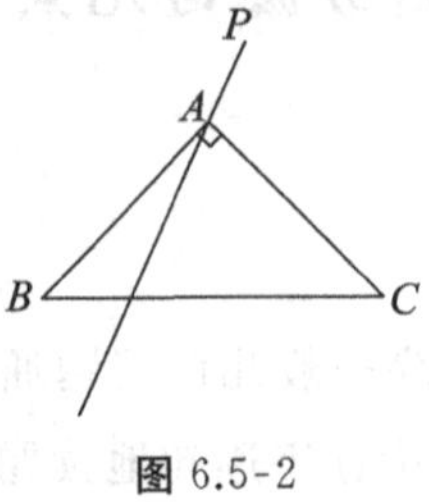

图 6.5-2

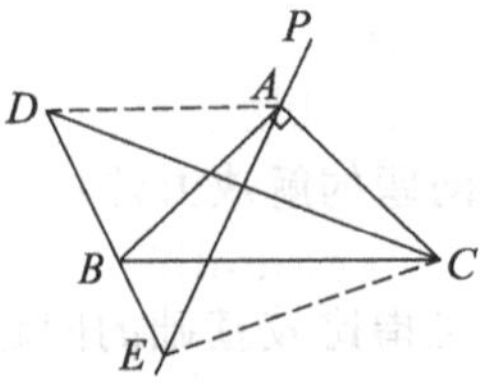

图 6.5-3

分析：(1)中的作图如图 6.5-3 所示.连接 AD，CE，根据图形的轴对称性，可以得到 $AC=AD=AB$，$CE=DE$，那么线段 EB，ED，BC 之间的数量关系就转化为线段 EB，EC，BC 之间的数量关系.三条线段之间的关系，常规的是和差关系(比如两条线段的和等于第三条线段)或者是两条线段的平方和等于第三条线段的平方.根据图形可以初步判断应该是后一种，那么解决问题的关键点就集中在证明$\angle BEC$ 是直角上，这就是初步的“执果索因”.对于$\angle BEC$ 是直角的证明，从四边形 $ABEC$ 的内角和入手.现在$\angle BAC$ 是直角，则需证明$\angle ABE+\angle ACE=180°$，这是进一步的“执果索因”.由上面的 $AC=AD=AB$，$CE=DE$ 可得$\angle ACE=\angle ADB=\angle ABD$，而$\angle ABD$ 与$\angle ABE$ 互补，则$\angle ABE+\angle ACE=180°$，得到$\angle BEC=90°$，进而 $BE^2+CE^2=BC^2$，故 $EB^2+ED^2=BC^2$.

三、特殊问题的解决方法

1. 线段和差关系的证明

线段之间的和差关系是指几条线段的和或差与另外几条线段的和或差相等.证明这类问题常用的方法是“截长补短”.例如，若需要证明 $a+b=c$，则可以将 c 截成两条线段，使其中的一条等于 a，证明剩下的那条线段等于线段 b，这叫“截长”；将线段 a 延长 b 的长度，得到一条新的线段 d，则线段 d 的长度等于线段 a 与线段 b 的长度之和，只要证明 $d=c$ 即可，这叫“补短”.下面以例 3 为例具体讲解.

例 3　如图 6.5-4，在$\triangle ABC$ 中，$\angle BAC=75°$，$\angle ACB=35°$，$\angle ABC$ 的平分线 BD 交边 AC 于点 D.

(1) 求证：$\triangle BCD$ 为等腰三角形；

(2) 若$\angle BAC$ 的平分线 AE 交边 BC 于点 E，如图 6.5-5，求证：$BD+AD=AB+BE$.

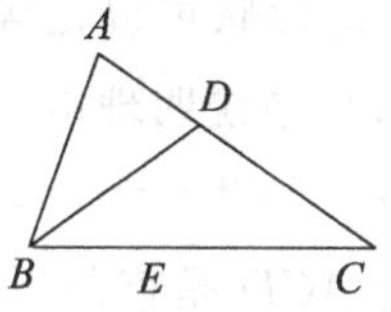

图 6.5-4

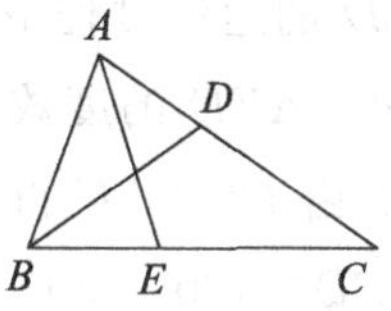

图 6.5-5

分析：(1) 如图 6.5-4，先根据三角形的内角和为 180°得$\angle ABC=70°$，由角平分线及已知角可得$\angle DBC=\angle ACB=35°$，可得结论.

(2) 证法一(截长)：如图 6.5-6，在 AC 上截取 $AH=AB$，连接 EH，证明$\triangle ABE\cong\triangle AHE$，则 $BE=EH$，$\angle AHE=\angle ABE=70°$，所以 $EH=HC$，得 $AB+BE=AH+HC=AC=BD+AD$.

证法二(补短)：如图 6.5-7，在 AB 的延长线上取 $AF=AC$，连接 EF，证明$\triangle AEF\cong\triangle AEC$，则$\angle F=\angle C=35°$，得 $BF=BE$，可得结论.

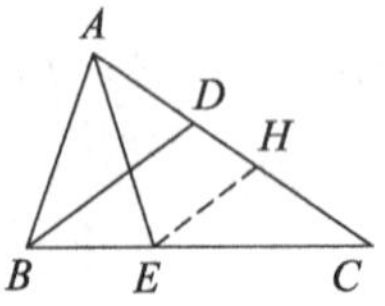

图 6.5-6

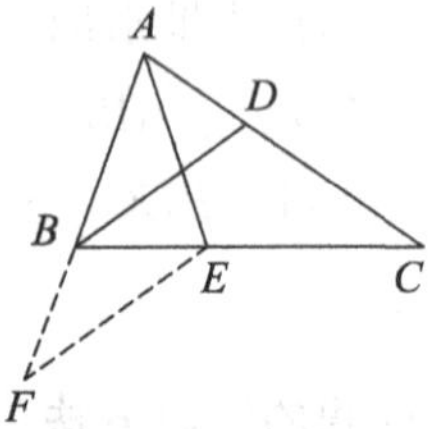

图 6.5-7

2. 几何解题中的分类讨论

几何解题中，由于一些特定因素(如已知条件的不确定性、位置关系的不确定性等)的存在，导致了结论的不确定性，故需要根据不同的情况或者不同的前提，对结果进行讨论，叫作分类讨论.分类讨论时需要注意：① 分类时，要按照一定的顺序，确保不重不漏；② 讨论结束时，需要对问题给予总结性的结论.

例 4 如图 6.5-8，在$\triangle ABC$ 中，$AC=BC$，$\angle ACB=120°$，点 D 在 AB 边上运动(D 不与 A，B 重合)，连接 CD，作$\angle CDE=30°$，DE 交 AC 于点 E.

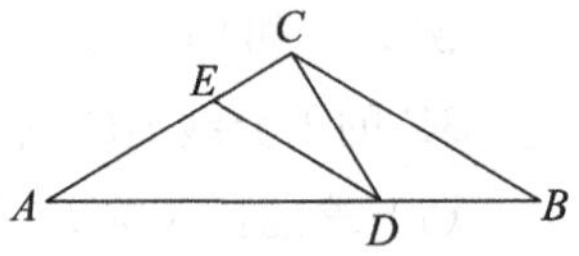

图 6.5-8

(1) 当 $DE\parallel BC$ 时，$\triangle ACD$ 的形状按角分类是________.

(2) 在点 D 的运动过程中，$\triangle ECD$ 的形状可以是等腰三角形吗？若可以，请求出$\angle AED$ 的度数；若不可以，请说明理由.

分析：(1) 由 $DE\parallel BC$ 得到$\angle BCD=\angle CDE=30°$，再由$\angle ACB=120°$，得到$\angle ACD=120°-30°=90°$，则$\triangle ACD$ 是直角三角形.

(2) 对于$\triangle ECD$ 是等腰三角形，分三种情况：$EC=DE$，$CD=DE$

和 $EC=CD$.由于题目中是从角的角度来解决问题的,故还要转化为角的关系.以上三种情况分别对应为 $\angle CDE=\angle ECD$,$\angle ECD=\angle CED$ 和 $\angle CED=\angle CDE$.然后利用等腰三角形的性质和三角形的内角和定理进行计算.

3. 几何解题中的动点问题

在几何问题的有关计算与证明中,往往会遇到动点问题.一般是某一个或几个点沿着一定的方向,按照一定的速度运动.解决这类问题,往往是看清动点的起点和终点(可能会与自变量的取值范围有关),根据运动的速度、时间,表示出所有能表示出的线段的长,然后根据题中给出的相等关系或者是题中几何图形的性质得到相等关系,列出方程求解.

例 5　如图 6.5-9,在直角三角形 ABC 中,$AB=16$ cm,$AC=12$ cm,$BC=20$ cm. 点 P 从点 A 开始以 2 cm/s 的速度沿 $A\to B\to C$ 的方向移动,点 Q 从点 C 开始以 1 cm/s 的速度沿 $C\to A\to B$ 的方向移动.如果点 P,Q 同时出发,移动时间为 t s.

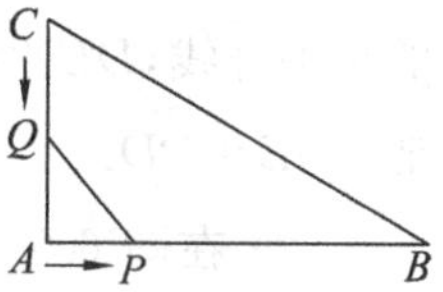

图 6.5-9

(1) 请用含 t 的代数式表示:

① 当点 Q 在 AC 上时,$CQ=$__________;

② 当点 Q 在 AB 上时,$AQ=$__________;

③ 当点 P 在 AB 上时,$BP=$__________;

④ 当点 P 在 BC 上时,$BP=$__________.

(2) 若点 P 在线段 AB 上运动,点 Q 在线段 CA 上运动,当 $QA=AP$ 时,试求出 t 的值.

(3) 当 P 点到达 C 点时,P,Q 两点都停止运动,当 $AQ=BP$ 时,试求出 t 的值.

分析:(1) 根据三角形的边长、点的运动速度进行解答(这里就是上面所说的用动点运动的速度、时间表示出所有能表示出的线段的长).

(2) 根据 $QA=AP$ 这一相等关系列出方程,解方程即可.

(3) 分①点 P 在线段 AB 上运动，点 Q 在线段 CA 上运动，② 点 P 在线段 BC 上运动，点 Q 在线段 CA 上运动，③ 点 P 在线段 BC 上运动，点 Q 在线段 AB 上运动三种情况讨论，根据 $AQ=BP$ 这一相等关系列出方程，解方程即可.

4. 几何解题中的模式识别策略

模式识别策略就是：在解决一些简单的问题时，得到了基本的结论，积累了基本的解题方法和解题思路，将这些基本的结论、解题方法和思路理解、记忆，当我们遇到形同的、相近的、相关的、相似的问题时，就可以用这些基本的结论、解题方法和思路来解决问题.

例 6 探索与运用：

(1) 基本图形：如图 6.5-10，已知 OC 是 $\angle AOB$ 的角平分线，$DE \parallel OB$，分别交 OA，OC 于点 D，E. 求证：$DE=OD$.

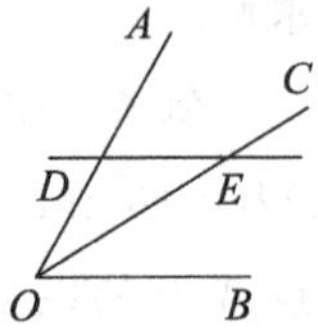

图 6.5-10

(2) 在图 6.5-11 中找出(1)中的基本图形，并利用(1)中的规律解决以下问题：

已知 $\triangle ABC$ 中，两个内角 $\angle ABC$ 与 $\angle ACB$ 的平分线交于点 O，过点 O 作 $DE \parallel BC$，分别交 AB，AC 于点 D，E. 求证：$DE=BD+CE$.

(3) 若将图 6.5-11 中两个内角的角平分线改为一个内角、一个外角(图 6.5-12)和两个外角(图 6.5-13)的角平分线，其他条件不变，则线段 DE，BD，CE 的数量关系分别是：图 6.5-12 为____________，图 6.5-13 为____________.

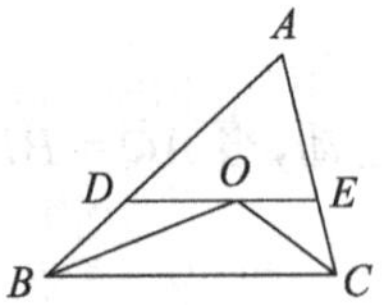

图 6.5-11

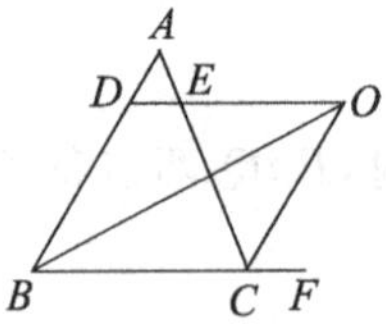

图 6.5-12

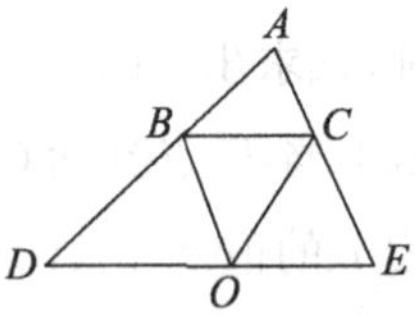

图 6.5-13

分析：(1) 根据角平分线的定义得到 $\angle AOC=\angle BOC$，根据平行线的性质得到 $\angle DEO=\angle BOC$，等量代换得到 $\angle DEO=AOC$，根据等

腰三角形的判定即可得到结论. 这里构造出一种“角平分线、平行线和等腰三角形”模式.在这种特定的图形结构之下,$DE \parallel OB$,OC 平分 $\angle AOB$ 和 $DO=DE$ 三者可以知二得一(知道任意两个结论,都可以推出第三个结论).也可以理解为:在特定的图形结构之下,角平分线、平行线和等腰三角形可以知二得一.

(2) 根据图形的结构特征,显然存在着(1)中的基本模式.根据模式中蕴含的结论,很快便可以得到 $BD=DO$,$OE=CE$,然后利用等量代换即可解决问题.

(3) 图 6.5-12 中,根据模式可以得到 $DB=DO$,$EO=EC$,所以 $DE=OD-OE=DB-CE$.图 6.5-13 中,根据模式可以得到 $DB=DO$,$EO=EC$,所以 $DE=OD+OE=BD+CE$.

例 7 如图 6.5-14,在等边三角形 ABC 中,点 D,E,F 分别为 AB,BC,CA 上的点,且 $AD=BE=CF$.

(1) $\triangle DEF$ 是____________三角形.

(2) 如图 6.5-15,M 为线段 BC 上一点,连接 FM,在 FM 的右侧作等边三角形 FMN,连接 DM,EN,求证:$DM=EN$.

(3) 如图 6.5-16,将(2)中“M 为线段 BC 上一点”改为“点 M 为 CB 延长线上一点”,其余条件不变,求证:$DM=EN$.

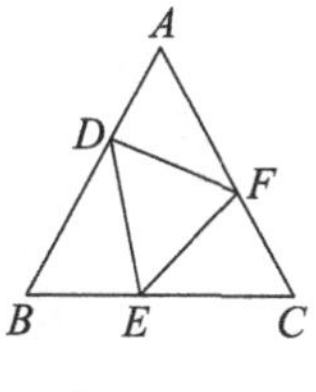

图 6.5-14

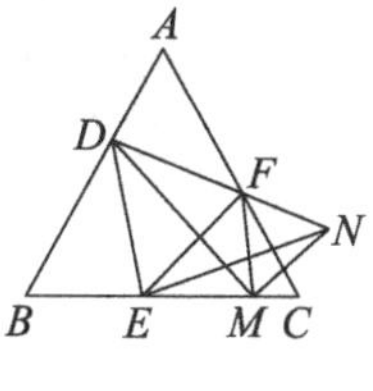

图 6.5-15

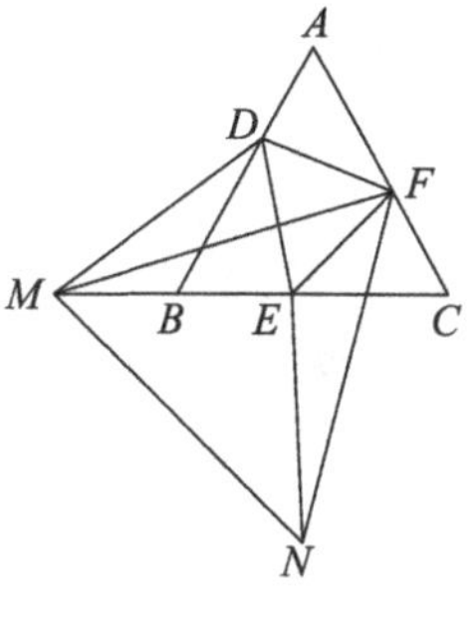

图 6.5-16

分析:(1) 在等边三角形 ABC 中,由 $AD=BE=CF$ 可得 $\triangle ADF$,$\triangle BED$,$\triangle CFE$ 三个三角形全等,所以$\triangle DEF$ 的三条边相等,即$\triangle DEF$ 为等边三角形.

(2) 要证明 $DM=EN$,证明$\triangle DFM \cong \triangle EFN$ 即可.两个三角形

分别有两边对应相等，只需求其夹角相等即可，即求$\angle DFM=\angle EFN$.

(3) 即证明$\triangle DFM\cong\triangle EFN$.同(2)，只需求$\angle DFM=\angle EFN$即可.

上面的问题(2)的解决，为问题(3)提供了解决问题的范例.在解决问题(3)时，可以运用问题(2)“基本图形的基本思路和基本方法”，即证明$\triangle DFM\cong\triangle EFN$，得到对应角相等，再根据“等角对等边”来解决问题.

本文作者刘志昂，原文发表于《数学大世界(中旬)》2019年第9期

参考文献

1. 奥苏伯尔,等.教育心理学：认知观点[M].佘星南,宋钧,译.北京：人民教育出版社,1994.
2. 蔡金法.试论数学概括能力是数学能力的核心[J].数学通报,1988(2)：3-6.
3. 蔡金法.关于学生数学概括能力发展差异的实验研究[J].数学通报,1988(3)：5-8.
4. 曹才翰,蔡金法.数学教育学概论[M].南京：江苏教育出版社,1989.
5. 乔治・波利亚.数学的发现：对解题的理解、研究和讲授[M].刘景麟,曹之江,邹清莲,译.北京：科学出版社,2006.
6. G・波利亚.怎样解题：数学思维的新方法[M].涂泓,冯承天,译.上海：上海科技教育出版社,2011.
7. 范良火,黄毅英,蔡金法,等.华人如何学习数学[M].中文版.南京：江苏教育出版社,2005.
8. 郭元祥.论学习观的变革：学习的边界、境界与层次[J].教育研究与实验,2018(1)：1-11.
9. 郭元祥.深度教学：促进学生素养发育的教学变革[M].福州：福建教育出版社,2021.
10. 何玲,黎加厚.促进学生深度学习[J].现代教学,2005(5)：29-31.
11. 李士锜,吴颖康.数学教学心理学[M].上海：华东师范大学出版社,2011.
12. 林中虎.一种具有普适性的数学解题策略：模式识别[J].数学教学通讯,2006(4)：55-56.
13. 刘志昂.利用变式训练　促进习题教学[J].中学数学教学参考(中旬),2011(4)：51,64.

14. 刘志昂.运用模式识别，探寻数学之美[J].中国数学教育(初中版)，2019(4)：50-53,59.
15. 罗增儒.数学解题学引论[M].西安：陕西师范大学出版社，2016.
16. 涂荣豹，王光明，宁连华.新编数学教学论[M].上海：华东师范大学出版社，2006.
17. 王玉行."模式识别"与数学分析教学[J].数学教育学报，1997(2)：97-99.
18. 中华人民共和国教育部.义务教育数学课程标准(2011 年版)[M].北京：北京师范大学出版社，2012.
19. 喻平.数学学习心理的 CPFS 结构理论与实践[M].南宁：广西教育出版社，2008.
20. 喻平.数学教学心理学[M].2 版.北京：北京师范大学出版社，2018.
21. 于文华，周伟忠.数学问题解决中的模式识别[M].北京：知识产权出版社，2013.
22. 余文森.核心素养导向的课堂教学[M].上海：上海教育出版社，2017.
23. 徐利治，王光明.数学方法论选读[M].2 版.北京：北京师范大学出版社，2019.
24. 张奠宙.数学欣赏：一片等待开发的沃土[J].中学数学教学参考(中旬)，2014(1/2)：3-6,10.
25. 张景中，彭翕成.数学哲学[M].3 版.北京：北京师范大学出版社，2018.
26. 张文俊.数学欣赏[M].北京：科学出版社，2011.
27. 郑毓信.新数学教育哲学[M].上海：华东师范大学出版社，2015.
28. 杨世明.转化与化归：从三大尺规作图不能问题谈起[M].哈尔滨：哈尔滨工业大学出版社，2012.

后 记

感谢这个伟大的时代，是她的和平与发展让我拥有一间静谧的书房.

感谢苏州高新区第五初级中学校，是她宽松的人文环境、浓厚的研究氛围、优良的教师发展机制，给了我施展才华的平台、实现价值的舞台，让我重树信心、重塑自我.

感谢我到苏州工作后遇见的三位校长：刘宗海、徐文良、童玉峰. 2012 年的应聘，是刘宗海校长的赏识，我才有机会远涉千里，举家搬迁至苏州，是他的欣赏、关注和帮助，让我拒绝平庸；2015 年，徐文良校长邀我至苏州高新区第五初级中学校工作，是他的激励激发了我再次发展专业的激情，让我渴望看得更高；童玉峰校长是我专业发展的陪伴者和同行者，他的倾力相助，让我渴望看得更远.

感谢 25 年前离我而去的父亲.他的笃实敦厚、宽以待人让我与人为善；他的德才兼顾、严谨治学让我拥有教育情怀；他的谆谆教诲、循循善诱让我爱上数学.他是我的父亲，是我的数学老师，也是我专业发展的启蒙人.

感谢安徽省凤阳县第二中学的郭茂华老师.他一次次地陪伴我参加从县到市，再到省和全国的数学优秀课评选，给了我详尽的指导.他带着我做课题、写文章，给了我心灵的熏陶.他是我的良师益友，是我专业发展的引航员.

感谢江苏省教育科学研究院的王彦明博士，在课题研究和论文写作上给予我高屋建瓴的指导.

感谢苏州市教育科学研究院的吴锷老师，苏州高新区教研室的陈平老师、陈学军老师，苏州高新区教育发展中心的张必华老师.他们的高度认可增强了我的信心，他们的无私帮助促进了我的发展.

感谢我的三位爱徒：苏州高新区第五初级中学校的陆一老师、何风强老师和徐思佳老师，感谢他们在课例整理中做的大量工作.

感谢苏州大学出版社的各位老师，他们的辛勤劳动使得这本书最终问世.

感谢我的著作，多少个不眠之夜，多少次梦里追寻、千回百转，你虽不成熟，但是果实，虽不完美，但是我的挚爱！终于，你笑盈盈地出现在我的面前.

刘志昂